JN431437

재산과 세금

김 영 화 저

pnc
publishing and culture
피앤씨미디어

머리말

최근 대출규제 강화, 양도소득세 강화 등 정부의 고강도 부동산 대책이 여러 번에 걸쳐 발표되고 있다. 몇 년 동안 부동산 시장이 과열되어 있고 부동산관련 세금에 관한 관심도 높아지는 추세이다. 본서는 부동산을 포함한 재산과 관련된 세법을 공부하려는 이들에게 재산의 취득과 관련된 국세인 상속세증여세법 및 재산의 처분과 관련된 국세인 양도소득세에 대한 지식을 체계적으로 전달하고자 하는 책이다. 아울러 다양한 판례를 소개함으로서 관련규정의 이해를 돕고 실무에서 발생하는 문제점에 대한 해결책을 제시하려 한다.

본서의 구성은 재산과 관련된 주요 국세를 각 세법의 법전체계를 중심으로 설명하였으며 이해를 돕기 위해 사례를 제시하였다. 제1편은 자산의 양도와 관련된 양도소득세를 제2편은 재산의 취득과 관련된 상속증여세를 설명하였다. 세법에 대한 이해를 돕기 위하여 각 세법조문을 표시하였으며 각 장의 후반에 관련 규정과 관련 있는 판례를 덧붙였다. 양도소득세 및 상속증여세에 대한 이해를 돕기 위하여 관련 자격시험 문제(공인회계사와 세무사 자격시험 객관식 문제)와 세무공무원 시험(7급 및 9급)문제를 본문 중의 예제와 본문 끝에 연습문제로 제시하여 학습을 돕도록 하였다. 아울러 실제생활에서 참조할 수 있는 절세전략을 제시하고 있다.

이 책은 다음과 같은 점에 중점을 두어 설명하였다.

첫째, 재산과 관련된 세법의 각 조문을 제시하고 각 장의 말미에 관련된 사례를 제시하여 규정의 이해를 돕고 세법에 대한 흥미를 유도하였다.

둘째, 법령의 조문 순으로 설명하여, 실무에서 조세법전을 사용하여 업무를 수행하는데 도움을 줄 수 있도록 하였다. 또한 법령은 각 법령부분에 조문번호를 표시하여 해당 법령이 조세법전의 어느 조항에 해당하는지 여부를 알 수 있도록 하였다.

셋째, 핵심적인 내용만 본문에 언급하고 보충설명은 가급적 각주로 처리하여 전체 줄거리를 이해한 후 추가적으로 학습할 수 있도록 하였다.

넷째, 각 장의 본문과 연습문제에 계산문제를 예시하여 재산관련세법을 이해하는데 도움을 주려 하였다. 또한 세법 관련 자격시험에 대비하기 위하여 각 장마다 공인회계사와 세무사 등 세무관련 자격시험의 기출문제를 추가하였다.

이 책의 세법과 시행령 등은 아래와 같은 줄임말로 표시하였다.

소　법 … 소득세법	소　령 … 소득세법 시행령
상증법 … 상속세 및 증여세법	상증령 … 상속세 및 증여세법 시행령
조특법 … 조세특례제한법	조특령 … 조세특례제한법 시행령
국기법 … 국세기본법	국기령 … 국세기본법 시행령

세법의 표시는 문장 끝에 법률명, 조(條, 1, 2, 3, …으로 표시), 항(項, ①, ②, ③, …으로 표시), 호(號, ⑴, ⑵, ⑶,…으로 표시), 목(目, 가, 나, 다, …로 표시) 순으로 표시하였다. 예를 들면 (소법 7 ① ⑴ 가)는 「소득세법」 제7조 제1항 제1호 가목을 의미한다.

세법을 이해하는 것은 쉽지 않은 일이다. 특히 실무를 접하지 않는 학생들이 세법을 이해하는 것은 더더욱 쉽지 않을 것이다. 각 조문을 설명하고 사례를 다양하게 제시하여 이해를 높이고자 하였으나 여러 가지 아쉬운 부분이 많은 것 또한 사실이다. 설명이 모자라거나 명확하지 않은 부분이 많을 것으로 생각된다. 또한 저자의 학문이 깊지 못함으로 인해 오류와 누락도 많을 것으로 생각된다. 이러한 부분은 계속 수정·보완할 것을 약속드린다. 이 책을 쓰는데 여러 분의 도움이 있었다. 지금까지 학문의 길을 열어 주시고 이끌어 주신 여러 은사님들과 선배 교수님들, 몸담고 있는 대학의 선배 및 동료 교수님들의 도움에 감사드린다. 무엇보다 제한된 전문도서 시장임에도 불구하고 이 책이 나오기까지 수고해 주신 출판사 임직원 여러분께 감사드린다.

2020년

저자

차 례

제 1 편 양도소득세

제 3 장 양도 또는 취득의 시기

제 4 장 양도소득세의 비과세

제 5 장 양도차익의 계산

제 7 장 과세표준과 산출세액의 계산

제 8 장 양도소득의 감면

제 9 장 양도소득세의 신고와 납부방법

제10장 국외양도자산에 대한 양도소득

제 2 편 상속세

제 1 장 상속세의 의의

제3편 증여세

제 6 장 증여추정 및 증여의제

제 7 장 증여세의 신고 및 납부

제 8 장 상속 및 증여재산의 평가

제 1 편

양도소득세

제 1 장 양도소득세 기본

제 1 절 양도소득세의 의의

1. 정 의

양도소득은 개인이 소유하는 토지, 건물 등의 부동산과 주식 등을 양도할 때 발생한다. 양도차익은 양도가액에서 취득가액을 포함한 필요경비를 차감하여 계산하며, 해당 자산의 보유기간 동안 발생한 가치 상승분이라 할 수 있다. 양도란 자산에 대한 등기 또는 등록과 관계없이 매도, 교환, 법인에 대한 현물출자 등을 통하여 그 자산을 유상으로 사실상 이전하는 것을 말한다(소법 88조 1).

만약 부동산을 양도하여 발생하는 소득이 계속적이고 반복적으로 발생한다면 사업성이 있는 것으로 보고 부동산매매업으로서 사업소득에 해당된다. 따라서 부동산 등의 양도로 인한 소득이 일시적일 경우 양도소득으로 분류되어 종합소득과 별도로 과세된다.

2. 양도소득세의 특징

(1) 열거주의

양도소득세는 소득세법에 열거된 자산을 양도함으로서 발생하는 소득에 한하여 과세하며 열거되지 않은 자산을 양도하는 경우 양도차익이 발생하더라도 과세하지 않는다. 예를 들면 대주주가 아닌 자가 상장주식을 주식시장에서 거래하는 경우 또는 자동차를 양도하는 경우 등은 소득세법에 과세대상으로 열거되지 않아 양도차익이 있더라도 과세되지 아니한다.

(2) 분류과세

소득세법에서 규정하고 있는 종합소득과 퇴직소득과 별도로 분류하여 과세된다. 즉 동일한 사업연도에 발생한 종합소득 및 퇴직소득과 합산하여 과세하지 아니한다.

(3) 예정신고제도

양도소득세는 신고납세제도를 채택하고 있어 신고에 의해 과세표준과 산출세액이 확정되는 것이 원칙이다. 과세대상 자산을 양도한 경우 양도일이 속하는 달의 말일부터 2개월 이내에 예정신고를 함으로서 납세의무가 확정된다.

(4) 세율의 다양성

양도소득세 세율은 소득세법에서 규정한 기본세율과 자산의 종류, 보유기간 등에 따라 다양한 세율로 구성되어 있다.

3. 납세의무자

양도소득세의 납세의무자는 과세대상 자산을 양도하여 소득이 발생하는 개인이다. 개인으로 보는 법인격 없는 단체,[1] 즉 동창회, 종중, 교회 등도 양도소득세 납세의무가 있다. 개인으로 보는 법인격 없는 단체는 국내에 주사무소 또는 사업의 실질적 관리장소를 둔 경우에는 1거주자로, 그 밖의 경우에는 1비거주자로 보아 양도소득세 납세의무를 진다. 법인이 양도에 의해 소득이 발생할 경우 '각사업연도과세소득'에 포함되며 법인세를 납부한다.

개인은 주소지 또는 거소지를 기준으로 거주자와 비거주자로 구분된다.

(1) 거주자의 납세의무

거주자는 국내에 주소를 두거나 183일 이상 거소를 둔 개인을 말한다. 거주자는 국내뿐만 아니라 외국에 소재하는 자산에 대하여 납세의무가 있다.

---

1) 법인격 없는 단체란 설립등기를 하지 아니한 사단, 재단, 기타 단체를 말한다. 법인격 없는 단체는 법률상 권리의무의 주체가 될 수 없으나 세법은 조세채권확보와 법률관계의 명확화를 위하여 일정한 요건을 갖출 경우 법인으로 본다. 법인격없는 단체는 당연법인의제와 신청 및 신청에 의해 법인으로 의제하는 것으로 구분된다(국세기본법 제13조).
① 당연 법인으로 보는 경우: 당연이 법인으로 보는 당연법인의제는 다음의 요건 중 하나를 갖추면 된다.
가. 주무관청의 허가, 인가를 받거나 등록한 사단, 재단 기타 단체로서 등기되지 아니한 것
나. 공익을 목적으로 출연된 기본재산이 있는 재단으로서 등기되지 아니한 것
② 신청에 의해 법인으로 보는 경우: 대상 단체의 신청과 과세당국의 승인에 의해 법인으로 보는 경우이다. 아래의 요건을 모두 갖추면 관할세무서장의 승인을 얻어 법인으로 본다.
가. 정관을 가지고 대표자 또는 관리인을 선임하고 있을 것
나. 독립적으로 수익과 재산을 소유하고 관리할 것
다. 단체의 수익을 구성원에게 분배하지 아니할 것

(2) 비거주자의 납세의무

비거주자는 국내에 소재하는 자산에 대하여 납세의무가 있다.

(3) 공동소유자산

공동소유자산을 양도하여 발생하는 소득은 소유지분에 따라 소득이 분배되며 분배된 소득에 대하여 각 거주자별로 납세의무를 진다. 이 경우 공동소유자는 각각의 양도소득세에 대해 연대납세의무를 지지 않는다.

(4) 상속인의 납세의무

피상속인의 양도소득금액에 대하여 상속인이 납세의무를 승계하며, 상속인은 상속으로 얻은 재산을 한도로 납부할 의무가 있다. 피상속인의 양도소득금액과 상속인의 양도소득금액은 합산하지 않고 구분하여 계산한다.

(5) 연대납세의무

양도소득은 거주자별로 납세의무를 진다, 그러나 특수한 경우 연대하여 납세의무를 진다. 특수한 경우란 양도소득세를 부당하게 감소시키기 위해 특수관계자에게 자산을 증여한 후 그 증여받은 자가 증여일로부터 5년 이내에 이를 타인에게 양도하는 것을 말한다. 이 경우 증여자가 직접 양도한 것으로 보며 당해 양도소득에 대해 증여자와 수증자가 연대하여 납세의무를 진다. 만약 증여자가 재산이 없을 경우 양도소득세를 징수하지 못하는 것을 방지하기 위해 만들어진 규정이다.

4. 납세지

납세지란 납세자가 양도소득세에 대한 신고, 납부 등을 하는 관할세무서를 말한다.

(1) 거주자의 납세지

양도소득세의 납세지는 원칙적으로 양도소득을 얻은 자의 주소지 또는 거소지가 된다. 주소란 실질적으로 생활의 근거인 장소를 말하는데 주소인지 여부는 주체의 주관적 의사보다도 생활의 근거라는 객관적 사실관계에 기하여 판단하는 것이 통례이다. 일반적으로 주민등록지가 주소이다. 또한 거소란 생활의 근거지는 아니나 사람이 일정기간 계속하여 거주하는 장소로서 그 장소와의 밀접한 정도가 주소보다 못한 곳을 말한다. 공동소유한 부동산을 양도하였을 때의 양도소득세 납세지는 각 공동소유자의 주소지가 된다.

(2) 비거주자의 납세지

비거주자란 국내에 주소를 두거나 183일 이상 거소를 둔 거주자 이외의 자인 개인을 말한다. 이러한 비거주자에 대한 소득세의 납세지는 국내사업장의 소재지로 한다. 국내사업장이 없는 경우에는 양도소득이 발생하는 양도자산의 소재지를 납세지로 한다.

(3) 상속의 경우 납세지

상속에 의해 피상속인의 양도소득에 대한 납세의무를 상속인이 승계한 경우 그 소득세의 납세지는 피상속인, 상속인, 납세관리인의 주소지나 거소지 중 상속인 또는 납세관리인이 납세지로 신고한 장소로 한다. 신고가 없는 경우 당해 피상속인의 주소지를 납세지로 한다.

5. 과세기간

(1) 원 칙

소득세는 매년 1월 1일부터 12월 31일까지 1년분의 소득금액에 대하여 과세한다(소법 5 ①).

(2) 거주자가 사망한 경우

거주자가 사망한 경우에는 1월1일부터 사망한 날까지의 소득금액에 대하여 소득세를 과세한다(소법 5②).

(3) 거주자가 출국한 경우

거주자가 주소 등을 국외로 이전하여 비거주자가 된 경우에는 1월 1일부터 출국한 날까지의 소득금액에 대하여 소득세를 과세한다(소법 5③).

제 2 절 양도의 개념

자산의 양도란 자산에 대한 등기 또는 등록에 관계없이 매도, 교환, 법인에 대한 현물출자 등으로 인하여 그 자산이 유상으로 사실상 이전되는 것을 말한다(소법 88 1). 일반적으로 유상이전 개념은 소유권이전의 대가로 현금 또는 현물을 받거나 혹은 대응되는 다른 자산을 대체 취득하거나 변제의무가 있는 채무를 소멸시키는 경우를 말한다. 사실상 이전이란 등기 또는 등록에 관계없이 실질적으로 해당 자산에 대한 지배권이 이전되었을 경우를 말한다.

1. 양도의 원인

소득세법 88조 1호에 의하면 매도, 교환, 법인에 대한 현물출자 등을 양도의 원인으로 예시하고 있다. 예시이므로 열거되지 않아도 그 자산이 유상으로 사실상 이전되는 경우에는 양도로 본다. 소득세법상 양도로 보는 경우를 살펴보면 아래와 같다.

(1) 매 매

매매란 당사자 일방이 재산권을 상대방에게 이전할 것을 약정하고 상대방이 그 대금지급을 약정함으로써 그 효력이 생기는 것을 말하며(민법 563) 자산양도의 일반적인 형태이다. 매도인은 매수인에 대하여 매매의 목적이 된 권리를 이전하여야 하며 매수인은 매도인에게 그 대금을 지급하여야 한다. 이러한 쌍방의무는 특별한 약정이나 관습이 없으면 동시에 이행하여야 한다(민법 563). 매매에 의해 토지, 건물 등을 양도한 경우 비과세대상을 제외하고 양도소득세가 과세된다.

(2) 교 환

교환이라 함은 당사자 쌍방이 금전 이외의 재산권을 서로 이전할 것을 약정함으로써 성립하는 계약이다(민법 596). 매매든 교환이든 모두 자산이 유상으로 이전된 것으로 보아 양도소득세의 과세대상이 된다. 토지의 경계를 변경하기 위하여「공간정보의 구축 및 관리 등에 관한 법률」제79조에 따른 토지의 분할 등 교환등기를 하는 경우 양도로 보지 아니한다(소법 88 1). 실질적 권리를 회복하는 등기로 보기 때문이다.

(3) 법인에 대한 현물출자

법인에 대한 현물출자란 회사를 설립하거나 증자를 할 때에 금전이외의 자산을 출자하고 주식 또는 출자지분을 취득하는 것을 말한다. 법인에 현물출자함으로서 양도소득세 과세대상인 자산을 이전하였을 경우 양도소득세가 과세[2]된다(소법 88 1).

(4) 조세 등의 물납

물납이란 조세 등을 납부할 때 금전이 아니라 토지 건물 등의 재산으로 납부하는 것을 말한다. 조세를 물납하는 경우 유상이전에 해당되는 것으로 보아 과세대상자산을 물납하면 양도소득세가 과세된다.

---

2) 일정한 요건을 갖춘 경우 이월과세 등 조세특례가 적용될 수 있다.

(5) 대물변제

채무자가 채권자의 승낙을 얻어 본래의 채무이행에 갈음하여 다른 급여를 한 때에는 변제와 같은 효력이 있다(민법 466). 이를 대물변제라 한다. 채무 또는 손해배상액을 변제하기 위해 부동산 등의 소유권을 이전한 경우 유상양도에 해당되며 양도가액은 대물변제가액이다.

(6) 협의매수, 수용, 공매, 경매 등

수용이란 공익사업을 위하여 공익사업의 주체가 타인의 토지 등을 강제로 취득하고 그로 인한 손실을 보상하는 것을 말한다. 협의매수는 사업시행자가 수용에 앞서 해당 토지등을 소유한 사람의 자발적 의사를 반영하여 토지 등을 취득하는 것을 말한다. 토지가 수용되거나 협의매수에 의해 양도하는 경우에도 양도소득세가 과세된다.

강제경매·임의경매·체납처분으로 인하여 공매[3])되는 경우에도 유상양도에 해당되며 양도소득세가 과세된다. 다만, 파산선고에 의한 처분으로 인하여 발생하는 소득에 대하여는 비과세한다(소법 89 1).

(7) 이혼위자료 등

당사자의 합의 또는 법원의 확정판결에 의하여 일정액의 위자료를 지급하기로 하고 동 위자료를 당사자일방이 소유하고 있던 부동산으로 지급한 때에는 대물변제로 보아 양도로 본다.

(8) 부담부 증여

부담부 증여란 증여자가 재산을 증여하면서 당해 재산에 담보된 증여자의 채무를 함께 인계하는 것을 말한다. 예를 들면 아버지가 아들에게 부동산을 증여하면서 은행채무를 아들이 인수하게 하는 경우, 이를 부담부증여라 한다. 부담부증여에 의해 증여자의 채무를 수증자가 인수하는 경우에는 증여가액 중 채무액에 상당하는 금액은 그 재산이 유상으로 사실상 이전되는 것으로 보아 양도소득세를 과세한다(소법 88 1).

배우자 간 또는 직계존비속 간의 부담부증여(「상속세 및 증여세법」 제44조에 따라 증여로 추정되는 경우를 포함한다)로서 수증자에게 인수되지 아니한 것으로 추정되는 채무액은 제외한다(소령 151 ③). 그러나 그 채무액이 국가 및 지방자치단체에 대한 채무 등으로서 객관적으로 인정되는 것인 경우에는 부담부증여로 본다(소령 151 ③ 단서조항). 따라서 배우자간 또

3) 법원에서 채무자의 부동산을 압류·매각하여 그 대금으로 채권자의 금전채권의 만족에 충당하는 민사집행법상의 경매(강제경매)와 담보권의 실행 등으로 행하여지는 경매법상의 경매(임의경매) 및 국세체납처분으로 인하여 행하는 공매를 말한다.

는 직계존비속간의 부담부증여시 채무인수액을 객관적으로 증명하면 채무부담액에 대하여 양도소득세를, 그렇지 아니하면 채무인수액을 포함하여 증여세를 부과한다.

• 수증자의 채무부담분은 증여자의 양도로 봄
• 증여세과세가액＝증여재산가액－수증자의 채무부담분

2. 유상에 의한 양도로 보지 않는 경우

(1) 환지처분

도시개발법이나 그 밖의 법률에 따른 환지처분으로 지목 또는 지번이 변경되거나 보류지로 충당되는 경우에는 양도로 보지 아니한다(소법 88 1).

환지처분이란 도시개발법에 의한 도시개발사업, 농어촌정비법에 의한 농업생산기반 정비사업 그 밖의 법률에 따라 사업시행자가 사업완료 후에 사업구역내의 토지소유자 또는 관계인에게 종전의 토지 또는 건축물 대신에 그 구역 내의 다른 토지 또는 사업시행자에게 처분할 권한이 있는 건축물의 일부와 그 건축물이 있는 토지의 공유지분으로 바꾸어주는 것(사업시행에 따라 분할·합병 또는 교환하는 것을 포함한다)을 말한다(소령 152 ①).

보류지란 사업시행자가 법률에 따라 일정한 토지를 환지로 정하지 아니하고 보류한 토지로서 사업시행에 필요한 경비를 충당하거나 공공용지등을 확보하기 위한 토지를 말한다. 이를 살펴보면 다음과 같다(소령 152 ②).

① 공공용지
② 사업구역 내의 토지소유자 또는 관계인에게 그 구역 내의 토지로 사업비용을 부담하게 하는 경우의 해당 토지인 체비지[4]

(2) 토지의 교환

다음의 요건을 모두 충족하는 토지의 교환은 양도로 보지 아니한다(소법 88 1 나).

① 토지 이용상 불합리한 지상(地上) 경계(境界)를 합리적으로 바꾸기 위하여 「공간정보의 구축 및 관리 등에 관한 법률」이나 그 밖의 법률에 따라 토지를 분할하여 교환할 것
② ①에 따라 분할된 토지의 전체 면적이 분할 전 토지의 전체 면적의 100분의 20을 초과하지 아니할 것

공동소유의 토지를 소유지분별로 단순히 분할하거나 공유자 지분 변경 없이 2개 이상

---

4) 토지소유자 또는 관계인이 사업구역내에 소재하는 토지로 사업비용을 부담하는 경우, 그 사업비용으로 사업자에게 양도하는 토지를 말한다.

의 공유토지로 분할하였다가 분할한 공유토지를 단순히 재분할 하는 경우에도 양도로 보지 아니한다. 그러나 2인이 공유하던 1필지 토지를 대가관계 없이 지분을 초과하여 분할 받거나, 가격이 상승한 특정부분을 분할 받는 경우에는 증여세가 과세된다. 만약 지분이 변경될 때 대가를 지급받았다면 양도소득세가 과세된다.

(3) 명의신탁해지[5)]

부동산 명의신탁이란 소유관계를 공시하도록 되어 있는 부동산 등에 대하여 소유자 명의를 실소유자가 아닌 타인 이름으로 해놓는 것을 말하며 실제 소유자를 신탁자, 명의상 소유자로 된 사람을 수탁자라고 한다. 1995. 7. 1. 이후에 부동산권리자명의등기에관한법률이 시행되면서 원칙적으로 명의신탁을 금지하고 높은 과징금 및 형사처벌의 대상이 된다.

법원의 확정판결에 의해 신탁해지를 원인으로 실소유자에게 원상회복하는 소유권이전등기를 하는 경우 명의신탁의 환원에 불과하여 양도로 보지 않는다. 한편 명의신탁자산을 양도시 실질과세원칙에 따라 소득의 귀속자인 명의신탁자를 납세의무자로 본다.

(4) 재산분할청구권에 따른 소유권이전

이혼합의서에 재산분할청구로 인한 소유권이전임을 확인할 수 있는 경우 또는 재산분할의 협의가 이루어지지 않아 가정법원에 재산분할청구권을 행사하여 혼인 후에 취득한 부동산의 소유권이전이 이루어지는 경우에는 공동재산에 대한 자기지분을 환원 받은 것으로 보아 양도로 보지 않는다. 이혼 당사자 일방이 혼인 전에 취득한 재산을 재산분할청구의 대상으로 하여 상대방에게 이전한 경우 과세관청과 조세심판원의 입장에 차이가 있다. 과세관청은 일방이 혼인 전에 취득한 자산을 이혼을 사유로 하여 재산분할하여 타방에게 소유권 이전하는 경우에는 대물변제에 의한 양도로 보아 양도소득세를 과세한다는 입장이다. 그러나 조세심판원은 부동산을 혼인 전에 취득하였다고 하더라도 법원이 해당 부동산을 재산분할대상으로 판결함에 따라 부동산을 이전한 것은 부동산양도가 아닌 재산분할로 과세대상이 아닌 것으로 판단하였다(조심2011소4972).

(5) 양도담보

양도담보란 자금을 차용하고 채무자 소유의 재산소유권을 채권자에게 이전하는 것을 말하며 채권자는 그 재산으로부터 우선변제를 받을 수 있다.

채무자가 채무의 변제를 담보하기 위하여 자산을 양도하는 계약을 체결한 경우 양도로 보지 아니한다. 등기형식은 비록 양도이나 실질적으로 담보제공이므로 양도소득세가 과세

5) 부동산실권리자명의등기에 관한 법률에 의하면 1995. 7. 1. 이후에 명의신탁을 약정하는 경우 무효이다. 다만 배우자간, 종중 등은 예외이다.

되지 않는다. 또한 담보목적이 달성되어 담보제공자에게 소유권을 환원하여 주는 경우에도 양도로 보지 않는다.

양도담보로 인한 양도인 경우 다음의 요건을 모두 갖춘 계약서의 사본을 양도소득 과세표준 확정신고서에 첨부하여 신고하는 때에는 이를 양도로 보지 아니한다(소령 151 ①).

1. 당사자간에 채무의 변제를 담보하기 위하여 양도한다는 의사표시가 있을 것
2. 당해 자산을 채무자가 원래대로 사용·수익한다는 의사표시가 있을 것
3. 원금·이율·변제기한·변제방법 등에 관한 약정이 있을 것

그러나 양도담보계약을 체결한 후 계약요건에 위배되거나 채무불이행으로 인하여 당해 자산을 변제에 충당한 때에는 그 때에 양도한 것으로 본다(소령 151 ②).

(6) 본인이 경락받은 경우

자기소유 자산을 제3자의 채무에 대한 담보로 제공하였다가 제3자인 채무자가 채무를 변제하지 아니하여 당해 담보자산이 경매개시되어 당초소유자가 자기명의로 경락받은 경우에는 위의 자산양도에 해당하지 아니한다.[6]

사례연구 1-1 양도의 개념에 관한 판례사례들

- 토지에 관한 매매잔금 지급의무 또는 소유권이전등기의무가 이행되지 않는 이상 토지가 양도되었다고 보기는 어렵다(대법원 2018두38192).
- 청구인들이 쟁점토지를 제공하고 그 대가로 쟁점아파트의 분양권을 취득하기로 계약하면서, 청구인들의 등기된 토지면적 1평당 ○.○○을 곱한 것을 대물변제면적으로 하고, 이에 □□평형대 아파트의 평당 평균 분양환산가를 곱한 금액을 대물변제금액으로 시행계약서상 약정하여 쟁점토지 전체가 양도대상으로 보이는 점, 청구인들이 추진한 이 건 재건축사업은 「도시 및 주거환경정비법」이 적용되지 아니하는 일반 재건축에 해당하는 것이어서 쟁점토지를 「소득세법」 제88조 제2항에서 규정하는 환지처분에 의한 체비지로 충당된 경우로 볼 수 없는 점 등에 비추어 이 건 과세처분은 잘못이 없다(조심 2018서5723).
- 청구인이 학교법인 등의 운영권 양수대금 중 잔금을 쟁점부동산으로 대물변제한 것으로 보이므로, 처분청이 이를 유상양도로 보고 양도소득세를 과세한 처분은 잘못이 없음(조심 2012서2633).
- 공용수용을 양도소득세 과세대상에서 제외하지 않는 법률조항이 현저하게 합리성을 결여하여 입법재량을 일탈하였다거나 재산권을 침해한다고 볼 수 없고 일반 양도로 인한 양도소득과 동일하게 양도소득세를 부과하는 것은 평등원칙에 반하지 아니함(헌법재판소 2010헌바134).

6) 재산 01254-728. 1988. 3. 12.

사례연구 1-2 양도의 개념[7)]

1. 요 약

청구법인은 쟁점토지 양도로 인하여 경제적 이익이 청구법인에게 귀속되지 않았으며 청구법인이 효율적인 통제권도 유지하고 있었으므로 이 건 쟁점토지의 양도는「소득세법」제88조 소정의 '양도'가 아니라고 주장하나, 전체토지는 201○.○.○○. 매매를 원인으로 청구법인에서 □□□□로 이전되었고 이후 신축건물 일부와 쟁점토지 대지권이 201◇.◇◇.◇. 매매를 원인으로 □□□□에서 청구법인으로 다시 이전된 사실이 전체토지 등의 등기부 등본에 나타나는 점, 청구법인이 양도대금에 갈음하여 □□□□ 소유 쟁점토지를 대물변제 받은 점에서 쟁점 토지 양도로 인한 경제적 이익이 청구법인에게 귀속 되었다고 볼 수 있고, 청구법인의 양도당시 토지 ㎡당 가액과 청구법인이 대물변제로 받은 쟁점토지 ㎡당 가액이 다르게 평가되었던 점 등에 비추어 양도로 보아야 함.

2. 사실관계

(1) 처분청이 제출한 심리자료를 보면, 청구법인은 청구법인 소유 전체토지를 특수관계법인인 ○○○에게 양도하면서 양도대가 일부를 전체토지 위에 신축되는 집합건물 일부로 대물변제받기로 약정하였고, 신축건물 준공 이후 청구법인은 신축건물 일부와 쟁점토지를 ○○○로부터 양수받았으며, 이후 청구법인은 전체토지 양도거래 중 쟁점토지에 대하여는 청구법인과 ○○○ 간 실제 양수도 의사가 존재하지 않은 형식상의 소유권 이전임을 이유로 쟁점토지 양도를 세법상 양도로 볼 수 없다고 보아 처분청에 감액 경정 청구한 사실이 나타난다.

(2) 2011년 9월에 작성된 위 전체토지 매매계약서상 토지 ㎡당 가액은 ○○○원으로 확인되고, 2013년 11월에 작성된 위 ○○○ ○○○ 호텔 업무시설 및 근린생활시설 매매계약서상 토지 ㎡당 가액은 ○○○원으로, 전체토지 양도당시 토지 가액과 건물 신축 후 분양시 토지 가액이 상이하게 평가된 것으로 나타난다.

(3) 전체토지 등기부등본을 보면, 2011.9.28. 매매를 등기원인으로 하여 청구법인에서 ○○○로 소유권이전등기가 정상적으로 경료된 사실이 나타나고, ○○○○○○호텔 집합건물 등기부등본을 보면, 2013. 11. 8. 매매를 등기원인으로 하여 ○○○에서 청구법인으로 소유권이전등기가 경료된 사실이 나타난다.

3. 쟁 점

쟁점토지가 형식상 소유권 이전인가 또는 사실상 이전되어 양도로 볼 것인가가 쟁점이다.

4. 판 단

청구법인은 쟁점토지 양도로 인하여 경제적 이익이 청구법인에게 귀속되지 않았으며 청구법인이 효율적인 통제권도 유지하고 있었으므로 이 건 쟁점토지의 양도는「소득세법」제88조 소정의 '양도'가 아니라고 주장하나, 양도소득세의 대상이 되는 양도라 함은 "자산이 유상으로 사실상 이전되는 것"을 의미한다 할 것인바, 전체토지는 2011. 9. 28. 매매를 원인으로 청구법인에서 ○○○로 이전되었고 이후 신축건물 일부와 쟁점토지 대지권이 2013. 11. 8. 매매를 원인으로 ○○○에서 청구법인으로 다시 이전된 사실이

7) 조심 2015중5381에서 발췌함.

전체토지 및 ○○○○○○호텔 집합건물 등기부등본에 나타나는 점, 청구법인이 양도대금에 갈음하여 ○○○ 소유 쟁점토지를 대물변제 받은 점에서 쟁점토지 양도로 인한 경제적 이익이 청구법인에게 귀속되었다고 볼 수 있고, 청구법인의 전체토지 양도당시 토지 ㎡당 가액(○○○원)과 청구법인이 대물변제로 받은 쟁점토지의 토지 ㎡당 가액(○○○원)이 다르게 평가되었던 점, 가사 청구법인이 쟁점토지를 대물변제받은 것이 아니라 당초 약정대로 ○○○로부터 반환받은 것이라고 보아 쟁점토지를 환매조건부로 양도한 경우라고 하더라도「소득세법」상 양도로 보아야 할 것인 점등에 비추어 청구주장을 받아들이기 어려운 것으로 판단된다.

사례연구 1-3 양도의 개념[8)]

1. 요 약

토지의 소유권이 임의경매를 원인으로 이전된 경우에도 양도소득세의 과세대상인 '자산의 유상양도'에 해당된다고 보아야 하고, 그렇다면 경매개시일 현재의 소유자인 청구인은 양도소득세의 납세의무자, 경락가액인 ◎억원은 실지거래가액으로 보는 것이 타당함.

2. 사실관계

(1) 쟁점토지의 등기부등본을 보면, 2007. 6. 20. 전에는 44,224㎡ 면적의 1필지였다가, 그 이후에는 ○○○21필지 합계 36,267㎡가 분필되어 나머지 7,957㎡만이 쟁점토지(같은 리 ○○○)의 면적이 되었고, 2007. 9. 6. ○○○이 매매로 그 소유권을 취득하였으며, 2010. 5. 7. ○○○가 매매예약(소유권이전청구권 가등기)하였으나 실제로 이를 취득하지는 않았고, 2013. 5. 20. 청구인이 매매로 이를 ○○○에 취득하였다가, 2016. 5. 26. 법원의 임의경매로 그 소유권이 제3자○○○에게 이전된 것으로 기재되어 있고, 처분청은 등기등본상 청구인의 취득당시 기재된 ○○○을 쟁점토지의 취득가액으로 보았다.

법원의 배당표(2016. 6. 15. 수원지방법원 여주지원이 사건번호 '2014타경20504'인 부동산임의경매에 대하여 발급한 것)를 보면, 법원은 쟁점토지 등 9필지를 임의경매하여 배당할 금액인 ○○○(매각대금 ○○○억원에 경매보증금 ○○○상당 등을 가산하고 집행비용을 차감한 것)을 경기도 양평군 등 4인의 채권자들에게 배당하였고, 배당 후 남은 금액은 없는 것으로 기재되어 있으며, 처분청은 위 매각대금 ○○○억원에 쟁점토지의 면적(7,957㎡)이 위 임의경매 대상토지의 전체 면적(20,606.75㎡)에서 차지하는 비율을 곱하여 산정된 ○○○을 청구인의 양도가액으로 보았다.

2013. 6. 17. 검찰의 불기소이유통지를 보면, 검찰은 ○○○(청구인의 배우자)이 ○○○를 상대로 제기한 사기의 고발사건에서, ○○○이 2009. 12. 7. ○○○등 합계 8필지(같은 리 ○○○인 쟁점토지는 미포함)에서 주택단지·도로의 조성공사를 ○○○에 도급받는 계약을 체결하고, 추가공사대금 ○○○을 포함한 ○○○의 비용이 투입되었으며, 2010. 6. 30. 해당 공사의 95%가 진행되었으나 ○○○로부터 ○○○만을 수취하여 2013. 4. 10.까지 나머지 ○○○을 지급받지 못한 채로 연락이 되지 않아서 ○○○를 고발하였으나, ○○○로부터 토지(쟁점토지로 보이는 것)를 ○○○본인의 명의로 이전받는 것으로 미지급 공사대금에 대한 합의를 하였다는 이유 등으로 2013. 5. 23. 고소취소장을 제출하였다고 진술한 점

8) 조심 2019중1714에서 발췌함.

등을 이유로 ○○○에 대하여 불기소처분(증거불충분하여 혐의없음)을 한 것으로 나타난다.

2019. 2. 15. 작성된 확인서○○○의 주요내용은 아래와 같다.

1) ○○○는 2009. 12. 7. ○○○(쟁점토지의 지번이나 위 검찰의 불기소이유통지서에는 해당 지번 미기재) 등 8필지에 주택단지를 조성하면서 ○○○에게 택지·도로공사를 계약금액 ○○○에 도급하는 계약을 체결하였는데, 공사대금으로 ○○○만을 지급하고 나머지 ○○○을 지급하지 못하였으나, 이를 지급하는 대신에 쟁점토지를 ○○○이 지정하는 청구인 명의로 소유권이전등기를 경료하여 주었다.

2) 쟁점토지는 10명 이상의 선순위 담보채권자들이 근저당권을 설정한 상태여서 실질적인 가치가 거의 없었는데, 청구인 명의로 소유권이전등기를 할 당시에 편의상 거래가액을 ○○○으로 정하여 그대로 등재되었다.

3) 쟁점토지가 공동담보된 토지들과 더불어 법원의 임의경매로 ○○○억원에 경락되었으나, 선순위 채권자들에게 배당되고 남은 금액이 없어서 청구인에게 배당된 금액이 없었다.

(2) 청구인은 쟁점토지가 청구인의 배우자인 ○○○이 지급받지 못한 공사대금의 대물변제로 취득하였고, 해당 공사대금이 ○○○상당이라는 주장을 입증할 증빙자료(공사계약서, 세금계산서 등 적격증빙, 공사대금의 청구 내역 등)를 제시하지 못하였다.

3. 쟁 점

① 법원의 임의경매로 매각된 쟁점토지의 경락대금 중 실제로 배당받은 금액이 없으므로 이에 대하여 양도소득세를 부과할 수 없다는 것이 쟁점이다. ② 쟁점토지의 취득가액이 공부상의 금액이 아니라 대물변제의 대상인 채권금액으로 보아야 하는 지가 쟁점이다.

4. 판 단

(가) 먼저, 쟁점①에 대해 청구인은 쟁점토지의 임의경매로 아무런 이익을 얻지 못하였으므로 이를 「소득세법」상 양도로 보아 자신에게 양도소득세를 부과한 처분은 부당하다고 주장하나, 양도소득세의 과세대상인 '양도'는 자산이 유상으로 사실상 이전되는 것임을 감안하면, 토지가 경매를 원인으로 소유권이 이전된 것은 '양도'에 해당하고, 이 경우 경락대금을 토지의 소유자가 배당받았는지 여부는 양도소득세의 과세에 영향을 주는 것이 아닌바, 쟁점토지의 소유권이 임의경매를 원인으로 이전된 경우에도 양도소득세의 과세대상인 '자산의 유상양도'에 해당된다고 보아야 하고, 그렇다면 경매개시일 현재의 소유자인 청구인은 양도소득세의 납세의무자, 경락가액인 ○○○억원은 실지거래가액으로 보는 것이 타당하므로 이에 대한 청구주장을 받아들이기는 어렵다고 판단된다.

(나) 다음으로, 쟁점②는 쟁점토지의 취득가액이 청구인이 소유권이전등기를 할 당시(2013.5.20.) 등기부등본 상에 기재한 ○○○이 아니라 쟁점토지로 대물변제받은 금액인 ○○○이라는 청구주장이 받아들여지려면 해당 공사대금채권이 존재한다는 사실이 구체적·객관적으로 제시되어야 할 것임에도 청구인의 배우자인 ○○○간에 체결된 도급공사의 존재를 입증할 만한 공사계약서, 그 공사대금과 관련한 세금계산서 등 적격증빙, 대금청구 및 독촉 내역 등의 증빙자료가 제출되지 아니한 점, 청구인이 제출한 해당 공사의 수행, 공사대금 수수의 정황에 관한 자료(○○○를 고발한 사건에 대한 검찰의 불기소이유통지서, ○○○의 확인서 등)만으로는 ○○○로부터 쟁점토지로 대물변제받은 공사대금이 ○○○이라는 사실이 확인되지 아니하는 점 등에 비추어 볼 때, 대물변제금액을 취득가격으로 보는 것은 어렵다고 판단된다.

사례연구 1-4 양도의 개념[9]

1. 요 약

법원이 부부 사이의 재산분할의 방법으로 가액의 반환을 명한 이후에 부부 일방이 배우자 재산을 경매신청하여 제3자에게 매각되고, 부부 일방이 배당금을 수령한 경우 배우자는 전체금액에 대하여 양도소득세 납부의무가 있는 점에 비추어 보면, 청구인이 본인 소유의 재산을 제3자에게 유상으로 양도한 것이 명백한 이상 처분청이 청구인에게 양도소득세를 과세한 이 건 처분은 잘못이 없음.

2. 사실관계

(1) 청구인은 2012. 8. 17. 증여로 취득한 ○○○(토지62.27㎡, 건물129.91㎡, 이하 "쟁점①주택"이라 한다)를 2016. 1. 20. 양도하고, 2003. 4. 1. 매매로 취득한 ○○○(토지40.83㎡, 건물65.35㎡, 이하 "쟁점②주택"이라 한다)를 2016. 4. 6. 양도하고 양도소득세 예정신고를 하지 않았다.

(2) 이혼에 따른 법원의 조정내용을 보면 다음과 같다.

조정조항 2항 가는 "피고는 원고에게 별지 목록 제18항 기재 부동산에 관하여 재산분할을 원인으로 한 소유권이전절차를 이행한다"라고 되어 있는데, 청구인은 동 조정조항에 의하여 전 배우자에게 해당 부동산을 재산분할을 원인으로 소유권 이전한 사실이 관련 등기사항전부증명서 등에 의해 확인된다.

조정조항 2항 나는 "피고는 원고에게 재산분할로 ○○○원을 지급하되, 그 중 ○○○원은 2016. 5. 31.까지, ○○○원은 2016. 11. 30.까지, 나머지 ○○○원은 2017. 2. 28.까지 지급한다"라고 되어 있는데, 청구인은 동 조정조항의 이행을 위하여 쟁점①,②주택을 양도하였다고 소명하고 있다.

3. 쟁 점

재산분할조정에 합의하여 이혼한 경우로서, 부동산을 양도하고 그 매각대금으로 조정사항을 이행한 경우에는 양도소득세과 과세되는가?

4. 판 단

「소득세법」 제88조 제1항에서 "양도라 함은 자산에 대한 등기 또는 등록에 관계없이 매도, 교환, 법인에 대한 현물출자 등으로 인하여 그 자산이 유상으로 사실상 이전되는 것을 말한다"고 규정하고 있는바, 법원이 부부 사이의 재산분할의 방법으로 가액의 반환을 명한 이후에 부부 일방이 배우자 재산을 경매신청하여 제3자에게 매각되고, 부부 일방이 배당금을 수령한 경우 배우자는 전체금액에 대하여 양도소득세 납부의무가 있는 점(대법원 2011. 12. 8. 선고 2011두21638 판결 참고)에 비추어 보면, 청구인이 본인 소유의 재산을 제3자에게 유상으로 양도한 것이 명백한 이상 처분청이 청구인에게 양도소득세를 과세한 처분은 달리 잘못이 없다고 판단된다.

---

9) 조심 2018서0937에서 발췌함.

연습문제

01 소득세법상 양도소득세 과세대상이 되는 양도에 해당하지 않는 것은?

① 이혼시 재산분할에 의한 양도
② 법인에 대한 현물출자
③ 부담부 증여시 채무상당액
④ 이혼위자료를 부동산 등으로 지급

02 소득세법상 양도소득세의 과세대상이 되는 부동산 양도에 해당하는 것으로만 묶인 것은?

2013 9급 세무직

ㄱ. 대물변제에 의한 소유권 이전
ㄴ. 공유물의 소유지분별 분할(공유지분 변동 없음)
ㄷ. 경매에 의한 소유권 이전
ㄹ. 도시개발법에 의한 보류지 충당
ㅁ. 이혼시 재산분할에 따른 소유권 이전

① ㄱ,ㄷ ② ㄱ,ㅁ ③ ㄴ,ㄷ ④ ㄴ,ㄹ

03 소득세법상 토지의 소유권이 다음의 사유로 이전되었을 경우 양도소득세 과세대상에 해당되는 것만을 모두 고른 것은?

2011 9급 세무직

ㄱ. 채무의 변제에 충당
ㄴ. 타인의 건물과 교환
ㄷ. 체비지로 충당
ㄹ. 공인사업 시행자의 수용
ㅁ. 부동산업자의 상가 신축판매

① ㄱ,ㄴ,ㄷ ② ㄱ,ㄴ,ㄹ ③ ㄴ,ㄷ,ㄹ ④ ㄷ,ㄹ,ㅁ

04 소득세법상 거주자의 양도소득에 대한 납세의무와 관련하여 양도에 관한 설명으로 옳지 않은 것은?

2019 세무사 1차

① 법원의 파산선고에 의한 부동산의 처분은 양도로 보지 아니한다.
② 이혼으로 인하여 혼인 중에 형성된 부부공동재산을 민법에 따라 재산분할하는 경

우에는 양도로 보지 아니 한다.

③ 공동사업을 경영할 것을 약정하는 계약에 따라 토지나 건물을 해당 공동사업체에 현물출자하는 경우 그 공동체에 유상으로 양도된 것으로 본다.

④ 「도시 개발법에 따른 환지처분으로 지번이 변경되는 경우는 양도로 보지 아니한다.

⑤ 양도담보계약에 따라 소유권을 이전하는 경우라 하더라도 법정요건을 갖춘 경우에는 양도로 보지 아니하나, 채무불이행으로 인하여 담보 자산을 변제에 충당한 때에는 양도한 것으로 본다.

05 소득세법상 양도소득세가 과세되는 것은? 2018 세무사 1차

① 거주자 甲은이혼하면서 법원의판결에 따른 재산분할에 의하여 배우자에게 혼인 중에 형성된 부부공동재산인 토지의 소유권을 이전하였다.

② 사업자인 거주자 을은 사업용으로 사용하던 가계장치를 처분하였다

③ 거주자 병은 본인 소유의 토지를 동생에게 증여하면서, 동생이 그 토지에 의하여 담보된 병의 은행대출 채무를 인수하였다.

④건설업을 영위하는 사업자인 거주자 정은 아파트를 신축하여 판매하였다.

거주자 무는 자기소유의 토지를 경매로 인하여 자기가 재취득하였다.

06 소득세법상 거주자의 양도소득세에 관한 설명이다. 옳지 않은 것은? 2014 CPA 1차

① 사업용 고정자산인 토지와 함께 영업권을 양도함으로써 발생하는 소득은 양도소득에 해당한다.

② 파산선고에 의한 처분으로 발생하는 소득에 대해서는 양도소득세를 과세하지 아니한다.

③ 거주자가 양도일로부터 소급하여 1년 전에 그의 아버지로부터 증여받은 토지를 양도함에 따라 그 양도차익을 계산할 때, 취득가액은 그 아버지의 취득 당시를 기준으로 계산한다.

④ 토지의 양도로 발생한 양도차손은 지상권의 양도로 발생한 양도소득금액에서 공제될 수 없다.

⑤ 양도담보 계약을 체결한 후 채무불이행으로 인하여 양도담보 자산을 변제에 충당한 때에는 그 때에 이를 양도한 것으로 본다.

정답 01 ① 02 ① 03 ② 04 ① 05 ③ 06 ④

제 2 장 양도소득의 과세대상

제 1 절 개 요

양도소득세 과세대상자산에는 토지와 건물, 부동산에 관한 권리, 주식, 기타자산이 있다. 소득세법은 열거주의이며 소득세 과세대상으로 열거되지 않은 자산의 양도에 대해서는 과세되지 않는다. 상장주식, 자동차 등의 양도에 대해서는 과세되지 않는 것이 그 예이다. 주식 등과 기타자산에 모두 해당되는 경우 기타자산으로 본다.

구 분	과세대상
부동산	토지
	건물
부동산에 관한 권리	부동산을 취득할 수 있는 권리
	지상권
	전세권·등기된 부동산임차권
주식 또는 출자지분	상장주식의 대주주가 양도하는 주식과 장외거래주식
	비상장주식
	외국법인이 발행하였거나 외국에 있는 시장에 상장된 주식
기타자산	일정 요건을 충족하는 부동산 과다법인의 주식
	특정 업종을 영위하는 부동산과다보유법인의 주식
	사업용고정자산과 함께 양도하는 영업권
	특정시설물이용권·회원권
	토지 및 건물과 함께 양도하는 이축권[1)]
파생상품	주가지수 관련 장내외 파생상품

상장주식의 과세대상을 판단할 때 대주주의 기준은 다음과 같다(소득령 157 ④ 1과2).

구 분	지분비율	시가총액 (2018.4.1~2020.3.31)	시가총액 (2020.4.1~2021.3.31)	시가총액 (2021.4.1. 이후)
유가증권시장상장	1% 이상	15억원 이상	10억원 이상	3억원 이상
코스닥상장	2% 이상	15억원 이상	10억원 이상	3억원 이상
코넥스상장법인	4% 이상	10억원 이상	10억원 이상	3억원 이상

제 2 절 과세대상의 범위

1. 부동산

(1) 토 지

토지는「공간정보의 구축 및 관리 등에 관한 법률」에 따라 지적공부(地籍公簿)에 등록하여야 할 지목에 해당하는 것을 말한다(소법 94 ①). 지목이란 전, 답, 과수원, 임야, 목장용지, 공원, 잡종지 등 용도에 따라 구분한다. 농지·임야·목장용지 및 그 밖의 토지의 판정은 지목과 관계없이 실제로 경작에 사용되는 여부 등 사실상의 현황에 따라야 한다. 다만, 사실상의 현황이 분명하지 아니한 경우에는 공부상의 등재현황에 의한다.

(2) 건 물

건물이란 건물과 건물에 부속된 시설물과 구축물을 포함한다(소법 94 ①). 과세관청의 해석에 의하면 건물이란 토지에 정착하는 공작물 중 사실상 준공된 것으로서 지붕 및 기둥 또는 벽이 있는 것과 이에 부속된 시설물과 구축물을 말한다.[2] 건물의 용도구분은 공부상의 구분에 관계없이 사실상의 용도에 따라 판단하되, 사실상의 용도가 분명하지 아니한 경우에는 공부상의 용도에 따른다. 예컨대 공부상에 주택으로 되어 있으나, 양도 당시 이를 점포로 사용한 경우에는 이를 점포로 보아 과세하게 되는 것이다. 또한, 건축법 위반으로

1) ① 개발제한구역의 건축물로서 개발제한구역의 지정 및 관리에 관한 특별조치법 제15조에 따라 지정된 취락지구로의 이축, ②「공익사업을 위한 토지 등의 취득 및 보상에 관한 법률」 제4조에 따른 공익사업의 시행에 따라 철거되는 건축물 중 취락지구로 이축이 곤란한 건축물로서 개발제한구역 지정 당시부터 있던 주택, 공장 또는 종교시설을 취락지구가 아닌 지역으로 이축하는 행위.

2) 직세 1234－1762, 1975. 8. 14.

공부상 등재되지 않은 무허가 건물을 양도한 경우에도 과세대상에 포함된다. 건물이 신축 중이거나 멸실 중인 건물의 경우 건물에 해당하는지를 세법에서 구체적으로 규정하고 있지 않다. 사회통념이나 그 건물의 기능 효능 등에 따라 건물인지 여부를 결정하여야 한다. 건축 중 건축물로 볼 수 없는 상태에서 토지와 시공물을 함께 양도하는 경우 또는 건축주의 명의만을 변경하여 토지와 그 시공물을 양도하는 경우 토지의 양도에 해당된다고 할 수 있다.[3]

2. 부동산에 관한 권리

(1) 부동산을 취득할 수 있는 권리

부동산을 취득할 수 있는 권리란 부동산의 취득을 주목적으로 하는 권리로서 향후 추가적인 요건을 구비하거나 일정한 절차를 거쳐 그 부동산을 취득할 수 있는 권리를 의미한다. 건물이 완성되는 때에 그 건물과 이에 딸린 토지를 취득할 수 있는 권리를 포함한다(소법 94 ① 1). 그 예는 아래와 같다(소통칙 94－1…1).

① 아파트 당첨권 등 건물이 완성되는 때에 그 건물과 이에 부수되는 토지를 취득할 수 있는 권리
② 지방자치단체, 한국토지공사가 발행하는 토지상환채권
③ 대한주택공사가 발행하는 주택상환채권
④ 부동산매매계약을 체결한 자가 계약금만 지급한 상태에서 양도하는 권리

(2) 지상권

지상권이란 타인의 토지에 건물 기타 공작물을 축조하거나 수목을 소유하기 위하여 그 토지를 사용하는 권리를 말한다(민법 279). 자기의 토지를 타인에게 사용하게 하는 자를 지상권 설정자, 타인의 토지를 사용하는 자를 지상권자라 한다. 지상권은 부동산등기법에 의해 등기하여 그 권리를 확보하나 소득세법에서는 실질과세원칙에 의하여 등기등록에 관계없이 사실상 양도되는 경우에 과세된다.

(3) 전세권

전세권이란 전세금을 지급하고 타인의 부동산을 점유하며 그 부동산의 용도에 따라 사용수익하며 그 부동산 전부에 대하여 후순위 권리자 기타 채권자보다 전세금을 우선하여 변제받을 수 있는 권리[4]를 말한다.

---

3) 재산 01254－2523, 1987.9.16.
4) 민법 303①.

전세권자는 부동산등기법에 의해 등기하여 당사자 및 제3자에게 대항할 수 있으며[5] 그 권리를 타인에게 양도 또는 담보로 제공할 수 있고 전세권을 양도할 경우 양도소득세 과세대상이 된다. 지상권과 마찬가지로 등기 등록과 관계없이 사실상 양도되는 경우에 과세대상이 된다.

(4) 등기된 부동산임차권

부동산임차권이란 당사자 일방이 상대방에게 임차료를 지급하고 목적물을 사용 수익하게 할 것을 약정한 계약의 임차인으로서의 권리를 말한다.[6] 지상권 및 전세권과는 달리 등기된 부동산임차권에 한하여 과세한다. 그러므로 등기되지 않는 부동산임차권은 과세대상이 되지 않는다. 일단 등기된 부동산임차권인 경우 이를 양도하였다면 양도에 따른 등기가 이행되지 않더라도 양도소득세 과세대상이 된다(소법 88 1). 사업소득이 발생하는 점포를 임차하여 점포임차인으로서의 지위를 양도함으로서 얻는 경제적 이익은 등기여부에 관계없이 종합소득 중 기타소득으로 과세한다.

3. 주식 또는 출자지분[7]

1998년 12월 28일 법 개정이전에는 자본시장을 육성한다는 측면에서 상장주식 등의 양도차익에 대해 비과세하였으나 소득 간 과세형평의 측면에서 대주주의 상장주식 등의 양도차익에 대하여도 과세대상으로 하였다. 모든 상장주식의 양도차익에 양도소득세를 과세하는 것은 자본시장의 활성화에 부정적인 결과를 초래할 수 있다. 따라서 과세범위를 대주주(주주 1인 및 특수관계인)가 상장주식 등을 거래하는 경우와 장외에서 상장주식 등을 거래하는 경우에 한하여 양도소득세를 과세한다.

양도소득 과세대상이 되는 주식(출자지분, 신주인수권과 증권예탁증권[8]을 포함한다. 이하 같다)은 아래와 같다.

(1) 상장주식

상장주식이란 「자본시장과 금융투자업에 관한 법률」에 따른 주권상장법인의 주식을 말한다.

---

5) 민법 제106조.
6) 민법 제618조.
7) 인적회사의 지분을 말하며 재단법인은 사원권이 존재하지 않으므로 과세대상 주식 등은 영리법인에 한정하여야 한다(정문현 외, 2019).
8) 증권예탁증권이란 「자본시장과 금융투자업에 관한 법률」에 의한 지분증권을 예탁받은 자가 그 증권이 발행된 국가 외의 국가에서 발행한 것으로서 그 예탁받은 증권에 관련된 권리가 표시된 것을 말한다(소령 152의2).

상장주식으로서 다음의 경우에 과세한다.

① 주식의 비율·시가총액 등을 고려하여 대주주가 양도하는 것

② 증권시장에서의 거래에 의하지 아니하고 양도하는 것

과세대상을 판단할 때 대주주의 기준은 다음과 같다. 대주주의 범위는 지분비율 또는 시가총액기준 모두 주주1인과 기타주주가 보유한 주식 등을 합산하여 판단한다. 지분비율과 총액기준 중 어느 하나의 기준에 해당되는 경우 주주1인과 기타주주 모두가 대주주가 된다. 기타주주란 주주 또는 출자자 1인 및 특수관계인[9]을 말한다.

구 분	지분비율	시가총액		
		2018. 4. 1. 이후	2020. 4. 1. 이후	2021. 4. 1. 이후
유가증권시장상장	1% 이상	15억원 이상	10억원 이상	3억원 이상
코스닥상장	2% 이상	15억원 이상	10억원 이상	3억원 이상
코넥스상장법인	4% 이상	10억원 이상	10억원 이상	3억원 이상

(2) 비상장주식

주권상장법인이 아닌 법인의 주식을 양도함으로서 발생하는 소득은 양도소득세 과세대상이다(소법 88 4, 소법 94① 3 나). 다만, 주권비상장법인의 대주주에 해당하지 아니하는 자

9) ㉠ 주주 1인 및 그와 법인세법 시행령 제43조 제8항 제1호에 따른 특수관계에 있는 자(이하 "주주 1인 등"이라 함)의 소유주식 비율의 합계가 해당 법인의 주주 1인 등 중에서 최대인 경우: 다음의 어느 하나에 해당하는 자(국세기본법 시행령 제1조의2 제1항 및 제3항 제1호)
- 6촌 이내의 혈족
- 4촌 이내의 인척
- 배우자(사실상의 혼인관계에 있는 자를 포함함)
- 친생자로서 다른 사람에게 친양자 입양된 자 및 그 배우자·직계비속
- 본인이 직접 또는 그와 친족관계 또는 경제적 연관관계에 있는 자를 통하여 법인의 경영에 대하여 지배적인 영향력을 행사하고 있는 경우 그 법인
- 본인이 직접 또는 그와 친족관계, 경제적 연관관계 또는 가목의 관계에 있는 자를 통하여 법인의 경영에 대하여 지배적인 영향력을 행사하고 있는 경우 그 법인

㉡ 주주 1인 등의 소유주식 비율의 합계가 해당 법인의 주주 1인 등 중에서 최대가 아닌 경우: 다음의 어느 하나에 해당하는 자(국세기본법 시행령 제1조의2 제1항, 제3호 및 제3항 제1호)
- 직계존비속
- 배우자(사실상의 혼인관계에 있는 자를 포함함)
- 본인이 직접 또는 그와 친족관계 또는 경제적 연관관계에 있는 자를 통하여 법인의 경영에 대하여 지배적인 영향력을 행사하고 있는 경우 그 법인
- 본인이 직접 또는 그와 친족관계, 경제적 연관관계 또는 '©'의 관계에 있는 자를 통하여 법인의 경영에 대하여 지배적인 영향력을 행사하고 있는 경우 그 법인

가 금융투자협회가 운영하는 장외주식시장 K-OTC에 의하여 양도하는 중소기업 및 중견기업의 주식 등은 과세하지 아니한다(소법 94 ① 3 나).

주권비상장법인의 대주주란 주식의 양도일이 속하는 사업연도의 직전 사업연도 종료일 현재 주주 1인 및 기타주주의 소유주식의 비율 또는 주주 1인 및 기타주주가 소유하고 있는 해당 법인의 주식의 시가총액이 4% 또는 10억원(2021년 4월 이후 3억원)에 해당하는 경우 해당 주주 및 기타주주를 말한다. 이 경우 소유주식의 비율이 직전 사업연도 종료일 현재 그 기준에 미달하였으나 그 후 주식을 취득함으로써 그 기준에 해당하게 되는 경우에는 그 취득일 이후의 주주 1인 및 기타주주를 포함한다(소령 157 ⑥).

주권비상장법인의 대주주기준은 아래와 같다.

구 분	지분비율	시가총액		
		2018.4.1. 이후	2020.4.1. 이후	2021.4.1. 이후
일반 비상장법인	4% 이상	15억원 이상	10억원 이상	3억원 이상
벤처기업	4% 이상	40억원 이상		

(3) 외국법인이 발행하였거나 외국에 있는 시장에 상장된 주식 등

외국법인이 발행하였거나 외국에 있는 시장에 상장된 주식 등은 과세대상이다(소법 94 ① 3 다).

4. 기타자산

(1) 사업용고정자산과 함께 양도하는 영업권

사업에 사용하는 부동산과 부동산에 관한 권리와 함께 양도하는 영업권(영업권을 별도로 평가하지 아니하였으나 사회통념상 자산에 포함되어 함께 양도된 것으로 인정되는 영업권과 행정관청으로부터 인가·허가·면허 등을 받음으로써 얻는 경제적 이익을 포함)을 양도하는 경우 과세한다(소법 94 ① 4).

(2) 특정시설물이용권

이용권·회원권, 그 밖에 그 명칭과 관계없이 시설물을 배타적으로 이용하거나 일반이용자보다 유리한 조건으로 이용할 수 있도록 약정한 단체의 구성원이 된 자에게 부여되는 시설물 이용권(법인의 주식등을 소유하는 것만으로 시설물을 배타적으로 이용하거나 일반이용자보다 유리한 조건으로 시설물 이용권을 부여받게 되는 경우 그 주식등을 포함한다)

(3) 특정주식

부동산 등의 소유비율이 50% 이상인 법인의 과점주주가 그 법인의 주식 또는 출자지분의 100분의 50 이상을 해당 과점주주외의 자에게 양도하는 과세한다(소득법 94 ① 4). 이러한 주식은 주식의 양도만으로 부동산의 양도와 동일한 것으로 보아 당해 주식의 양도에 대하여 부동산과 같이 과세하도록 하고 있으며 상장 또는 비상장여부에 관계없이 과세한다. 아래의 요건에 해당하는 경우 특정주식의 양도라 한다.

① **3년내 주식 등의 양도비율이 50% 이상**: 당해 법인의 주주 1인 및 기타 주주가 그 법인의 주식 등의 합계액의 100분의 50 이상을 주주 1인 및 특수관계인외의 자에게 양도하는 경우의 당해 주식 등

② **자산총액 중 부동산 등의 비율이 50% 이상**: 당해 법인의 자산총액[10]중 부동산 및 부동산에 관한 권리에 대한 자산가액의 합계액과 해당 법인이 직접 또는 간접으로 보유한 다른 법인의 주식가액에 그 다른 법인의 부동산등 보유비율을 곱하여 산출한 가액의 합계액이 차지하는 비율이 100분의 50 이상인 법인

③ **주식 등의 보유비율이 50% 이상**: 당해 법인의 주식등의 합계액 중 주주 1인과 기타 주주가 소유하고 있는 주식등의 합계액이 차지하는 비율이 100분의 50 이상인 법인

(4) 부동산 과다보유법인의 주식

부동산과다보유법인의 주식이란 법인의 자산총액 중 부동산등의 보유비율이 80% 이상인 법인으로서 체육시설업, 부동산업, 부동산개발업 등을 영위하는 법인의 주식을 말한다. 부동산과다법인의 주식은 상장과 비상장을 불문하며 단 1주를 양도하더라도 양도소득세가 과세된다.

부동산과다법인의 주식에 해당하는 요건은 아래와 같다.

① **자산총액 중 부동산 등의 비율이 80% 이상**: 당해 법인의 자산총액 중 부동산 및 부동산에 관한 권리에 해당하는 자산가액의 합계액이 차지하는 비율이 100분의 80 이상인 법인

② **골프장 등 체육시설업 등의 업종을 영위하는 법인**: 「체육시설의 설치·이용에 관한 법률」에 의한 골프장업·스키장업 등 체육시설업 및 「관광진흥법」에 의한 관광사업

---

10) 자산총액 및 자산가액은 해당 법인의 장부가액(토지·건물로서 해당 자산의 기준시가가 장부가액보다 큰 경우에는 기준시가)에 의한다. 이 경우 다음의 금액은 자산총액에 포함하지 아니한다.
① 「법인세법」 규정에 따른 무형고정자산 중 개발비, 사용수익기부자산가액
② 양도일부터 소급하여 1년이 되는 날부터 양도일까지의 기간 중에 차입금 또는 증자 등에 의하여 증가한 현금·「상속세 및 증여세법」의 규정에 의한 금융재산 및 대여금의 합계액

중 휴양시설관련업과 부동산업·부동산개발업을 직접 경영하거나 분양 또는 임대하는 법인

(5) 특정주식과 부동산과다법인의 주식

특정주식과 부동산과다법인의 주식을 비교하면 아래와 같다.

요 건		특정 주식	부동산과다법인의 주식
해당 법인	토지·건물 및 부동산에 관한 권리	자산총액의 50% 이상	자산총액의 80% 이상
	업종	업종 제한 없음	골프장, 스키장, 콘도미니업 등 체육시설업, 휴양시설관련업, 부동산업
양도하는 주주	지분비율	주주 1인 및 특수관계자 소유주식 합계액이 50% 이상인 주주	해당사항 없음
	양도비율	소급하여 3년간 50% 이상 양도하는 경우	1주 이상

(6) 이축권

토지 및 건물과 함께 양도하는 「개발제한구역의 지정 및 관리에 관한 특별조치법」에 따른 이축을 할 수 있는 권리를 양도하는 경우 과세한다[11](소법 94 ① 4 마). 다만, 해당 이축권 가액을 별도로 평가하여 신고하는 경우는 제외한다.

5. 파생상품

파생상품 등의 거래 또는 행위로 발생하는 소득은 양도소득세를 과세한다(소법 94 ① 5). 2016년 1월 1일 이후 최초로 거래 또는 행위로 발생하는 소득분부터 과세한다. 다만 이자소득 및 배당소득으로 과세되는 파생상품의 거래 행위로부터 발생한 이익은 양도소득세를 과세하지 아니한다. 파생상품 등이란 파생결합증권, 「자본시장과 금융투자업에 관한 법률」의 규정에 따른 장내파생상품[12] 또는 장외파생상품[13] 중 다음 어느 하나에 해당하는 것

11) 2020. 1. 1. 이전에 매매계약을 체결하고 계약금을 지급받은 사실이 증빙서류에 의하여 확인되는 경우에는 법 94조 1항 4호 마목의 개정규정에도 불구하고 종전의 규정에 따른다.

12) 장내파생상품이란 다음 어느 하나에 해당하는 것을 말한다.
1. 파생상품시장에서 거래되는 파생상품
2. 해외 파생상품시장(파생상품시장과 유사한 시장으로서 해외에 있는 시장과 대통령령으로 정하는 해

을 말한다(소령 159의2 ①).

가. 장내파생상품으로서 증권시장 또는 이와 유사한 시장으로서 외국에 있는 시장을 대표하는 종목을 기준으로 산출된 지수(해당 지수의 변동성을 기준으로 산출된 지수를 포함한다)를 기초자산으로 하는 상품

나. 당사자 일방의 의사표시에 따라 위 가에 따른 지수의 수치의 변동과 연계하여 미리 정하여진 방법에 따라 주권의 매매나 금전을 수수하는 거래를 성립시킬 수 있는 권리를 표시하는 증권 또는 증서

다. 해외 파생상품시장에서 거래되는 파생상품

라. 장외파생상품으로서 경제적 실질이 위 가에 따른 장내파생상품과 동일한 상품

사례연구 2-1 토지건물의 양도[14)]

1. 요 약

쟁점주택의 양도로 인한 소득을 사업소득으로 볼 수 있을 정도로 청구인이 계속성과 반복성을 가지고 주택신축판매업을 영위한 것으로 보기는 어려우므로 처분청이 쟁점주택의 양도로 인한 소득을 주택임대업자의 양도소득으로 보아 청구인의 경정청구를 거부한 것은 잘못이 없음.

2. 사실관계

(1) 청구인과 처분청이 제시한 심리자료에 의하면 아래와 같은 사실이 나타난다.

(가) 청구인은 2010. 8. 16. 주종목을 '임대'로 하여 사업자등록을 한 후 2010. 10. 13. 부업종 '건설업(주택신축판매)'을 추가하였고, 2010. 12. 6. 쟁점주택에 대하여 소유권보존등기를 경료한 후 2014. 12. 8. ○○○로부터 쟁점주택 매매잔금을 지급받고, 사업자등록 폐업신고를 하였다.

(나) 청구인이 2014. 11. 26. ○○○에 쟁점주택을 양도하면서 작성한 부동산매매계약서에서 잔금은 매매대금에서 임대보증금 등을 차감한 금액을 지급하는 것으로 되어 있고, 쟁점주택의 호별 매매대금, 임대보증금 등은 아래와 같다.

(다) 처분청은 청구인이 쟁점주택 외에 다른 주택 등을 신축·판매한 내역은 없는 것으로 조사하였다.

3. 쟁 점

쟁점주택의 양도로 인한 소득이 사업소득인가? 양도소득인가?

외 파생상품거래가 이루어지는 시장을 말한다)에서 거래되는 파생상품

3. 그 밖에 금융투자상품시장을 개설하여 운영하는 자가 정하는 기준과 방법에 따라 금융투자상품시장에서 거래되는 파생상품

13) 장외파생상품이란 파생상품으로서 장내파생상품이 아닌 것을 말한다.

14) 조심 2018서1016에서 발췌함.

4. 판 단

청구인은 쟁점주택의 양도 행위가 영리목적성 및 독립성을 갖추었고, 사업소득에 해당할 정도로 계속성, 반복성을 충족하고 있으므로 사업소득에 해당한다고 주장하나, 부동산의 양도로 인한 소득이 사업소득에 속하는지 혹은 양도소득에 속하는지는 양도인의 부동산 취득 및 보유 현황, 양도의 규모, 횟수, 태양, 거래상대방 등에 비추어 그 양도가 수익을 목적으로 하고 있는지와 사업 활동으로 볼 수 있을 정도의 계속성과 반복성이 있는지 등을 고려하여 사회통념에 따라 판단하여야 하고, 그 판단을 함에 있어서는 단지 당해 양도 부동산에 대한 것뿐만 아니라 양도인이 보유하는 부동산 전반에 걸쳐 당해 양도가 행하여진 시기의 전후를 통한 모든 사정을 참작하여야 할 것인바 ○○○,

이 건의 경우 청구인이 비록 '주택신축판매업'을 추가하여 사업자등록을 하였으나 쟁점주택을 신축한 후 약 4년 동안 임대용으로 사용한 것으로 조사된 점, 청구인이 쟁점주택을 양도한 후 스스로 양도소득세 과세대상임을 전제로 양도소득세 예정신고를 한 점, 쟁점주택의 매매잔금을 수령하자마자 사업자등록 폐업신고를 한 점, 미국 국적을 가진 청구인이 쟁점주택을 임대하다가 양도한 것 이외에는 다른 주택을 판매한 사실이 확인되지 않는 점 등에 비추어 쟁점주택의 양도로 인한 소득을 사업소득으로 볼 수 있을 정도로 청구인이 계속성과 반복성을 가지고 주택신축판매업을 영위한 것으로 보기는 어려운 반면, 청구인이 쟁점주택을 이용하여 상당한 기간 동안 실질적으로 주택임대업을 영위하다 이를 양도한 것으로 봄이 상당하다 할 것이다. 따라서, 처분청이 쟁점주택의 양도로 인한 소득을 주택임대업자의 양도소득으로 보아 청구인의 경정청구를 거부한 것은 달리 잘못이 없는 것으로 판단된다.

연습문제

01 다음 중 양도소득세 과세대상 자산이 아닌 것은?

① 사업용 고정자산과 함께 양도하는 영업권
② 등기하지 아니한 국내 부동산 임차권
③ 토지 건물 및 부동산에 관한 권리의 자산가액이 총자산의 50% 이상인 법인이 발행한 주식의 50% 이상을 주주1인과 기타 특수관계에 있는 자가 소유하고 있는 그 법인주식의 50% 이상을 양도하는 경우의 당해주식
④ 아파트 당첨권의 양도소득

02 다음 중에서 양도소득세가 과세되는 것은? 2009 9급 세무직

① 특허권 양도로 인하여 발생한 소득
② 영업권 양도(사업용 고정자산과 함께)로 인하여 발생한 소득
③ 유가증권시장을 통한 상장주식의 양도로 인하여 발생한 소득(대주주 아님)
④ 사업용 기계장치 양도로 인하여 발생한 소득

03 양도소득세의 과세대상에 속하지 않는 것은? 2008 9급 세무직

① 사업용고정자산과 함께 양도하는 영업권
② 건물이 완성되는 때에 그 건물과 이에 부수되는 토지를 취득할 수 있는 권리
③ 지상권과 전세권
④ 미등기된 부동산 임차권

04 거주자의 양도소득세 과세대상인 것은 모두 몇 개인가? 2011 7급 수정

• 법원의 확정판결에 따른 손해배상의 위자료 지급에 갈음하여 소유하고 있던 부동산으로 대물변제한 경우
• 양도일이 속하는 사업연도의 직전 사업연도 종료일 현재 코스닥시장상장법인의 주식 1%(시가 총액 2억원)를 소유한 주주(친족, 그 밖의 특수관계에 있는 자는 없음)가 자본시장과 금융투자업에 관한 법률에 따른 증권시장에서 당해 주식을 양도하는 경우
• 도시개발법에 따른 환지처분으로 소유하던 토지가 체비지로 충당되는 경우
• 사업용 건물과 함께 영업권을 양도하는 경우

• 지상권, 전세권과 등기된 부동산임차권을 양도하는 경우

① 2개 ② 3개 ③ 4개 ④ 5개

05 거주자의 양도소득세 과세대상인 것은 모두 몇 개인가? 2011 7급 수정

• 법원의 확정판결에 따른 손해배상의 위자료 지급에 갈음하여 소유하고 있던 부동산으로 대물변제한 경우
• 양도일이 속하는 사업연도의 직전 사업연도 종료일 현재 코스닥시장상장법인의 주식 3%(시가 총액 30억원)를 소유한 주주(친족, 그 밖의 특수관계에 있는 자는 없음)가 자본시장과 금융투자업에 관한 법률에 따른 증권시장에서 당해 주식을 양도하는 경우
• 도시개발법에 따른 환지처분으로 소유하던 토지가 체비지로 충당되는 경우
• 사업용 건물과 함께 영업권을 양도하는 경우
• 지상권, 전세권과 등기된 부동산임차권을 양도하는 경우

① 2개 ② 3개 ③ 4개 ④ 5개

06 소득세법상 양도소득에 대한 설명으로 옳지 않은 것은? 2012 7급

① 사업용 고정자산(토지, 건물 및 부동산에 관한 권리)과 함께 양도하는 영업권은 양도소득세의 과세대상에 포함된다.
② 양도란 자산에 대한 등기 또는 등록과 관계없이 매도·교환·법인에 대한 현물출자 등으로 인하여 그 자산이 유상 또는 무상으로 사실상 이전되는 것을 말한다.
③ 손해배상에 있어서 당사자 간의 합의에 의하거나 법원의 확정판결에 의하여 일정액의 위자료를 지급하기로 하고, 동 위자료의 지급에 갈음하여 당사자 일방이 소유하고 있던 부동산으로 대물변제한 때에는 그 자산을 양도한 것으로 본다.
④ 상속받은 주택과 그 밖의 주택을 국내에 각각 1개씩 소유하고 있는 1세대가 그 밖의 주택을 양도하는 경우 국내에 1개의주택을 소유하고 있는 것으로 보아 1세대 1주택 비과세 여부를 판정한다.

정답 01 ② 02 ② 03 ④ 04 ② 05 ③ 06 ②

제 3 장 양도 또는 취득의 시기

제 1 절 개 요

양도소득과세 대상인 토지, 건물, 주식 등의 양도 또는 취득의 시기는 양도소득의 귀속시기, 적용세율 등에 영향을 미치므로 매우 중요하다.

일반적으로 부동산의 경우 매매계약체결 후 계약금 지급, 중도금의 지급, 잔금의 지급으로 인한 대금의 청산과 소유권이전등기의 과정을 거쳐 소유권이 이전된다. 이 가운데 어느 시점이 양도 또는 취득의 시기인지는 다음과 같다.

구 분	취득시기 또는 양도시기
원칙	해당 자산의 대금을 청산한 날
대금을 청산한 날이 분명하지 아니한 경우	등기·등록접수일 또는 명의개서일
대금을 청산하기 전에 소유권이전등기(등록 및 명의개서 포함)를 한 경우	등기·등록접수일 또는 명의개서일

제 2 절 양도 및 취득의 시기

1. 대금청산일이 분명한 경우

현행 소득세법은 자산의 양도차익을 계산할 때 그 취득시기 및 양도시기는 원칙적으로 해당 자산의 대금을 청산한 날로 본다. 다만 대금을 청산하기 전에 소유권 이전등기(등록 및 명의개서 포함함)를 한 경우 등기부 등록부 또는 명부에 기재된 등기 등록접수일이 양도 및 취득시기가 된다(소령 162 ① 2).

2. 대금청산일이 분명하지 아니한 경우

현행 소득세법은 대금청산일이 분명하지 아니한 경우 등기부 등록부 또는 명부에 기재된 등기 등록접수일 또는 명의개서일이 양도 및 취득시기가 된다(소령 162 ① 1).

3. 기타 특수한 거래

(1) 장기할부조건의 거래

장기할부조건으로 매매[1]한 경우에는 소유권이전등기(등록 및 명의개서를 포함한다) 접수일·인도일 또는 사용수익일중 빠른 날이 양도 및 취득시기가 된다(소령 162 ① 3).

(2) 자가건설

자기가 건설한 건축물에 있어서는 「건축법」에 따른 사용승인서 교부일을 양도 및 취득시기로 한다. 다만, 사용승인서 교부일 전에 사실상 사용하거나 임시사용승인을 받은 경우에는 그 사실상의 사용일 또는 임시사용승인을 받은 날 중 빠른 날로 하고 건축 허가를 받지 아니하고 건축하는 건축물에 있어서는 그 사실상의 사용일을 양도 또는 취득시기로 한다(소령 162 ① 4).

(3) 상속 및 증여에 의해 취득한 자산

상속 또는 증여에 의하여 취득한 자산에 대하여는 그 상속이 개시된 날 또는 증여를 받은 날을 취득시기로 한다(소령 162 ① 5).

(4) 점유로 인한 부동산 소유권의 취득

민법에서 규정한 점유에 의해 부동산의 소유권을 취득하는 경우에는 당해 부동산의 점유를 개시한 날을 취득시기로 한다(소령 162 ① 6). 민법의 점유로 인한 부동산의 소유권취득은 다음과 같다. 20년간 소유의 의사로 평온, 공연하게 부동산을 점유하는 자는 등기함으로써 그 소유권을 취득한다. 또한 부동산의 소유자로 등기한 자가 10년간 소유의 의사로 평온, 공연하게 선의이며 과실 없이 그 부동산을 점유한 때에는 소유권을 취득한다(민법 245).

---

1) 장기할부조건은 자산의 양도로 인하여 해당 자산의 대금을 월부, 연부, 기타의 부불방법에 따라 수입하는 것 중 다음 요건을 갖춘 것을 말한다(소칙 78 ③).
① 계약금을 제외한 해당 자산의 양도대금을 2회 이상으로 분할하여 수입할 것
② 양도하는 자산의 소유권이전등기(등록 및 명의개서를 포함한다) 접수일·인도일 또는 사용수익일 중 빠른 날의 다음날부터 최종 할부금의 지급기일까지의 기간이 1년 이상인 것

(5) 수 용

「공익사업을 위한 토지 등의 취득 및 보상에 관한 법률」이나 그 밖의 법률에 따라 공익사업을 위하여 수용되는 경우에는 대금을 청산한 날, 수용의 개시일 또는 소유권이전등기접수일 중 빠른 날이 양도시기가 된다. 다만, 소유권에 관한 소송으로 보상금이 공탁된 경우에는 소유권 관련 소송 판결 확정일로 한다(소령 162 ① 7).

(6) 미완성자산

완성 또는 확정되지 아니한 자산을 양도 또는 취득한 경우로서 해당 자산의 대금을 청산한 날까지 그 목적물이 완성 또는 확정되지 아니한 경우에는 그 목적물이 완성 또는 확정된 날을 양도 또는 취득시기로 한다. 이 경우 건설 중인 건물의 완성된 날에 관하여는 사용승인서 교부일로 한다(소령 162 ① 8).

(7) 환지처분자산

「도시개발법」 또는 그 밖의 법률에 따른 환지처분으로 인하여 취득한 토지의 취득시기는 환지 전의 토지의 취득일을 양도 또는 취득시기로 한다(소령 162 ① 9). 다만, 교부받은 토지의 면적이 환지처분에 의한 권리면적보다 증가 또는 감소된 경우에는 그 증가 또는 감소된 면적의 토지에 대한 취득시기 또는 양도시기는 환지처분의 공고가 있은 날의 다음날로 한다.

(8) 특정주식의 양도

특정주식의 양도시기는 주주 1인과 기타주주가 주식등을 양도함으로써 해당 법인의 주식등의 합계액의 100분의 50 이상이 양도되는 날을 말한다. 이 경우 양도가액은 그들이 사실상 주식등을 양도한 날의 양도가액에 의한다(소령 162 ① 10).

기타 특수한 거래의 양도 및 취득시기를 요약하면 다음과 같다.

구 분	취득시기 또는 양도시기
장기할부조건의 거래	소유권이전등기(등록 및 명의개서 포함) 접수일·인도일 또는 사용수익일 중 빠른 날
자기가 건설한 건축물	사용승인서 교부일, 사실상의 사용일 또는 사용승인일 중 빠른 날
상속 또는 증여에 의하여 취득한 자산	상속이 개시된 날 또는 증여를 받은 날(등기접수일)

점유로 인하여 부동산의 소유권을 취득하는 경우	해당 부동산의 점유를 개시한 날
수용	대금을 청산한 날, 수용의 개시일 또는 소유권 이전등기접수일 중 빠른 날
미완성자산	그 목적물이 완성 또는 확정된 날. 이 경우 건설 중인 건물의 완성된 날에 관하여는 자기가 건설한 건축물의 경우를 준용함.
환지처분 토지	환지 전의 토지의 취득일
특정 주식의 양도	양도주식수가 총주식의 50% 이상이 되는 날

4. 취득시기의 의제

1984년 및 1985년 이전에 취득한 각각의 자산은 아래의 시기에 취득한 것으로 본다. 취득시기 의제일은 아래와 같다.

구 분	의제취득일
① 1984년 12월 31일 이전에 취득한 토지·건물·부동산에 관한 권리, 기타 자산	1985년 1월 1일
② 1985년 12월 31일 이전에 취득한 주식	1986년 1월 1일

사례연구 3-1 양도시기[2)]

1. 요 약

청구인이 20××.××.××.까지 수령한 대금이 쟁점아파트 전체 매매대금의 90%에 상당하는 금액이라 하더라도 미지급된 일부 잔금 ○○원 역시 미미한 액수라 볼 수 없어 매매대금이 사회통념상 거의 전부 지급된 상태였다고 보기는 어려운 점 등에 비추어 처분청이 쟁점아파트 양도일을 매매계약서상의 대금청산일인 20xx.xx.xx.로 보아 양도소득세를 부과한 처분은 잘못이 없음.

2. 사실관계

청구인은 2017. 7. 6. 매수인 ○○○에게 청구인 소유 쟁점아파트를 ○○○원에 매도하기로 하고 계약금 ○○○원은 계약 당일에, 중도금 ○○○원은 2017. 9. 6.에, 잔금 ○○○원은 임대차계약 체결 후 임대차 보증금 수령일에 각 지급하기로 하는 내용의 매매계약을 체결하였다. 그러나 매매계약 교섭 당시 매수자금이 부족했던 ○○○는 쟁점부동산에 청구인 명의로 임대차계약을 체결하고 잔금 중 일부를 임대차 보증금으로 갈음하고 나머지 잔금을 ○○○가 지급하겠다는 의사를 밝혔고 이에 대하여 청구인은 전세계

2) 조심 2019서0656에서 발췌.

약체결 협조특약을 하고 이를 매매계약서에 기재하였다. 즉 쟁점부동산 매매계약서상의 잔금지급기일은 임차인을 구할 시간적 여유를 가지기 위해 2017. 10.3 1.로 여유 있게 정하였지만, 실제 쟁점아파트의 잔금지급기일은 2017. 10. 31.이 아니라 쟁점부동산 임대차보증금을 임차인이 청구인에게 지급하는 날로 약정되었던 것이다. 이후 청구인은 2017. 7. 24. ○○○에게 쟁점부동산을 전세 임대하고 보증금 ○○○원, 계약금 ○○○원은 계약 당일 지급하고 잔금 ○○○원은 2017. 9. 15. 지급하기로 하는 임대차계약을 체결하였다. 임차인 ○○○은 매수인 ○○○의 자금사정으로 위와 같은 임대가 이루어지는 상황을 이해하고 쟁점아파트 매매절차가 끝나면 ○○○가 임대인의 지위를 승계하는데 동의하였고, ○○○이 보증금을 모두 지급하고 입주하는 2017.9.15.을 쟁점아파트 잔금일자로 하여 소유권 이전등기까지 완료하기로 하는 내용으로 청구인, ○○○, ○○○ 3자간상호 합의를 하였다. 쟁점아파트 잔금지급기일이 보증금 수령일(2017. 9. 15.)로 확정됨에 따라 청구인은 2017. 8. 7. ○○○ 및 2017. 8. 10. ○○○를 양수하는 매매계약을 체결하였다. 그런데 임차인 ○○○이 2017. 9. 15. 쟁점아파트 보증금 잔액 ○○○원을 청구인에게 지급하였음에도 매수인 ○○○는 같은 날 지급하기로 한 ○○○원을 마련하지 못하였고, 이에 따라 청구인은 쟁점아파트 잔금 중 일부○○○를 받지 못하였음에도 ○○○의 독촉 및 매매대금의 90% ○○○를 수령한 점에서 ○○○에게 쟁점부동산을 인도하기로 하였다. 다만 ○○○원의 지금을 담보하기 위하여 청구인은 ○○○가 쟁점아파트 매매계약서상 표시된 2017. 10. 31.까지 청구인에게 ○○○원을 지급하면 소유권이전등기를 경료해 주는 것으로 ○○○와 합의한 후 쟁점부동산을 ○○○에게 인도하였고, 이후 ○○○가 2017. 10. 31. 쟁점부동산 나머지 잔금 ○○○원을 지급함에 따라 청구인은 ○○○에게 쟁점부동산 소유권 이전등기를 경료하여 주었다.

3. 쟁 점

쟁점아파트 매매대금의 90% 상당액을 지급받은 2017. 9. 15.을 쟁점아파트 양도일로 보아 1세대 1주택 비과세 특례를 적용하여야 한다는 것이 쟁점이다.

4. 판 단

청구인은 2017. 9. 15. 쟁점아파트 매매대금의 90%에 상당하는 금액을 지급받았고 같은 날 나머지 금액에 대하여는 금전소비대차계약을 체결하였으므로 쟁점아파트의 양도일은 2017. 9. 15.로 보아야 한다고 주장하나, 쟁점아파트 매매계약서상 잔금일 뿐만 아니라 쟁점아파트 등기사항전부증명서상 등기접수일도 2017. 10. 31로 확인되는 점, 같은 날 잔금 잔액 ○○○원이 매수인으로부터 지급된 점, 비록 청구인이 2017. 9. 15.까지 수령한 대금이 쟁점아파트 전체 매매대금의 90%에 상당하는 금액이라 하더라도 미지급된 일부 잔금 ○○○원 역시 위 매매대금 중에서 미미한 액수라고 볼 수 없어 매매대금이 사회통념상 거의 전부 지급된 상태였다고 보기는 어려운 점 ○○○, 청구인과 매수인이 2017. 9. 15. 매수인이 이행지체한 잔금 ○○○원에 대하여 새로 금전소비대차계약을 체결하였음을 인정할만한 객관적인 증빙의 제시가 없는 점 등에 비추어 처분청이 쟁점아파트 양도일을 매매계약서상의 대금청산일인 2017. 10. 31.로 보아 양도소득세를 부과한 처분은 달리 잘못이 없는 것으로 판단된다.

연습문제

01 소득세법상 양도소득금액 계산 시 자산의 취득시기 및 양도시기에 대한 설명으로 옳지 않은 것은?

2015 7급

① 대금을 청산하기 전에 소유권이전등기를 한 경우에는 등기부에 기재된 등기접수일로 한다.

② 점유로 인한 부동산소유권의 취득시효(민법 제245조 제1항)에 의하여 부동산의 소유권을 취득하는 경우에는 당해부동산의 등기부에 기재된 등기접수일로 한다.

③ 건축허가를 받지 아니하고 자기가 건축물을 건설한 경우에는 그 건축물의 사실상 사용일로 한다.

④ 완성 또는 확정되지 아니한 자산을 양도 또는 취득한 경우로서 해당 자산의 대금을 청산한 날까지 그 목적물이 완성 또는 확정되지 아니한 경우에는 그 목적물이 완성 또는 확정된 날로 한다.

정답 01 ②

제 4 장 양도소득세의 비과세

제 1 절 개 요

양도소득세 과세대상이 되는 토지·건물, 주식 등을 양도하는 경우 원칙적으로 양도소득세가 과세된다. 그러나 과세대상 양도라 하더라도 1세대 1주택, 농지의 교환 등 국민주거생활의 안정과 농촌의 보호하기 위해 일정요건을 충족하는 경우 양도소득세가 과세되지 않는다. 이를 비과세제도라 하며 납세자의 신고, 신청 등의 절차를 거치지 않고 당연히 양도소득세가 과세되지 않는다. 그러나 미등기 양도자산인 경우에는 비과세 적용을 받지 못한다. 한편 8년 자경 농지의 감면 등 조세특례제한법에 의한 양도소득세 감면은 국가의 정책목적을 위해 납세자 부담액 중 일정율을 경감해주는 제도이다. 비과세와 달리 감면은 납세자의 신고나 신청이 있어야 한다.

소득세법에서 규정하고 있는 양도소득세 비과세 대상은 아래와 같다(소법 89 ①).

비과세 양도소득	비 고
파산선고에 의한 처분으로 인하여 발생하는 소득	
1세대 1주택과 부수토지의 양도로 인하여 발생하는 소득	고가주택 제외
농지의 교환 또는 분합으로 인하여 발생하는 소득	
1세대 1조합입주권	
지적재조사에 따른 조정금	

제 2 절 비과세 양도소득

1. 파산선고에 의한 처분

파산선고에 의한 처분으로 발생하는 소득은 과세하지 아니한다(소법 89 ① 1). 파산이 선고되면 채무자는 재산에 대한 관리권 및 처분권을 상실하고 그 재산은 일정절차에 의해 금전으로 환가한 다음 채권자들에게 배당한다. 이와 같이 법원의 파산선고에 의한 처분으로 발생한 소득은 양도소득세를 과세하지 않는다.

2. 농지의 교환 또는 분합

(1) 의 의

일정한 요건에 해당하는 농지를 교환하거나 분합함으로서 발생하는 소득에 대하여 소득세를 과세하지 않는다(소법 89① 2). 교환이란 농지를 서로 바꾸는 것이며 분합이란 자기 토지의 일부를 타인에게 주고 타인소유 토지의 일부를 자기가 갖는 것을 말한다.[1)]

(2) 농지의 의의

농지란 논밭이나 과수원으로서 지적공부(地籍公簿)의 지목과 관계없이 실제로 경작에 사용되는 토지를 말한다. 이 경우 농지의 경영에 직접 필요한 농막, 퇴비사, 양수장, 지소(池沼), 농도(農道) 및 수로(水路) 등에 사용되는 토지를 포함한다(소법 88 8).

(3) 비과세 대상 농지

비과세대상농지란 다음의 어느 하나에 해당하는 농지를 교환 또는 분합하는 경우로서 교환 또는 분합하는 쌍방 토지가액의 차액이 가액이 큰 편의 4분의 1 이하인 경우를 말한다(소령 153 ①).

① 국가 또는 지방자치단체가 시행하는 사업으로 인하여 교환 또는 분합하는 농지
② 국가 또는 지방자치단체가 소유하는 토지와 교환 또는 분합하는 농지
③ 경작상 필요에 의하여 교환하는 농지.
④ 「농어촌정비법」·「농지법」·「한국농어촌공사 및 농지관리기금법」 또는 「농업협동조합법」에 의하여 교환 또는 분합하는 농지

1) 정문현 외, 2019, p.387.

경작상 필요에 의하여 교환하는 농지의 경우 비과세대상이 되려면 교환에 의하여 새로이 취득하는 농지를 3년 이상 농지소재지에 거주하면서 경작[2]하는 경우에 한한다. 이 때 농지소재지란 아래와 같다(소령 153 ③).

가. 농지가 소재하는 시·군·구안의 지역

나. 농지소재지역과 연접한 시·군·구안의 지역

다. 농지로부터 직선거리 30킬로미터 이내에 있는 지역

(4) 비과세 제외 농지

비과세에서 제외되는 농지는 다음과 같다(소령 153 ④).

① 주거지역 등에 편입된 날로부터 3년이 지난 농지

양도일 현재 특별시·광역시(군 제외)·특별자치시(읍·면지역은 제외)·특별자치도(읍·면지역 제외) 또는 시지역(읍·면지역을 제외)에 있는 농지 중 「국토의 계획 및 이용에 관한 법률」에 의한 주거지역·상업지역 또는 공업지역안의 농지로서 이들 지역에 편입된 날부터 3년이 지난 농지는 과세한다.

그러나 다음에 해당하는 농지는 주거지역 등 편입일로부터 3년이 지나도 비과세가 적용된다.

가. 대형 개발 사업으로서 단계적 사업시행 및 보상지연

사업지역 내의 토지소유자가 1천명 이상이거나 사업시행면적이 사업시행면적이 100만제곱미터(택지개발사업 또는 대지조성사업의 경우로서 당해 개발사업시행면적이 10만제곱미터) 이상인 개발사업지역 안에서 개발사업의 시행으로 인하여 「국토의 계획 및 이용에 관한 법률」에 따른 주거지역·상업지역 또는 공업지역에 편입된 농지로서 사업시행자의 단계적 사업시행 또는 보상지연으로 이들 지역에 편입된 날부터 3년이 지난 경우에도 비과세가 적용된다(소법 153 ④ 1).

나. 국가 등이 개발 사업을 시행하고 부득이한 사유

사업시행자가 국가, 지방자치단체, 그 밖에 기획재정부령으로 정하는 공공기관인 개발사업지역 안에서 개발사업의 시행으로 인하여 「국토의 계획 및 이용에 관한 법률」에 따른 주거지역·상업지역 또는 공업지역에 편입된 농지로서 사업 또는 보상이 지연된 책임이 해당 사업시행자에게 있다고 인정되는 경우 편입일로부터 3년이 지난 경우에도 비과세를 적

---

2) 이때 새로운 농지의 취득후 3년 이내에 「공익사업을 위한 토지 등의 취득 및 보상에 관한 법률」에 의한 협의매수·수용 및 그 밖의 법률에 의하여 수용되는 경우에는 3년 이상 농지소재지에 거주하면서 경작한 것으로 본다.

용한다(소법 153 ④ 1).

② 농지 외의 토지로 환지예정으로서 지정일부터 3년이 지난 농지

당해 농지에 대하여 환지처분이전에 농지 외의 토지로 환지예정지의 지정이 있는 경우로서 그 환지예정지 지정일부터 3년이 지난 농지는 과세한다.

제3절 주택에 대한 양도소득세 비과세(1세대 1주택비과세)

1. 의 의

거주자와 그 배우자 등으로 구성되는 1세대가 양도일 현재 국내에 1주택을 2년(거주자전환의 경우 3년[3]) 이상 보유한 후 양도하는 경우 그 해당주택에 대한 양도소득세는 과세되지 않는다. 다만 취득 당시에 조정대상지역[4]에 있는 주택의 경우에는 해당 주택의 보유기간이 2년(거주자전환 주택인 경우에는 3년) 이상이고 그 보유기간 중 거주기간이 2년 이상인 경우 비과세한다(소법 89 ① 3). 1세대 1주택의 판정은 양도일 현재를 기준으로 한다. 2개 이상의 주택을 같은 날에 양도하는 경우에는 당해 거주자가 선택하는 순서에 따라 주택을 양도한 것으로 본다(소령 154 ⑨).

2. 비과세 요건

1세대 1주택에 대한 비과세혜택을 받기 위해서는 아래의 요건을 갖추어야 한다. 원칙

3) 비거주자가 해당 주택을 3년 이상 계속 보유하고 그 주택에서 거주한 상태로 거주자로 전환된 경우에는 해당 주택에 대한 거주기간 및 보유기간을 통산하여 계산한다.
4) 2019년 11월 8일 개정된 조정대상지역은 다음과 같다.

서울특별시	전 지역
부산광역시	–
경기도	과천시·광명시·성남시·고양시(고양관광문화단지(한류월드)도시개발구역)·남양주시(다산동 별내동)·하남시 및 화성시(반송동·석우동, 동탄면 금곡리·목리·방교리·산척리·송리·신리·영천리·오산리·장지리·중리·청계리 일원에 지정된 택지개발지구로 한정) 구리시, 안양시 동안구, 광교택지개발지구(수원시 영통구 이의동·원천동·하동·매탄동, 팔달구 우만동, 장안구 연무동, 용인시 수지구 상현동, 기흥구 영덕동 일원의 광교택지개발지구) 수원시 팔달구, 용인시 수지구, 용인시 기흥구
기 타	세종특별자치시(행정중심복합도시 건설 예정지역)

적으로 모든 요건은 양도일 현재를 기준으로 판단한다.

1세대 1주택 요건	비 고
1세대 요건	• 거주자 요건: 거주자이어야 함 • 1세대 요건: 1세대는 거주자 및 그 배우자가 그들과 동일한 주소 또는 거소에서 생계를 같이하는 가족과 함께 구성하는 세대를 말함
1주택 요건	• 주택 요건: 고가주택이 아니어야 함 • 국내 1주택 소유 요건: 국내에 주택을 소유하여야 함
보유기간 요건	• 2년 이상 보유하여야 함 • 조정대상지역은 보유기간 중 2년 이상 거주
등기자산 요건	• 취득 및 양도사실을 등기하여야 함
주택부수토지	• 건물장착면적의 5배(도시지역 밖은 10배) 이내

3. 1세대 요건

(1) 의 의

1세대란 거주자[5] 및 그 배우자가 그들과 동일한 주소 또는 거소에서 생계를 같이하는 가족과 함께 구성하는 1세대를 말한다. 이 경우 가족이라 함은 거주자와 그 배우자의 직계존비속(그 배우자 포함) 및 형제자매를 말하며 취학·질병의 요양, 근무상 또는 사업상의 형편으로 본래의 주소 또는 거소를 일시퇴거한 자를 포함한다(소법 88 6). 배우자는 법률상 이혼을 하였으나 생계를 같이 하는 등 사실상 이혼한 것으로 보기 어려운 관계에 있는 사람을 포함한다.

(2) 배우자가 없어도 세대가 인정되는 경우

배우자가 없는 경우에도 1세대로 보는 경우는 다음과 같다.

① 거주자의 연령이 30세 이상인 경우

② 배우자가 사망하거나 이혼한 경우

③ 종합 퇴직 양도소득이 국민기초생활보장법에 따른 기준 중위소득의 100분의 40 수준 이상으로서 소유하고 있는 주택 또는 토지를 관리·유지하면서 독립된 생계를 유지할 수 있는 경우. 다만, 미성년자의 경우를 제외하되, 미성년자의 결혼, 가족의 사망 그 밖에 사유로 1세대의 구성이 불가피한 경우는 세대가 인정된다.

---

5) 거주자에게만 적용되며 비거주자에게는 적용되지 아니한다.

4. 1주택 요건

(1) 의 의

1세대 1주택 비과세 판정시 주택이란 공부상 용도구분에 관계없이 사실상 상시 주거용으로 사용하는 건물을 말하여 그 용도가 불분명한 것은 공부상의 용도에 의한다(소법 88 7). 주택장착면적의 5배(도시지역 밖은 10배) 이내인 토지는 주택에 부수되는 토지로 보아 주택에 포함한다.

(2) 주택의 개념

① 주택의 신축 및 취득

미완성건물을 주택으로 볼 수 없고 만약 주택의 취득시기가 도래하기 전 취득 또는 분양받은 주택의 양도는 주택의 양도가 아닌 부동산을 취득할 수 있는 권리이다.

② 무허가 주택

1세대 1주택으로서 건축허가를 받지 않아 등기가 불가능한 주택은 미등기 양도자산에서 제외하므로 무허가주택을 상시 주거용으로 보유하다가 양도한 경우 다른 요건을 갖추었다면 1세대 1주택으로 비과세를 적용한다(소령 168 ① 4).

③ 공동주택과 다가구주택

공동주택이란 아파트 연립주택 다세대주택을 말한다. 공동주택은 원칙적으로 한가구가 독립하여 거주할 수 있도록 구획된 부분을 각각 하나의 주택으로 본다. 다가구주택[6]은 한 가구가 독립하여 거주할 수 있도록 구획된 부분을 각각 하나의 주택으로 본다. 그러나 하나의 매매단위로 양도하는 경우에는 취득자나 양도자가 1인인지 여부에 관계없이 단독주택으로 보아 1세대 1주택여부를 판정한다(소령 155 ⑮).

④ 공동소유주택

1주택을 여러 사람이 공동으로 소유한 경우 주택 수를 계산할 때 공동 소유자 각자가 그 주택을 소유한 것으로 본다(소령 154의2). 따라서 공동주택을 소유한 상태에서 1주택을 양도한 경우 1세대 1주택 비과세규정을 적용받을 수 없다.

---

6) 다가구주택: 다음의 요건을 모두 갖춘 주택으로서 공동주택에 해당하지 아니하는 것을 말한다(건령 별표 1).
① 주택으로 쓰는 층수(지하층은 제외한다)가 3개 층 이하일 것. 다만, 1층의 전부 또는 일부를 필로티 구조로 하여 주차장으로 사용하고 나머지 부분을 주택 외의 용도로 쓰는 경우에는 해당 층을 주택의 층수에서 제외
② 1개 동의 주택으로 쓰이는 바닥면적(부설 주차장 면적은 제외한다. 이하 같다)의 합계가 660제곱미터 이하일 것
③ 19세대(대지 내 동별 세대수를 합한 세대를 말한다) 이하가 거주할 수 있을 것

공동으로 주택을 상속받았을 경우 공동상속주택 외의 다른 주택을 양도하는 때에는 해당 공동상속주택은 해당 거주자의 주택으로 보지 아니한다. 다만, 상속지분이 가장 큰 상속인의 경우에는 그러하지 아니하며, 상속지분이 가장 큰 상속인이 2명 이상인 경우에는 그 2명 이상의 사람 중 1. 당해 주택에 거주하는 자 2. 최연장자의 순서에 따라 해당 각 호에 해당하는 사람이 그 공동상속주택을 소유한 것으로 본다.

⑤ 겸용주택

겸용주택이란 하나의 건물이 주택과 주택외 상가 등으로 구성되어 있는 경우와 주택에 부수되는 동일한 지번에 주택외 건물이 있는 경우를 말한다. 하나의 건물이 주택과 주택외 상가 등으로 구성되어 있는 경우와 주택에 부수되는 동일한 지번에 주택외의 건물이 있는 경우에는 전부를 주택으로 본다. 다만 주택의 면적인 주택외의 면적보다 적거나 같을 경우 주택외의 부분은 주택으로 보지 않는다(소령 154 ③).

구 분	건 물	부수토지
주택면적 > 주택외의 건물면적	전체를 주택으로 봄	전체를 주택 부수토지로 봄
주택면적 ≤ 주택 외의 건물면적	주택부분만 주택으로 봄	전체 토지면적을 주택부분 면적과 주택 이외의 부분의 면적으로 안분계산함

⑥ 고가주택

고가주택이란 주택 및 이에 딸린 토지의 양도당시의 실지거래가액의 합계액이 9억원을 초과하는 것을 말한다. 단독주택으로 보는 다가구주택의 경우에는 그 전체를 하나의 주택으로 보아 고가주택으로 판정한다. 공동소유주택의 경우 공유자 각자가 1주택을 소유한 것으로 보아 1세대 1주택 비과세규정을 적용하지만 고가주택의 판정은 1주택전체를 기준으로 한다. 고가주택에 해당하는 경우 1세대 1주택 비과세대상에서 제외[7]된다. 따라서 1세대 1주택이나 고가주택을 양도하였다면 전체 양도차익 중 고가주택에 상당하는 양도차익에 대하여 양도소득세를 납부하여야 한다.

5. 보유기간

(1) 보유기간의 계산: 취득일로부터 양도일까지

1세대 1주택의 비과세규정에 의한 비과세대상 주택이란 거주자와 그 배우자 등으로 구

7) 고가주택은 1세대 1주택비과세가 배제되며 양도차익 및 장기보유특별공제 계산의 특례를 적용받는다.

성되는 1세대가 양도일 현재 국내에 1주택을 2년(거주자 전환주택의 경우 3년) 이상 보유한 후 양도하는 경우 그 해당주택을 말한다. 다만 취득 당시에 조정대상지역에 있는 주택의 경우에는 해당 주택의 보유기간이 2년(거주자전환 주택의 경우 3년) 이상이고 그 보유기간 중 거주기간이 2년 이상인 경우 비과세한다(소법 89 ① 3). 이때 보유기간의 계산은 당해 자산의 취득일부터 양도일까지로 한다. 거주기간은 주민등록표상의 전입일자부터 전출일까지의 기간에 의한다. 다만 배우자 및 직계존비속간 증여재산에 대한 이월과세에 해당하는 경우 이월증여한 배우자 또는 직계존비속이 해당 자산을 취득한 날부터 기산(起算)하고, 가업상속공제가 적용된 비율에 해당하는 자산의 경우에는 피상속인이 해당 자산을 취득한 날부터 기산한다.

한편, 2주택 이상을 보유한 1세대가 1주택 외의 주택을 모두 양도한 경우에는 양도 후 1주택을 보유하게 된 날부터 보유기간을 기산한다(소령 154 ⑤). 다만 일시적으로 2주택에 해당하는 경우 해당 2주택은 제외하되, 2주택 이상을 보유한 1세대가 1주택 외의 주택을 모두 양도한 후 신규주택을 취득하여 일시적 2주택이 된 경우는 제외하지 않는다.

(2) 거주기간 또는 보유기간의 통산

① 재건축주택

거주하거나 보유하는 중에 소실·무너짐·노후 등으로 인하여 멸실되어 재건축한 주택인 경우에는 그 멸실된 주택과 재건축한 주택에 대한 거주기간 및 보유기간을 통산하다(소령 154 ⑧).

② 비거주자의 거주자전환

비거주자가 해당 주택을 3년 이상 계속 보유하고 그 주택에서 거주한 상태로 거주자로 전환된 경우에는 해당 주택에 대한 거주기간 및 보유기간을 합산한다(소령 154 ⑧).

③ 상속받은 주택

상속받은 주택으로서 상속인과 피상속인이 상속 개시 당시 동일세대인 경우에는 상속개시전 상속인과 피상속인이 동일세대로서 보유한 기간을 통산한다(소령 154 ⑧).

(3) 보유기간 및 거주기간의 제한을 받지 않는 경우

① 임대주택

「민간임대주택에 관한 특별법」에 따른 민간건설임대주택 또는 「공공주택 특별법」에 따른 공공건설임대주택을 취득하여 양도하는 경우로서 해당 건설임대주택의 임차일부터 해당 주택의 양도일까지의 기간 중 세대전원이 거주(취학, 근무상의 형편, 질병의 요양, 그 밖에 부득이한 사유로 세대의 구성원 중 일부가 거주하지 못하는 경우를 포함한다)한 기간이 5년 이상인 경우에는 보유기간 및 거주기간이 2년(거주자전환 주택의 경우 3년 이상 보유 2년 이상 거주) 이상이 아니더라도 비과세에 해당된다(소법 154 ① 1).

② 협의매수

주택 및 그 부수토지(사업인정 고시일 전에 취득한 주택 및 그 부수토지에 한한다)의 전부 또는 일부가 「공익사업을 위한 토지 등의 취득 및 보상에 관한 법률」에 의한 협의매수·수용 및 그 밖의 법률에 의하여 수용되는 경우에 보유기간 및 거주기간의 제한을 받지 아니한다. 양도일 또는 수용일부터 5년 이내에 양도하는 그 잔존주택 및 그 부수토지를 포함하는 것으로 한다(소법 154 ① 2 가).

③ 해외출국

「해외이주법」에 따른 해외이주로 세대전원이 출국하는 경우에 보유기간 및 거주기간의 제한을 받지 아니한다(소법 154 ① 2나). 다만, 출국일 현재 1주택을 보유하고 있는 경우로서 출국일부터 2년 이내에 양도하는 경우에 한한다.

1년 이상 계속하여 국외거주를 필요로 하는 취학 또는 근무상의 형편으로 세대전원이 출국하는 경우도 보유기간 및 거주기간의 제한을 받지 아니한다. 다만, 출국일 현재 1주택을 보유하고 있는 경우로서 출국일부터 2년 이내에 양도하는 경우에 한한다(소법 154 ① 2다).

④ 취학 등

1년 이상 거주한 주택을 취학, 근무상의 형편, 질병의 요양, 그 밖에 부득이한 사유로 양도하는 경우에는 보유기간 및 거주기간의 제한을 받지 아니한다(소령 154 ① 3).

(4) 거주기간의 제한을 받지 않는 경우

① 임대사업자

거주자가 해당 주택을 임대하기 위하여 소득세법에 따른 등록과 「민간임대주택에 관한 특별법」에 따른 임대사업자등록을 한 경우에 거주기간의 제한을 받지 아니한다(소법 154 ①). 다만, 「민간임대주택에 관한 특별법」을 위반하여 임대의무기간 중에 해당 주택을 양도하는 경우와 임대보증금 또는 임대료의 연 증가율이 100분의 5를 초과하는 경우는 제외한다.

② 조정대상지역 공고전 매매계약 체결

거주자가 조정대상지역의 공고가 있은 날 이전에 매매계약을 체결하고 계약금을 지급한 사실이 증빙서류에 의하여 확인되는 경우로서 해당 거주자가 속한 1세대가 계약금 지급일 현재 주택을 보유하지 아니하는 경우에는 거주기한의 제한을 받지 아니한다(소법 154 ① 5).

6. 1세대 1주택의 특례

1세대가 1주택을 양도하기 전에 다른 주택을 대체취득하거나 상속, 동거봉양, 혼인 등으로 인하여 2주택 이상을 보유하는 경우로서 일시적으로 1세대 2주택에 해당하더라도 비과세 대상이 된다. 이 경우 양도하는 종전 주택은 비과세요건에 해당하여야 한다.

1세대 1주택 특례	내 용
주거이전 목적 일시적 2주택	신규주택을 취득한 날로부터 3년 내에 취득일로부터 1년 이상이 지난 종전의 주택을 양도하여야 함 종전의 주택을 양도하는 경우
주택상속으로 2주택	양도기간의 제한 없음 일반주택을 양도하는 경우(상속주택을 일반주택 보다 먼저 양도하는 경우 과세함)
직계존속의 동거봉양을 위한 2주택	세대를 합친 날로부터 10년 내에 양도하여야 함 먼저 양도하는 주택에 적용함
혼인으로 인한 2주택	혼인한 날부터 5년 내에 양도하여야 함 먼저 양도하는 주택에 적용함
문화재와 일반주택 소유로 2주택	일반주택을 양도하는 경우 국내에 1주택을 소유하고 있는 것으로 간주함
농어촌주택과 일반주택소유로 2주택	농어촌주택이 비과세요건을 만족하고, 일반주택이 1세대 1주택 요건에 해당될 경우에만 일반주택을 비과세함 • 상속받은 주택: 취득 후 5년간 거주하여야 함 • 이농주택: 취득일 후 5년 이상 거주하여야 함 • 귀농주택: 귀농일부터 계속하여 3년 이상 영농·영어에 종사하거나 당해 주택에 거주하여야 함

(1) 주거이전 목적 신규 주택 취득

국내에 1주택을 소유한 1세대가 종전주택을 양도하기 전에 신규주택을 취득(자기가 건설하여 취득한 경우를 포함)함으로써 일시적으로 2주택이 된 경우 종전의 주택을 취득한 날부터 1년 이상이 지난 후[8] 신규 주택을 취득하고 그 신규 주택을 취득한 날부터 3년 이내[9]에

8) 1세대 1주택 비과세요건 중 거주기간과 보유기간의 제한을 받지 않는 임대주택, 수용 등의 경우 및 취학 등으로 사유에 해당하는 경우 1년 이상이 지난 종전주택의 요건을 적용하지 않는다(소령 155 ①).

9) 수도권에 1주택을 소유한 경우에 한정하여 수도권에 소재한 법인 또는 「국가균형발전 특별법」에 따른

종전의 주택을 양도하는 경우에는 이를 1세대 1주택으로 보아 비과세를 적용한다. 다만 종전의 주택이 조정대상지역에 있는 상태에서 조정대상지역에 있는 신규 주택을 취득{조정대상지역의 공고가 있은 날 이전에 신규 주택(신규 주택을 취득할 수 있는 권리를 포함)을 취득하거나 신규 주택을 취득하기 위하여 매매계약을 체결하고 계약금을 지급한 사실이 증빙서류에 의하여 확인되는 경우는 제외함}하는 경우에는 2년 이내에 종전의 주택을 양도하는 경우에 비과세를 적용한다(소령 155 ①).

(2) 상속받은 주택

① 의 의

상속받은 주택과 일반주택을 국내에 각각 1개씩 소유하고 있는 1세대가 일반주택을 양도하는 경우에는 국내에 1개의 주택을 소유하고 있는 것으로 보아 비과세를 적용한다(소령 155 ②).

② 상속주택

상속주택이란 상속인이 상속받은 주택을 말하며 조합원입주권을 상속받아 사업시행완료 후 취득한 신축주택을 포함한다. 피상속인이 상속개시 당시 2 이상의 주택을 소유한 경우에는 다음의 순위에 따른 1주택을 말한다.

- 1순위: 피상속인이 소유한 기간이 가장 긴 1주택
- 2순위: 피상속인이 소유한 기간이 같은 주택이 2 이상일 경우에는 피상속인이 거주한 기간이 가장 긴 1주택
- 3순위: 피상속인이 소유한 기간 및 거주한 기간이 모두 같은 주택이 2 이상일 경우에는 피상속인이 상속개시당시 거주한 1주택
- 4순위: 피상속인이 거주한 사실이 없는 주택으로서 소유한 기간이 같은 주택이 2 이상일 경우에는 기준시가가 가장 높은 1주택(기준시가가 같은 경우에는 상속인이 선택하는 1주택)

상속인과 피상속인이 상속개시 당시 1세대인 경우에는 1주택을 보유하고 1세대를 구성하는 자가 직계존속(배우자의 직계존속을 포함하며, 세대를 합친 날 현재 직계존속 중 어느 한 사람 또는 모두가 60세 이상으로서 1주택을 보유하고 있는 경우만 해당한다)을 동거봉양하기 위하여

공공기관이 수도권 밖의 지역으로 이전하는 경우로서 법인의 임원과 사용인 및 공공기관의 종사자가 구성하는 1세대가 취득하는 다른 주택이 해당 공공기관 또는 법인이 이전한 시·군 또는 이와 연접한 시·군의 지역에 소재하는 경우에는 다른 주택을 취득한 후 종정주택을 5년 내에 양도한 경우 비과세한다. 이 경우 해당 1세대에 대해서는 종전의 주택을 취득한 날부터 1년 이상이 지난 후 다른 주택을 취득하는 요건을 적용하지 아니한다(소령155 ⑯).

세대를 합침에 따라 2주택을 보유하게 되는 경우로서 합치기 이전부터 보유하고 있었던 주택만 상속받은 주택으로 본다(소령 155 ②).

③ 일반주택

일반주택이란 상속개시 당시 보유한 주택 또는 상속개시 당시 보유한 조합원입주권에 의하여 사업시행 완료 후 취득한 신축주택을 말하며, 상속개시일부터 소급하여 2년 이내에 피상속인으로부터 증여받은 주택 또는 증여받은 조합원입주권에 의하여 사업시행 완료 후 취득한 신축주택은 일반주택으로 보지 아니한다(소령 155 ②).

(3) 직계존속의 동거봉양을 위해 세대를 합침으로써 2주택이 된 경우

1주택을 보유하고 1세대를 구성하는 자가 1주택을 보유하고 있는 60세 이상의 직계존속을 동거봉양하기 위하여 세대를 합침으로써 1세대가 2주택을 보유하게 되는 경우 합친 날부터 10년 이내에 먼저 양도하는 주택은 이를 1세대 1주택으로 보아 비과세한다(소령155 ③). 직계존속은 다음을 포함한다.

① 배우자의 직계존속으로서 60세 이상인 사람

② 직계존속(배우자의 직계존속을 포함한다) 중 어느 한 사람이 60세 미만인 경우

③ 「국민건강보험법 시행령」에 따른 요양급여를 받는 60세 미만의 직계존속(배우자의 직계존속을 포함한다)으로서 중증질환자, 희귀난치성질환자 또는 결핵환자 산정특례 대상자로 등록되거나 재등록된 자

(4) 혼인으로 2주택이 된 경우

1주택을 보유하는 자가 1주택을 보유하는 자와 혼인함으로써 1세대가 2주택을 보유하게 되는 경우 또는 1주택을 보유하고 있는 60세 이상의 직계존속을 동거봉양하는 무주택자가 1주택을 보유하는 자와 혼인함으로써 1세대가 2주택을 보유하게 되는 경우 각각 혼인한 날부터 5년 이내에 먼저 양도하는 주택은 이를 1세대 1주택으로 비과세한다(소령 155 ④).

(5) 문화재와 일반주택 소유로 2주택이 된 경우

문화재주택[10]과 일반주택을 국내에 각각 1개씩 소유하고 있는 1세대가 일반주택을 양도하는 경우에는 국내에 1개의 주택을 소유하고 있는 것으로 보아 비과세한다(소령 155 ⑥).

(6) 농어촌주택과 일반주택 소유로 2주택이 된 경우

① 의 의

농어촌주택과 일반주택을 국내에 각각 1개씩 소유하고 있는 1세대가 일반주택을 양도

---

10) 「문화재보호법」 제2조 제2항에 따른 지정문화재 및 같은 법 제53조 제1항에 따른 등록문화재.

하는 경우에는 국내에 1개의 주택을 소유하고 있는 것으로 보아 비과세를 적용한다(소령 155 ⑦).

② 농어촌주택

농어촌주택은 수도권 밖의 지역 중 읍지역(도시지역안의 지역을 제외한다) 또는 면지역에 소재하는 주택으로서 다음 중 어느 하나에 해당되는 것을 말한다.

가. 피상속인이 취득후 5년 이상 거주한 사실이 있는 상속받은 주택

나. 이농인(어업에서 떠난 자를 포함)이 취득일후 5년 이상 거주한 사실이 있는 이농주택

다. 영농 또는 영어의 목적으로 취득한 귀농주택.[11] 다만 이 경우 귀농주택을 취득한 날부터 5년 이내에 일반주택을 양도하는 경우에 한정하여 비과세를 적용한다.

③ 비과세 요건

귀농으로 인하여 세대전원이 농어촌주택으로 이사하는 경우에는 귀농 후 최초로 양도하는 1개의 일반주택에 한하여 비과세한다.

귀농주택 소유자가 귀농일(귀농주택에 주민등록을 이전하여 거주를 개시한 날을 말하며, 주택을 취득한 후 해당 농지를 취득하는 경우에는 귀농주택에 주민등록을 이전하여 거주를 개시한 후 농지를 취득한 날을 말한다)부터 계속하여 3년 이상 영농 또는 영어에 종사하지 아니하거나 그 기간 동안 해당 주택에 거주하지 아니한 경우 그 양도한 일반주택은 1세대 1주택으로 보지 아니하며, 해당 귀농주택 소유자는 3년 이상 영농 또는 영어에 종사하지 아니하거나 그 기간 동안 해당 주택에 거주하지 아니하는 사유가 발생한 날이 속하는 달의 말일부터 2개월 이내에 다음 계산식에 따라 계산한 금액을 양도소득세로 신고·납부하여야 한다. 이 경우 3년의 기간을 계산함에 있어 그 기간 중에 상속이 개시된 때에는 피상속인의 영농 또는 영어의 기간과 상속인의 영농 또는 영어의 기간을 통산한다(소령 155 ⑫).

---

11) 귀농주택이란 영농 또는 영어에 종사하고자 하는 자가 취득(귀농이전에 취득한 것을 포함한다)하여 거주하고 있는 주택으로서 다음 각 호의 요건을 갖춘 것을 말한다(소령 155 ⑩).
1. 취득 당시에 고가주택에 해당하지 아니할 것
2. 대지면적이 660 제곱미터이내일 것
3. 영농 또는 영어의 목적으로 취득하는 것으로서 다음 각 목의 어느 하나에 해당할 것
   가. 1,000제곱미터 이상의 농지를 소유하는 자 또는 그 배우자가 해당 농지소재지에 있는 주택을 취득하는 것일 것
   나. 1,000제곱미터 이상의 농지를 소유하는 자 또는 그 배우자가 해당 농지를 소유하기 전 1년 이내에 해당 농지소재지에 있는 주택을 취득하는 것일 것
   다. 어업인이 취득하는 것일 것
4. 세대전원이 이사(취학, 근무상의 형편, 질병의 요양, 그 밖의 부득이한 사유로 세대의 구성원 중 일부가 이사하지 못하는 경우를 포함한다)하여 거주할 것

납부할 양도소득세＝일반주택 양도 당시 비과세를 적용하지 아니하였을 경우에 납부하였을 세액－일반주택 양도 당시 비과세를 적용받아 납부한 세액

④ 1세대 1주택 특례적용신고서 제출

농어촌주택과 일반주택 소유로 2주택인 자로서 비과세를 적용받기 위해서는 1세대 1주택 특례적용신고서를 양도소득세 과세표준신고기한 내에 어업인임을 증명하는 서류 및 농지원부사본과 함께 제출하여야 한다(소령 155 ⑬).

(7) 부득이한 사유로 인해 2주택이 된 경우

취학, 근무상의 형편, 질병의 요양, 그 밖에 부득이한 사유로 취득한 수도권 밖에 소재하는 주택과 일반주택을 국내에 각각 1개씩 소유하고 있는 1세대가 부득이한 사유가 해소된 날부터 3년 이내에 일반주택을 양도하는 경우에는 국내에 1개의 주택을 소유하고 있는 것으로 보아 비과세한다(소령 155 ⑧).

(8) 장기임대주택과 거주주택1주택을 소유하는 경우

소득세법에 따른 장기임대주택 또는 장기가정어린이집과 거주주택 1주택을 국내에 소유하고 있고 일정요건[12)]을 충족하는 1주택을 양도하는 경우(장기임대주택을 보유하고 있는 경우에는 생애 한 차례만 거주주택을 최초로 양도하는 경우에 한정한다)에는 국내에 1개의 주택을 소유하고 있는 것으로 보아 비과세를 적용한다.

12) 다음의 1과 3 또는 1과 2의 요건을 충족하는 경우 비과세대상이 된다.
1. 거주주택: 보유기간 중 거주기간(직전거주주택보유주택의 경우에는 사업자등록과 「민간임대주택에 관한 특별법」에 따른 임대사업자 등록을 한 날 또는 「영유아보육법」에 따른 인가를 받은 날 이후의 거주기간을 말한다)이 2년 이상일 것
2. 장기임대주택: 양도일 현재 사업자등록을 하고, 장기임대주택을 「민간임대주택에 관한 특별법」에 따라 민간임대주택으로 등록하여 임대하고 있으며, 임대보증금 또는 임대료의 연 증가율이 100분의 5를 초과하지 않을 것
3. 장기가정어린이집: 양도일 현재 사업자등록을 하고, 장기가정어린이집을 운영하고 있을 것

제 4 절 기타 비과세

1. 조합원입주권

(1) 조합원입주권 비과세

조합원입주권이란 「도시 및 주거환경정비법」에 따른 관리처분계획의 인가 및 「빈집 및 소규모주택 정비에 관한 특례법」에 따른 사업시행계획인가로 인하여 취득한 입주자로 선정된 지위 및 재건축사업 또는 재개발사업, 「빈집 및 소규모주택 정비에 관한 특례법」에 따른 소규모재건축사업을 시행하는 정비사업조합의 조합원으로서 취득한 것(그 조합원으로부터 취득한 입주권을 포함)을 말한다.

조합원입주권을 1개 보유한 1세대가 「도시 및 주거환경정비법」에 따른 관리처분계획의 인가일 및 「빈집 및 소규모주택 정비에 관한 특례법」에 따른 사업시행계획인가일(인가일 전에 기존주택이 철거되는 때에는 기존주택의 철거일) 현재 1세대 1주택에 해당하는 기존주택을 소유하는 세대]가 다음 어느 하나의 요건을 충족하여 양도하는 경우 해당 조합원입주권을 양도하여 발생하는 소득에 대하여 과세하지 아니한다(소법 89 ① 4). 다만, 해당 조합원입주권의 실지거래가액이 9억원을 초과하는 경우에는 양도소득세를 과세한다.

가. 양도일 현재 다른 주택을 보유하지 아니할 것

나. 양도일 현재 1조합원입주권 외에 1주택을 소유한 경우로서 해당 1주택을 취득한 날부터 3년 이내에 해당 조합원입주권을 양도할 것. 다만 주택을 취득한 날 현재 한국자산관리공사에 매각을 의뢰한 경우 등의 사유에 해당하면 비과세대상에 해당한다.

(2) 조합원입주권을 보유한 1세대 1주택에 대한 비과세 배제

조합원입주권을 보유한 1세대 1주택자가 그 주택을 양도하는 경우 1세대 1주택비과세 규정을 적용하지 않는다(소법 89 ②). 조합원입주권에 대하여 1세대 1주택 비과세규정을 적용하는 것은 조합원입주권을 주택으로 보겠다는 취지이므로 조합원입주권을 보유한 세대가 양도하는 주택은 비록 물리적으로는 1세대 1주택이라 하더라도 2주택 이상을 보유하다고 양도하는 것으로 보는 것이다.

다만, 「도시 및 주거환경정비법」에 따른 재건축사업 또는 재개발사업, 「빈집 및 소규모주택 정비에 관한 특례법」에 따른 소규모재건축사업의 시행기간 중 거주를 위하여 주택을 취득하는 경우나 그 밖의 부득이한 사유가 있는 경우[13]에는 1세대 1주택으로 보아 비과세규정을 적용한다.

2. 지적재조사에 의한 조정금

「지적재조사에 관한 특별법」에 따른 경계의 확정으로 지적공부상의 면적이 감소되어 지급받는 조정금은 비과세한다.

---

13) 조합원입주권을 보유한 1세대 1주택소유자가 그 주택을 양도하는 경우 비과세를 적용할 수 없음에도 불구하고 부득이한 사유가 있는 경우 1세대 1주택으로 보아 비과세규정을 적용할 수 있다. 이 중 몇몇 규정을 살펴보면 아래와 같다.

1. 국내에 1주택을 소유한 1세대가 종전의 주택을 양도하기 전에 조합원입주권을 취득함으로써 일시적으로 1주택과 1조합원입주권을 소유하게 된 경우 종전의 주택을 취득한 날부터 1년 이상이 지난 후에 조합원입주권을 취득하고 그 조합원입주권을 취득한 날부터 3년 이내에 종전의 주택을 양도하는 경우에는 이를 1세대 1주택으로 보아 비과세규정을 적용한다.
2. 국내에 1주택을 소유한 1세대가 그 주택을 양도하기 전에 조합원입주권을 취득함으로써 일시적으로 1주택과 1조합원입주권을 소유하게 된 경우 조합원입주권을 취득한 날부터 3년이 지나 종전의 주택을 양도하는 경우로서 다음의 요건을 모두 갖춘 때에는 이를 1세대 1주택으로 보아 비과세규정을 적용한다.
   가. 재개발사업, 재건축사업 또는 소규모재건축사업의 관리처분계획등에 따라 취득하는 주택이 완성된 후 2년 이내에 그 주택으로 세대전원이 이사(기획재정부령이 정하는 취학, 근무상의 형편, 질병의 요양 그 밖의 부득이한 사유로 세대의 구성원 중 일부가 이사하지 못하는 경우를 포함한다)하여 1년 이상 계속하여 거주할 것
   나. 재개발사업, 재건축사업 또는 소규모재건축사업의 관리처분계획등에 따라 취득하는 주택이 완성되기 전 또는 완성된 후 2년 이내에 종전의 주택을 양도할 것
3. 국내에 1주택을 소유한 1세대가 그 주택에 대한 재개발사업, 재건축사업 또는 소규모재건축사업의 시행기간 동안 거주하기 위하여 대체주택을 취득한 경우로서 다음 각 호의 요건을 모두 갖추어 대체주택을 양도하는 때에는 이를 1세대 1주택으로 보아 비과세규정을 적용한다. 이 경우 보유기간 및 거주기간의 제한을 받지 아니한다.
   가. 재개발사업, 재건축사업 또는 소규모재건축사업의 사업시행인가일 이후 대체주택을 취득하여 1년 이상 거주할 것
   나. 재개발사업, 재건축사업 또는 소규모재건축사업의 관리처분계획등에 따라 취득하는 주택이 완성된 후 2년 이내에 그 주택으로 세대전원이 이사(취학, 근무상의 형편, 질병의 요양, 그 밖에 부득이한 사유로 세대원 중 일부가 이사하지 못하는 경우를 포함한다)하여 1년 이상 계속하여 거주할 것. 다만, 주택이 완성된 후 2년 이내에 취학 또는 근무상의 형편으로 1년 이상 계속하여 국외에 거주할 필요가 있어 세대전원이 출국하는 경우에는 출국사유가 해소(출국한 후 3년 이내에 해소되는 경우만 해당한다)되어 입국한 후 1년 이상 계속하여 거주하여야 한다.
   다. 재개발사업, 재건축사업 또는 소규모재건축사업의 관리처분계획등에 따라 취득하는 주택이 완성되기 전 또는 완성된 후 2년 이내에 대체주택을 양도할 것

사례연구 4-1 세대의 의미[14)]

1. 요 약

부부가 이혼절차 없이 사실상 별거하는 경우에도 법률상 부부관계는 여전히 유지되는 것이고, 「소득세법 시행령」 제154조 제1항은 거주자의 배우자가 거주자와 1세대를 구성하는 데에는 배우자라는 것 외에 아무런 제한을 두지 아니하고 있으므로 청구인은 법률상 배우자와 「소득세법」상 동일세대를 구성한다고 봄이 타당하다 한 것이므로 청구인이 1세대 2주택자에 해당한다고 보아 쟁점주택의 양도에 대하여 양도소득세를 과세한 이 건 처분은 달리 잘못이 없는 것으로 판단됨.

2. 사실관계

(가) 혼인관계증명서에 따르면, 청구인은 1998. 3. 12. ○○○와 혼인신고를 한 후 심리일 현재까지 법률상 혼인관계가 해소되지 아니한 것으로 나타난다.

(나) 등기부등본에 따르면, 청구인의 법률상 ○○○는 1991. 7. 3. 기타주택을 취득하여 쟁점주택 양도 당시(2017. 12. 8.)에 보유 중인 것으로 나타난다.

(다) 주민등록초본에 따르면, 청구인은 1998. 3. 21. 기타주택에 전입신고하였고, 2006. 3. 6. 무단전출을 사유로 신고말소되었다가 재등록과 무단전출 신고말소가 반복되다가 2007. 12. 26. 쟁점주택의 2층에 전입신고 후 2018. 4. 11. 서울특별시 ○○○에 전입한 것으로 나타난다.

(라) 청구인이 제출한 2001. 12. 22.자 정형외과 진단서에는 병명이 "염좌, 좌상, 화상", 상해의 원인은 "구타당했다고 함(환자진술)"으로, 2002. 5. 22.자 정형외과 진단서에는 병명이 "좌상(좌측 안면부)", 상해의 원인은 "구타(본인진술) 주먹에 맞음"으로 적혀 있다.

(마) 청구인의 ○○○의 진술서에는 청구인은 ○○○의 잦은 구타와 폭력 등으로 2003년 8월부터 별거하였고 청구인은 쟁점주택에서 15년 이상 혼자 살아왔다는 내용이 적혀 있다.

(바) 쟁점주택 인근 주민들(3명)의 사유서에는 청구인은 2007년부터 2018년까지 쟁점주택에 거주하였음을 확인한다는 내용이 적혀 있다.

(사) 청구인이 법률상 ○○○를 상대방으로 하여 제기한 소송구조 사건(2019즈기538)의 2019. 7. 10.자 서울가정법원 결정서 주문에는 이혼 사건(2019드단18139)에 관하여 신청인에게 수수료, 송달료, 변호사비용에 대하여 소송구조를 한다는 내용이 적혀 있다.

3. 쟁 점

사실상 이혼상태인 배우자를 별도 세대로 보아 1세대 1주택 비과세를 적용하여야 할 것인가?

4. 판 단

청구인은 쟁점주택의 양도 당시 법률상 배우자와 별도로 거주하였고, 사실상 이혼 상태여서 동일 세대에 해당하지 아니한다고 주장하나, 부부가 이혼절차 없이 사실상 별거하는 경우에도 법률상 부부관계는 여전히 유지되는 것이고, 「소득세법 시행령」 제154조 제1항에서 거주자의 배우자가 거주자와 1세대를 구성하는 데에는 배우자라는 것 외에 아무런 제한을 두지 아니하고 있으므로 청구인은 법률상 배우자와 「소득세법」상 동일 세대를 구성한다고 봄이 타당하다(대법원 2018.7.18. 선고 2018두53467 판결 참조) 할 것이다.

---

14) 조심 2019서1637에서 발췌함.

사례연구 4-2 세대의 분리[15)]

1. 요 약

딸이 쟁점주택에 전입할 당시 만 ◎◎세이고, 쟁점주택을 양도할 당시에는 만 ◇◇세로서, 독립적 생계가 가능한 연령일 뿐만 아니라, 비록 이혼은 하였지만 자녀도 두고 있어 다른 특별한 사정이 없는 한 별도의 세대로 보는 것이 사회통념에도 부합하는 점 등에 비추어 쟁점주택에서 청구인과 딸과 함께 거주하였더라도, 각각은 독립된 세대를 구성하고 있었다고 판단됨.

2. 사실관계

(1) 쟁점주택 현황은 다음과 같다.

(가) 쟁점주택의 면적은 62.68㎡로, 방 3개, 거실, 주방, 화장실로 구성된 협동주택(지층에서 2층의 집합건물)의 1층 1호에 해당한다.

(나) 딸은 2003. 10. 30. 쟁점주택에 단독세대로 전입한 후, 청구인과 함께 쟁점주택에서 15년 이상 계속하여 거주하였다.

(다) 청구인과 딸은 각각 1개씩 방을 사용하고, 나머지 방은 창고로 사용하였으며, 거실, 주방, 화장실은 함께 사용하였다.

(2) 청구인과 딸은 각각 독립된 소득이 있다.

(3) 처분청이 청구인 명의의 계좌 등을 조사하여 추가로 확인한 내용은 다음과 같다.

(가) 청구인이 매월 아들로부터 ○○○, 딸로부터 ○○○씩을 생활비로 수령하였다고 주장하는데, 딸은 매월 계좌에 동금액을 입금하였으나 아들은 2018. 1. 30. 1차례만 입금한 것으로 확인된다.

(나) 쟁점주택의 공과금(전기료, 수도료, 가스대금 등 매월 ○○○)은 아들이 부담하고, 딸은 명절·생신 축하금 등을 청구인에게 지급한 것으로 확인된다.

(다) 청구인은 2016. 1. 22. 딸이 가입한 직장의료보험에 피부양자로 등록되어 있다.

(라) 쟁점주택의 재산세는 그간 딸과 아들이 부담하였다.

(마) 딸은 쟁점외주택에서 매월 ○○○의 월세를 받고, 청구인에게 지급한 금액은 생활비(매월 ○○○), 명절·생신 축하금 외에 공과금, 거주비 등을 지급한 내역은 확인되지 않는다.

(4) 청구인과 딸 그리고 아들의 배우자 및 자녀현황은 다음과 같다.

(5) 1세대란 거주자가 같은 주소·거소에서 생계를 같이 하는 자와 함께 구성하는 가족단위로서, 생계를 같이한다는 것은 일상생활에서 유무상통하여 동일한 생활자금으로 생활하는 것을 의미하고, 각자의 개별 소득·재산, 생활비 지출, 주거 공간 분리 등은 별도의 세대 여부를 판단하는데 중요한 사항이지만, 이러한 내용만을 이유로 당연히 별도세대 또는 동일세대로 볼 것은 아닌바, 별도세대 여부는 그 실질적 생활 행태에 따라 판단되어야 할 것이다.

3. 쟁 점

청구인과 딸의 주민등록상 주소지는 동일(쟁점주택)하나, 각각 별도의 독립된 세대에 해당하는가?

---

15) 조심 2019서2193에서 발췌함.

4. 판 단

청구인이 딸과 쟁점주택에 동거하면서 자녀(딸 포함)로부터 생활비를 지원받고 있는 점, 생활비 등의 지출과 주거하는 공간 등도 분리·독립되어야 하는 점 등을 주요근거로 청구인과 딸은 독립세대가 아니라는 의견이나, 딸은 1990년경 결혼과 함께 청구인과 떨어져 10년 이상 독립적으로 생계를 유지하던 중, 2003년 이혼을 계기로 쟁점주택에 전입한 사정에 비추어 보면, 딸이 쟁점주택에 전입한 목적은 청구인을 봉양하기 위한 것이 아님은 물론, 청구인에게 부양받기 위한 것으로도 볼 수 없는바, 즉 서로가 서로를 부양 또는 봉양하기 위한 것이 아니라, 단순한 주거 장소로서 동일한 곳을 선택한 것에 불과하고, 이러한 사실은 딸이 쟁점외주택을 향후 독립을 전제하여 구입하였다는 진술에서 확인되는 점, 딸이 쟁점주택에 전입할 당시 만 35세이고, 쟁점주택을 양도할 당시에는 만 50세로서, 독립적 생계가 가능한 연령일 뿐만 아니라, 비록 이혼은 하였지만 자녀도 두고 있어 다른 특별한 사정이 없는 한, 별도의 세대로 보는 것이 사회통념에도 부합하는 점, 딸은 자녀가 있는 30세가 넘는 근로소득자로서 급여가 확인되고, 청구인도 딸이 쟁점주택으로 전입하기 전부터 쟁점주택에서 홀로 독립적인 생계를 유지해 왔었던 점을 감안하면, 딸이 전입했다는 이유로 갑자기 청구인의 독립적 생계가 불가능했다고 보기도 어려운 점, 쟁점주택은 방 3개, 거실 1개, 화장실 1개, 주방 1개로 구성되어 있는데, 통상적인 2가구(각 가구별 배우자·자녀 포함)가 분리된 생활을 영위하기에는 부적합하다고 생각되나, 청구인과 딸은 각 1인 가구로서 각자가 주로 사용하는 공간(방)만 명확하게 구분되면, 독립적인 주거 공간이 될 수 없다고 단정하기 어려운 점, 처분청은 쟁점주택의 재산세와 공과금 등을 청구인이 아닌 자녀들이 부담한 부분도 문제 삼고 있으나, 자녀들이 부모에게 용돈 등을 지급하는 것은 사회통념상 일반적이라 할 것인바, 이를 근거로 자녀와 부모가 동일세대가 되는 것은 아닌 점 등에 비추어, 쟁점주택에서 청구인과 딸과 함께 거주하였더라도, 일상생활에서 유무상통하여 동일한 생활자금으로 생활하는 관계 즉, 동일세대는 아니었다고 판단되는바, 각각은 독립된 세대를 구성하고 있었다고 봄이 타당하다. 그렇다면, 위와 같은 구체적인 사정과 사실관계를 부인하고, 35년 이상 보유한 쟁점주택의 양도에 대하여 장기보유특별공제를 배제하고, 중과세율을 적용하여, 기 신고·납부한 후 양도소득세를 환급하여 달라는 청구인의 경정청구를 거부한 이 건 처분은 잘못이 있을 뿐만 아니라 가혹하다고 판단된다.

사례연구 4-3 주택의 개념[16)]

1. 요 약

청구인은 쟁점옥탑방의 실제 사용자인 주택임차인과 그 주택임대차계약을 중개한 공인중개사가 확인하고 서명한 사실확인서를 제출한 점, 구조상으로도 쟁점옥탑방과 ○○○호(주택)는 내부계단으로 연결된 복층형 구조로서, 사실상 ○○○호와 연결된 주거공간이라는 청구인과 공인중개사의 진술에 신빙성이 있는 점에 비추어, 쟁점옥탑방은 주택면적으로 봄이 타당함.

16) 조심 2018중5068에서 발췌함.

2. 사실관계

청구인이 쟁점지하실을 주택면적에 포함시켜야 한다고 주장하는 근거는 다음과 같다.

(가) 쟁점지하실의 공부상 용도는 보일러실인바, 보일러는 주택에 반드시 필요한 시설로 주택에 부수된 공간임이 확인된다.

(나) 2007년부터 양도일까지 쟁점건물에 대한 개별주택가격이 공시될 때 쟁점지하실은 주택면적에 포함되어 공시되었다.

(다) 그간 쟁점건물에 대한 재산세를 납부할 때, 쟁점지하실은 주택면적에 포함되어 주택분 재산세를 납부해 왔다.

(라) 1층 상가를 임대하면서 임대차계약서에 특약(4호)으로 상가임차인은 쟁점지하실을 사용하지 못하도록 명확화 하였다.

(마) 특약과 무관하게 쟁점지하실 문에는 상시 자물쇠가 달려 있었기에 상가임차인이 쟁점지하실을 임의로 사용할 수 없었다.

청구인은 이 건 불복과정에서 쟁점옥탑방의 면적을 주택면적에 추가로 포함시켜야 한다고 주장하면서 제출한 자료는 다음과 같다.

(가) 쟁점건물의 항공사진: 처분청은 쟁점옥탑방의 존재는 인정하나, 용도가 불분명하고 그 면적 또한 명확하지 않아 주택면적으로는인정할 수 없다는 입장이다.

(나) 주택임대차계약서: 쟁점옥탑방은 쟁점건물 2층의 주택○○○에 포함하여 임대차계약을 체결하였다며, 관련 임대차계약서를 제출하였다.

3. 쟁 점

쟁점지하실 및 쟁점옥탑방을 주택면적에 해당하는 것으로 보아 쟁점건물 전체를 주택으로 보아야 한다는 청구주장이 정당한가?

4. 판 단

처분청은 쟁점지하실에 대하여 실지용도가 불분명하여 안분하여야 하는데, 쟁점지하실을 제외한 쟁점건물의 주택면적이 주택외면적을 초과하지 못하는 이상, 안분하더라도 쟁점건물 전체를 주택으로 볼 수 없다는 것이고, 쟁점옥탑방은 공부상 미확인되는 부분으로, 항공사진상 확인된다 하더라도 주택면적으로 인정할 수 없다는 입장이나, 쟁점지하실의 실지용도가 불분명하다면, 다른 반증이 없는 한 공부상 용도로 추정함이 타당하다 할 것인데, 쟁점지하실은 공부상으로는 주택면적에 해당하고, 그간 쟁점건물의 개별주택가격 고시 및 재산세 납부에 있어서도 주택면적에 포함되어 온 사실은 확인되는 반면, 쟁점지하실이 주택면적이 아니라는 명확한 반증은 없다는 점에서 처분청의 의견에 설득력이 있다고 하기는 어렵다 할 것이고, 설령, 쟁점지하실의 용도가 불분명하여 안분하여야 한다 하더라도, 쟁점건물의 주택면적과 주택외면적의 차이가 크지 않은 점(쟁점지하실을 안분하더라도 주택부분을 초과하는 주택외부분은 약 5.89㎡ 불과)을 감안하면, 쟁점옥탑방을 주택면적으로 볼 경우 주택면적이 주택외면적을 초과하게 되어, 쟁점건물 전체를 주택으로 볼 수 있을 것인바, 이에 대해 살펴보면, 비록, 쟁점옥탑방은 공부상 확인되지 않는 부분으로서 무허가 건축시설인 것으로 보이나, 처분청도 쟁점옥탑방의 존재 자체는 인정하고 있고, 청구인은 쟁점건물을 취득할 당시(약 30년 전)부터 이미 존재했었다고 진술한 것으로 보아, 쟁점건물의 양도를 앞두고 조세회피를 위해 급조한 것으로 보이지 않는 점, 청구인은 쟁점옥탑방의 용도와 관련하여 쟁점옥탑방의 실제 사용자인 주택임차인과 그 주택임대차계약을 중개한 공인중개사가 확인하고 서명한 사실확인서(쟁점옥탑방을 주거용으로 실제 사용함)를 제출한 점, 구조상으로도 쟁점옥탑방과 ○○○호(주택)는 내부계단으로 연결된 복층형 구조로서, 사실상 ○○○호와 연결된 주거공간이라는 청구인과 공인중개사의 진술에 신빙성이 있는 점에 비추어, 쟁점옥탑방은 주택면적으로 봄이 타당하다. 다음으로 쟁점옥탑방의 면적에 대하여는, 청구인이 제출한 감정평가서(쟁점건물을 은행대출의 담보로 사용하기 위해 2010. 3. 16. 작성)에 따르면, 쟁점옥탑방의 면적이 약 15㎡라고 기재되어 있고, 설령 쟁점옥탑방의 정확한 면적이 명확하지 않더라도, 쟁점건물의 주택외면적이 주택면적을 불과 5.89㎡ 초과하는 점을 감안하면, 쟁점옥탑방의 면적이 그보다 크기만 하면 충분할 것인데, 육안(항공사진)으로도 쟁점옥탑방의 면적은 2층 면적의 1/8(11.6㎡)은 초과하는 것으로 보인다. 따라서 처분청이 쟁점건물 전체를 주택으로 보지 않고, 주택면적에 해당하는 부분에 한하여만 주택으로 보아 쟁점건물에 대해 양도소득세를 과세한 이 건 처분에는 잘못이 있다고 판단된다.

사례연구 4-4 주택의 개념[17)]

1. 요 약

청구인은 쟁점부동산 중 □층 옥탑을 무단증축(◇◇.◇◇㎡)하여 주거용 주택으로 사용하다가「특정건축물 정리에 관한 특별조치법」에 따라 사용 승인된 사실이 나타나고, 처분청의 현장확인 결과 청구인이 옥탑을 실제 거주용으로 사용한 사실을 확인한 점, 쟁점부동산의 옥탑 면적은 쟁점부동산 건축면적(◎◎.◎◎㎡)의 8분의 1을 초과하므로 해당 옥탑은 층수 산입대상에 해당하는 점 등에 비추어 이 건 처분은 달리 잘못이 없는 것으로 판단됨.

2. 사실관계

쟁점부동산은 원래 3층 건물에 옥탑으로 이루어진 건물이었기 때문에 건축물대장 등 공부상 다가구주택으로 기재되어 있었고, 이후 옥탑을 불법 증축○○○한 후 「특정건축물 정리에 관한 특별조치법」에 따라 2014.8.1. 사용승인을 받게 되었다.

등기부등본 및 건축물대장에 의하면, 쟁점부동산은 대지 ○○○, 건물 연면적은 ○○○, 건축면적 ○○○, 층수는 지하 1층/지상 4층, 주용도는 다가구주택(6가구), 사용승인일은 1997. 3. 20.이고, 청구인에게 소유권보존등기(토지 1995.12. 27., 건물 1997.5.21.) 되었다가 2018.11.30. 매매를 원인으로 ○○○에게 소유권이전등기(2019.1.18.)된 것으로 기재되어 있다.

청구인의 사용승인신청서(2014.7.28.) 및 ○○○이 처분청 등에 보낸 '특정건축물 사용승인신청서 처리통보' 공문○○○ 등을 보면, 청구인이 쟁점부동산의 '지상 4층 주택 ○○○ 무단증축부분' 사용승인을 신청하였고, 성동구청장이 2014.8.1. 이를 사용승인한 것으로 나타난다.

---

17) 조심 2019서3718에서 발췌함.

처분청이 2019.3.29. 쟁점부동산에 대한 현지확인을 실시하여 쟁점부동산은 6호로 구획되어 있고 4층 옥탑은 별도의 도시가스가 설치되어 있으나 3층 계단입구에 철문이 설치되어 있는 것으로 보아 3층에 거주하던 청구인이 3층과 4층을 모두 사용한 것으로 확인하였다.

3. 쟁 점

주거용 옥탑이 포함된 쟁점부동산을 다세대주택으로 보아 1세대 1주택 비과세를 부인하고 양도소득세를 과세한 처분이 타당한가?

4. 판 단

청구인은 쟁점부동산이 3층 다가구주택으로서 단독주택에 해당하므로 쟁점부동산 전체를 1세대 1주택으로 보아 양도소득세를 비과세하여야 한다고 주장하나, 청구인은 쟁점부동산 중 4층 옥탑을 무단증축○○○하여 거주용 주택으로 사용하다가 「특정건축물 정리에 관한 특별조치법」(2013. 7. 16. 법률 제11930호로 개정된 것)에 따라 사용 승인된 사실이 나타나고, 처분청의 현장확인 결과 청구인이 위 옥탑을 실제 거주용으로 사용한 사실을 확인한 점, 「소득세법」 제89조 제1항 제3호 가목, 같은 법 시행령 제154조·제155조 및 「건축법 시행령」 <별표 1>이 규정하는 1세대 1주택 비과세 대상인 다가구주택은 ① 3개 층 이하의 주택 층수, ② 660㎡ 이하의 바닥면적, ③ 19세대 이하 거주 등의 요건을 모두 충족하여야 하므로 주택으로 사용되는 층수가 3개 층을 초과하면 다가구주택으로 볼 수 없고, 「건축법 시행령」 제119조 제1항 제9호에서 옥탑으로서 그 수평투영면적의 합계가 해당 건축물 건축면적의 8분의 1 이하인 것 등은 건축물의 층수에 산입하지 아니하도록 규정하고 있는바, 쟁점부동산의 옥탑 면적은 쟁점부동산 건축면적○○○의 8분의 1을 초과하므로 해당 옥탑은 층수 산입대상에 해당하는 점 등에 비추어 처분청이 주거용 옥탑이 포함된 쟁점부동산을 다가구주택이 아닌 다세대주택으로 보아 1세대 1주택 비과세를 부인하여 청구인의 경정청구를 거부한 처분과 조정대상지역내 다주택자 중과 적용 및 장기보유특별공제 적용 배제하여 청구인에게 양도소득세를 과세한 이 건 처분은 달리 잘못이 없는 것으로 판단된다.

사례연구 4-5 오피스텔[18)]

1. 요 약

주거에 적합한 구조로서 종전부터 현재까지 주거용으로 사용되고 있는 쟁점오피스텔이 일시적인 공실 상태에 있었다 하더라도 그 공부상 용도에 불구하고 이를 주거용으로 사용되었다고 보는 것이 합리적이라 할 것이므로, 쟁점양도주택에 고가주택규정을 적용하지 아니하여 양도소득세를 부과한 처분청의 당초 처분에 달리 잘못이 없다고 판단됨.

2. 사실관계

(1) 쟁점오피스텔의 등기부등본에 따르면, 쟁점오피스텔은 2004. 10. 22. ○○○취득한 것으로, 철근콘크리트구조의 '업무시설(오피스텔)'로 면적은 99.21㎡이다.

---

18) 조심 2019서2602에서 발췌함.

(2) ○○○는 2017. 5. 20. 자신이 대표이사인 ○○○쟁점오피스텔에 대하여 2017. 5. 25.~2018. 5. 24.을 임대차기간으로 하고 임대료를 월 ○○○백만원으로 하는 '부동산임대차계약'을 체결하였고, ○○○ 2017. 5. 31. 쟁점오피스텔 소재지를 ○○○목동지점'으로 하는 사업자등록을 ○○○세무서장에게 신청하였다가, 2017. 9. 8. 그에 대한 사업자등록 폐업신청을 하였으며, ○○○법인등기부에는 쟁점오피스텔 소재지에 2017. 5. 25. 지점을 설치한 것으로 기재되어 있다.

(3) 청구인은 쟁점양도주택의 양도일인 2017.6.30. 당시 쟁점오피스텔이 업무용(○○○의 지점)으로 사용되었다고 주장하며 아래와 같은 증빙 등을 제시하였다.

(가) ○○○목동지점은 ○○○로부터 임대료에 대하여, 관리사무소로부터 관리비에 대한 매입세금계산서를 교부받고 관련매입세액을 2017년 제1기(확정)·2017년 제2기(예정) 부가가치세 신고시 공제하였다.

(나) ○○○2017. 5. 25. ○○○로부터 공급가액 ○○○컴퓨터를 구매하면서 받은 견적서에는 그 설치장소가 쟁점오피스텔로 기재되어 있고 ○○○에는 2017. 6. 1. ○○○을, 2017. 9. 4. ○○○을 송금하였다.

(다) 쟁점오피스텔의 관리사무소는 2017년 5월~7월분 쟁점오피스텔의 관리비에 대하여 관리비를 부과하면서 전기, 온수 및 수도 사용량을 산정하였고, ○○○ 2017. 9. 11. 전출에 따른 중간관리비를 정산하였는데, 그 정산서 하단에는 관리사무소 직원이 2019. 3. 13. 수기로 '쟁점오피스텔은 업무용으로 계산되어야 하나 주택요금으로 계산되어 세대전기료를 ○○○에서 ○○○으로 착오계산되었으므로 정정한다'고 기재하였다.

(라) 쟁점오피스텔 관리사무소가 작성한 전입현황에는 2017. 5. 24. ○○○가 전출하고 ○○○가 전입하였다가, 2017. 9. 10. ○○○가 전출하고 ○○○전입한 것으로, ○○○소유의 ○○○ 2017. 5. 24. 쟁점오피스텔 차량으로 등록되었다가 2017. 9. 10. 해지되었고 2017. 5. 24.~9. 10. 77차례에 오전 9시 30분경에 입차한 것으로 기재되어 있다.

(마) 청구인은 ○○○쟁점오피스텔에 지점 사업자등록을 내고 공사현장과 관련한 사무를 처리하였다고 주장하면서 '건설공사 하도급계약서'를 제출하였다.

(바) 처분청은 ○○○ 2015. 2. 23. ○○○구청장에게 쟁점오피스텔에 대하여 '주거용'으로 기재하여 재산세 변동신고를 하였다는 의견이나, ○○○는 2016. 8. 8. 이를 '업무용'으로 변경하는 변동신고를 제출하여 실제 쟁점오피스텔에 대하여 주거용으로 재산세가 부과된 것은 2015년분 1번에 불과하다.

(4) 처분청은 쟁점오피스텔은 그 준공 이후 계속하여 주거용으로 사용되었다는 의견으로, 이와 관련하여 아래의 사정을 제시하였다.

(가) 쟁점오피스텔은 상 침실 3개, 거실 1개, 드레스룸 1개, 주방 및 식당 등으로 이루어져 있고, 열병합 지역난방으로 바닥까지 난방장치가 되어 있으며 인터넷(○○○등)에서 학군의 우수성과 생활의 편리성을 장점으로 하는 주거용 아파트로 소개되어 있다.

(나) ○○○처분청에 회신한 쟁점오피스텔에 대한 확정일자 및 임대차내역조회 등에 비추어 쟁점오피스텔에 거주한 자와 그 계약기간 등은 ○○○자(子)로서 쟁점오피스텔을 주거용으로 사용하였고, ○○○ 외 2명은 가족이 함께 거주한 주택으로 사용하였다가 계약기간 만료후인 2017. 5. 24. 청구인으로부터 ○○○백만원을 반환받은 점에 비추어 2017. 5. 24.까지 실제 거주하였으며, 현재 거주중인 ○○○도

2017.7.22. 임대차계약서를 작성하고 가족이 함께 거주하는 주택으로 사용하고 있고 처분청과 통화시 쟁점오피스텔에 이사하면서 별도의 공사를 한 사실이 없다고 진술하였다.

(다) 처분청은 쟁점양도주택의 양도와 쟁점오피스텔의 임대차계약과 관련한 전후 사실관계에 비추어 2017. 3. 20. 쟁점양도주택의 매매계약을 체결하고 그 중도금을 받기 전인 2017. 3. 29. 쟁점오피스텔에 입주한 ○○○임대차계약기간 만료일이 다가오자 2017. 5. 31. 쟁점오피스텔에 ○○○지점을 사업자등록 하였다가 아무런 실적 없이 100일 후 폐업한 것은 쟁점양도주택에 대한 고가주택규정 적용을 위한 것이라는 의견이다.

(라) ○○○ 2015. 2. 23. ○○○구청장에게 쟁점오피스텔에 대하여 '주거용'으로 기재하여 재산세 변동신고를 하였다.

(마) 쟁점오피스텔은 2017년 6~8월분 수도·난방 사용량이 없으나, 나머지 기간 중에는 별다른 차이가 없어 상시 주거용으로 사용된 것으로 보아야 한다.

3. 쟁 점

오피스텔이 주거용으로 사용된 것으로 보아 쟁점양도주택의 양도차익에 대하여 고가주택규정을 적용하지 아니하고 과세한 처분의 옳은 것인가?

4. 판 단

쟁점양도주택의 양도차익에 대하여 「소득세법」 제95조 제3항 및 같은 법 시행령 제160조 규정을 적용받기 위해서는 쟁점양도주택의 양도 당시 청구인이 속하는 1세대가 양도일 현재 국내에 1주택을 보유하고 있는 경우이어야 할 것이고, 여기서 '주택'이라 함은 '가옥대장 등 공부상의 용도구분이나 건축 또는 용도변경에 대한 당국의 허가 유무 및 등기 유무와는 관계없이 주거에 공하는 건물을 뜻한다'고 할 것(대법원 1992. 8. 18. 선고 91누10367 판결 참조)이고, 일시적으로 주거가 아닌 다른 용도로 사용되고 있다고 하더라도 그 구조·기능이나 시설 등이 본래 주거용으로서 주거용에 적합한 상태에 있고 주거기능이 그대로 유지·관리되고 있어 언제든지 본인이나 제3자가 주택으로 사용할 수 있는 건물의 경우에는 이를 주택으로 보아야 할 것(대법원 2005. 4. 28. 선고 2004두14960 판결)인데, 「건축법」에 따라 업무를 주로 하되 일부 구획에서 숙식을 할 수 있도록 한 오피스텔의 경우라도 상시 주거용으로 사용하였다면 주택으로 보아 고가주택규정을 적용하여야 할 것이다. 쟁점오피스텔은 공부상 용도가 업무시설 등으로 되어 있으나 그 구조는 주거용에 적합하도록 되어 있고 ○○○간의 임대차계약 이전에 쟁점오피스텔에 거주한 ○○○등도 주거용으로 사용하였을 뿐만 아니라 쟁점양도주택의 양도 이후에도 ○○○등이 쟁점오피스텔을 주거용으로 사용하고 있는 것으로 보인다. 청구인은 쟁점양도주택의 양도 당시 쟁점오피스텔을 ○○○에게 업무용으로 임대하였다는 주장인바, 2017. 3. 20. 쟁점양도주택의 매매계약 이후 쟁점오피스텔에 입주하고 있던 ○○○이 2017. 5. 24.에 퇴거하게 되자 2017. 5. 20. 청구인의 배우자이자 쟁점오피스텔의 소유자인 ○○○자신이 대표이사로 재직중인 ○○○쟁점오피스텔에 대한 임대차계약을 체결하고 이를 지점으로 사용하였다고 하나, ○○○목동지점에 대한 부가가치세 신고내용 등으로 볼 때 상기 지점이 재화와 용역을 공급하거나 직원 등을 고용한 사실이 확인되지 않고 업무용 컴퓨터 이외에는 쟁점오피스텔에 비치할 목적으로 사업에 필요한 집기비품을 구입하거나 이전한 내용이 확인되지 않으며 쟁점양도주택의 잔금을 수령한 이후 얼마되지 않아 폐업신청을 한 점에 비추어 청구인이 제시한 자료인 ○○○입차 기록,

컴퓨터 구매기록 등에 불과하고 쟁점오피스텔은 사실상 공실상태였다고 보는 것이 타당하다고 할 것이다. 따라서 주거에 적합한 구조로서 종전부터 현재까지 주거용으로 사용되고 있는 쟁점오피스텔이 일시적인 공실상태에 있었다 하더라도 그 공부상 용도에 불구하고 이를 주거용으로 사용되었다고 보는 것이 합리적이라 할 것이므로, 쟁점양도주택에 고가주택규정을 적용하지 아니하여 양도소득세를 부과한 처분청의 당초 처분에 달리 잘못이 없다고 판단된다.

연습문제

01 다음의 경우 양도소득세가 비과세되는 2주택자가 아닌 것은?

① 노부모를 봉양하기 위해 합가한 경우 합가일로부터 10년 이내에 먼저 양도하는 주택

② 결혼으로 집이 두 채가 될 때 결혼한 날로부터 5년 이내에 먼저 양도하는 주택

③ 이사를 가기 위해 일시적으로 두 채의 집을 갖게 된 때 종전 주택을 3년 내에 처분한 경우

④ 상속받아 집이 두 채가 된 경우 먼저 양도하는 주택

02 소득세법상 1세대 1주택에 관한 설명으로 옳은 것은? 2006 9급 세무직 수정

① 국내에 1주택을 소유한 1세대가 그 주택을 양도하기 전에 조합원입주권을 취득함으로써 일시적으로 1주택과 1조합원입주권을 소유하게 되는 경우 조합원입주권을 취득한 날로부터 3년 이내에 종전의 주택을 양도하는 경우에는 이를 1세대 1주택으로 본다.

② 거주자가 그 배우자와 같은 주소에서 생계를 같이하고 있다면 1세대로 보되, 별거하고 있으면 각각 별도의 세대로 본다.

③ 상속받은 주택과 일반주택을 국내에 각각 1개씩 소유하고 있는 1세대가 상속주택을 양도하는 경우에는 국내에 1개의 주택을 소유하고 있는 것으로 본다.

④ 비과세되는 1세대 1주택에 있어서 부부가 각각 단독세대를 구성하였을 경우에는 동일한 세대로 보지 아니한다.

03 양도소득세에 관한 설명으로 옳은 것은? 2016 세무사 1차

① 1세대 1주택 비과세요건 판정시 상속받은 주택과 그 밖의 주택을 국내에 각각 1개씩 소유하고 있는 1세대가 상속받은 주택을 양도하는 경우 국내에 1개의 주택을 소유한 것으로 본다.

② 1세대가 1주택을 취득 후 1년 이상 거주하고 세대원 중 일부가 사업상 형편으로 다른 시·군으로 이전하면서 해당 주택을 양도하는 경우에는 2년 미만 보유한 때에도 1세대 1주택 비과세한다.

③ 비사업용 토지(법적절차에 따라 등기된 것임)로서 2016. 1. 1. 이전에 취득하여 보

유하고 있는 자산인 경우에는 2016. 1. 1.부터 기산하여 장기보유특별공제를 적용한다.

④ 주택과 주택외부분이 복합된 겸용주택으로서 그 전부를 주택으로 보는 경우에는 그 전부의 실지거래가액에서 주택외부분의 실지거래가액을 제외한 금액으로 고가주택(실지거래가액 9억원 초과)에 해당여부를 판단한다.

⑤ 파산선고에 의한 처분과 강제경매로 인하여 발생하는 소득에는 양도소득세를 과세하지 아니한다.

정답 01 ④ 02 ① 03 ③

<절세전략> 1세대 1주택의 양도차익은 비과세

1세대가 1주택을 2년 이상 보유(조정대상지역에 소재하는 주택은 2년 이상 보유와 2년 이상 거주)한 후 양도하면 양도차익이 있다 하더라도 양도소득세를 내지 않는다.

1세대란 배우자와 생계를 같이하는 가족을 말한다. 30세 이상이면 배우자가 없더라도 1세대로 인정되며, 1세대인지 아닌지는 주민등록등본으로 판정한다. 만약 여러 가지 이유에 의해 동일한 주소에 부모님과 주민등록을 함께 하였다면 각각 소유의 집에 거주하고 있다 하더라도 1세대 1주택으로 보지 않을 수 있으므로 주의하여야 한다. 그러므로 주택을 양도하기 전에 주민등록을 분리하는 것이 좋다.

1주택이란 주거용 건물을 말하며 사실상의 용도에 의해 주택인지를 판정한다. 만약 사실상의 용도와 등기부등본과 같은 공적인 문서의 용도가 다르다면 주택의 소유자가 객관적인 증빙을 제시하여 주택인지를 입증하여야 한다. 따라서 양도하기 이전에 공적인 문서를 정리해 두는 것이 필요하다.

사실상 주택인지, 1주택만을 보유하는 지를 판정하는 것은 양도일 현재를 기준으로 한다. 만약 주택을 카페 또는 음식점으로 사용하였다면 폐업 후 주택으로 변경하여 양도하는 것이 유리하다. 또한 1주택을 소유하면서 사실상 상가용으로 이용하는 또 하나의 주택을 소유하고 있다면 거주하는 주택을 양도할 때 1세대 1주택으로 판정받지 못하는 경우가 있을 수 있다. 이 경우 상가로 이용하는 주택의 등기부등본을 상가로 용도 변경한 다음 거주용 주택을 양도하는 것이 유리하다.

한편 상가와 주택이 함께 있는 복합건물의 경우 주택부분이 1평이라도 크면 전체를 주택으로 인정받을 수 있으므로 복합건물을 신축할 때 유의해야 한다.

1세대 1주택을 판정하는 시기는 양도하는 시점이다. 따라서 1세대 1주택 이상을 소유하고 있다면 마지막에 양도하는 주택이 1세대 1주택으로서 세금을 내지 않는다. 그러므로 다주택자의 경우 주택을 처분할 때 양도차익이 작은 주택을 먼저 처분하는 것이 세금을 줄이는 방법이다. 다만, 2019년 소득세법 시행령의 개정에 따라 2주택 이상을 보유한 1세대가 1주택 외의 주택을 모두 양도한 경우에는 양도 후 1주택을 보유하게 된 날부터 보유기간을 기산하므로 주의해야 한다.

양도하는 시점에 1세대 2주택이라도 주어진 기간 안에 1주택을 팔면 양도소득세가 비과세되는 경우가 있다. 이사를 위해 주택을 구입하였고 부동산 경기가 나빠 구주택을 양도하지 못한 상태에서 이사하였다면 구주택을 양도하는 시점에 일시적으로 1세대 2주택이 된다. 그러나 이사한 후 3년 안에 구주택을 처분하였다면 1세대 1주택으로서 세금을 내지 않는다. 상속을 받아 2주택자가 된 경우 비과세 요건을 갖춘 일반주택을 먼저 양도하면 세금을 내지 않는다. 노부모를 모시기 위해 세대를 합쳐 2주택자가 된 경우 세대를 합친 날로부터 10년 이내에 먼저 양도하는 주택에 대하여는 양도소득세를 내지 않는다. 임대주택을 취득하여 양도하는 경우 임차일부터 양도일까지의 거주기간이 5년 이상인 경우 보유기간과 관계없이 양도소득세를 내지 않는다. 양도당시의 실거래가액이 9억을 초과하는 고가주택은 1세대 1주택으로서 요건을 갖추었다 하더라도 9억원까지만 비과세하고 9억원을 초과하는 금액은 과세한다.

제 5 장 양도차익의 계산

제 1 절 개 요

소득세법상 양도차익은 양도가액에서 필요경비를 차감하여 계산한다. 필요경비는 취득가액 및 자본적 지출액과 양도비용을 포함하는 기타필요경비로 구성된다. 2007. 1. 1.일 이후 양도가액과 필요경비는 실지거래가액으로 평가한다. 따라서 양도차익은 원칙적으로 실거래가액에 의한 양도가액과 취득가액 및 기타필요경비에 의해 계산된다.

양도차익＝총수입금액(양도가액)－필요경비(취득가액＋기타필요경비)

제 2 절 양도가액과 취득가액의 결정

1. 원칙: 실지거래가액

자산의 양도가액 또는 취득가액은 그 자산의 양도 또는 취득 당시의 양도자와 양수자간에 실제로 거래한 가액에 따른다(소법 96 ①). 그러나 실지거래가액을 확인할 수 없는 경우에는 다음의 방법을 순차적으로 적용하여 양도가액 또는 취득가액을 산정할 수 있다. 다만 양도가액이 실지거래가액이면 취득가액도 실거래가액을 적용하며, 양도가액을 기준시가로 적용하면 취득가액도 기준시가로 한다(소법 100).

내역	양도가액	취득가액
실지거래가액	① 실지양도가액 ② 매매사례가액 ③ 감정가액	① 실지양수가액 ② 매매사례가액 ③ 감정가액 ④ 환산취득가액
기준시가	④ 기준시가	⑤ 기준시가

환산가액은 다음의 방법으로 산정한 가액을 말한다.

$$\text{환산한 취득가액} = \frac{\text{양도 당시의 실지거래가액,}}{\text{매매사례가액 또는 감정가액}} \times \frac{\text{취득 당시의 기준시가}}{\text{양도 당시의 기준시가}}$$

2. 거래유형별 실지거래가액

(1) 일반적 매매

실지거래가액이란 자산의 양도 또는 취득 당시에 양도자와 양수자가 실제로 거래한 가액으로서 해당 자산의 양도 또는 취득과 대가관계에 있는 금전과 그 밖의 재산가액을 말한다(소법 88 5).

(2) 장기할부조건부 판매

장기할부조건으로 이자상당액을 가산하여 거래가액을 확정하는 경우 이자상당액은 양도가액에 포함[1)]한다.

(3) 양수인이 양도소득세를 대납한 경우

양도소득세를 매수자가 부담하기로 약정한 경우 양도소득세 상당액을 양도인의 양도가액에 포함한다. 매수자는 세액상당액을 필요경비에 산입한다.

(4) 양수인이 채무액을 인수한 경우

양수인이 일정액의 채무액을 인수하고 양도자산을 취득하는 경우 동 채무는 양도인의 양도가액에서 공제하지 않는다. 따라서 양수인이 인수한 세입자보증금도 양도가액에 포함되어야 한다.

---

1) 당초 약정된 대금지금을 지연함에 따라 추가로 지급받는 지연이자는 양도가액에 가산하지 않는다.

3. 토지와 건물을 일괄 취득 또는 양도한 경우

(1) 구분기장

양도가액 또는 취득가액을 실지거래가액에 따라 산정하는 경우로서 토지와 건물 등을 함께 취득하거나 양도한 경우에는 이를 각각 구분하여 기장한다. 그러나 토지와 건물 등의 가액 구분이 불분명할 때에는 취득 또는 양도 당시의 기준시가 등을 고려하여 안분 계산한다. 이 경우 공통되는 취득가액과 양도비용은 해당 자산의 가액에 비례하여 안분 계산한다(소법 100 ①과 ②). 토지와 건물 등을 함께 취득하거나 양도한 경우로서 그 토지와 건물 등을 구분 기장한 가액이 기준시가 등으로 안분계산한 가액과 100분의 30 이상 차이가 있는 경우에는 토지와 건물 등의 가액 구분이 불분명한 때로 본다.

(2) 구분이 불분명한 경우

① 기준시가가 모두 있는 경우

공급계약일 현재의 기준시가에 따라 계산한 가액에 비례하여 안분하여 토지와 건물 등의 가액을 계산한다. 다만, 감정평가가액이 있는 경우[2)]에는 그 가액에 비례하여 안분 계산한 금액으로 한다(부가령 64 1).

안분계산식은 아래와 같다.

$$\text{토지의 가액} = \text{실지거래가액(토지와 건물)} \times \frac{\text{토지의 기준시가}}{\text{토지의 기준시가} + \text{건물의 기준시가}}$$

$$\text{건물의 가액} = \text{실지거래가액(토지와 건물)} \times \frac{\text{건물의 기준시가}}{\text{토지의 기준시가} + \text{건물의 기준시가}}$$

② 토지와 건물 등 중 어느 하나 또는 모두의 기준시가가 없는 경우로서 감정평가가액이 있는 경우

감정평가가액에 비례하여 안분 계산한 금액으로 한다. 다만, 감정평가가액이 없는 경우에는 장부가액(장부가액이 없는 경우에는 취득가액)에 비례하여 안분 계산한 후 기준시가가 있는 자산에 대해서는 그 합계액을 다시 기준시가에 의하여 안분 계산한 금액으로 한다(부

---

2) 부가가치세법 제28조에 따른 공급시기(중간지급조건부 또는 장기할부판매의 경우는 최초 공급시기)가 속하는 과세기간의 직전 과세기간 개시일부터 공급시기가 속하는 과세기간의 종료일까지 「감정평가 및 감정평가사에 관한 법률」 제2조 제4호에 따른 감정평가업자가 평가한 감정평가가액을 말한다.

가령 64 2).

4. 실거래가액의 특수사례: 양도가액

(1) 특수관계법인에 양도하는 경우

특수관계인에 해당하는 법인(외국법인을 포함)에 양도한 경우로서 해당 거주자의 상여·배당 등으로 처분된 금액이 있는 경우에는 같은 법인세법 제52조에 따른 시가를 양도당시의 실지거래액으로 본다(소법 96 ③ 1). 부당행위계산부인으로 인해 근로소득 등으로 소득세가 과세되므로 양도소득세와 이중으로 과세되는 것을 방지하기 위한 것이다.

(2) 특수관계법인 외의 자에게 양도

특수관계법인 외의 자에게 자산을 시가보다 높은 가격으로 양도한 경우로서「상속세 및 증여세법」의 저가 양수 또는 고가양도에 따른 이익의 증여규정에 따라 해당 거주자의 증여재산가액으로 하는 금액이 있는 경우에는 그 양도가액에서 증여재산가액을 뺀 금액을 양도당시의 실지거래액으로 본다(소법 96 ③ 2). 증여세와 양도소득세 이중과세를 방지하기 위한 것이다.

5. 실거래가액의 특수사례: 취득가액

(1) 상속 증여받은 경우

상속 또는 증여받은 자산에 대하여 실지거래가액을 적용할 때에는 상속개시일 또는 증여일 현재 평가한 가액을 취득당시의 실지거래가액으로 본다(소법 163 ⑨). 상속증여의 평가가액은 1순위가 시가(감정가액)이며 2순위는 기준시가이다.

(2) 전소유자의 양도가액의 확인되는 경우

자산을 양도한 거주자가 그 자산 취득 당시 실지거래가액을 확인한 사실이 있는 경우에는 이를 그 거주자의 취득 당시의 실지거래가액으로 본다. 다만, 다음 중 어느 하나에 해당하는 경우에는 그러하지 아니하다(소법 97 ⑦).

① 해당 자산에 대한 전 소유자의 양도가액이 경정되는 경우

② 전 소유자의 해당 자산에 대한 양도소득세가 비과세되는 경우로서 실지거래가액보다 높은 가액으로 거래한 것으로 확인한 경우

제 3 절 실지거래가액의 추계결정·경정

1. 추계결정 및 경정의 사유

양도가액 및 취득가액은 원칙적으로 실지거래가액이나 다음의 경우 실지거래가액을 추계에 의해 결정 또는 경정할 수 있다(소법 114 ⑦, 소령 176의2).

① 양도 또는 취득 당시의 실지거래가액의 확인을 위하여 필요한 장부·매매계약서·영수증 기타 증빙서류가 없거나 그 중요한 부분이 미비된 경우

② 장부·매매계약서·영수증 기타 증빙서류의 내용이 매매사례가액, 감정평가법인이 평가한 감정가액 등에 비추어 허위임이 명백한 경우

2. 실지거래가액의 추계결정·경정 방법

(1) 적용순위

실지거래가액을 인정할 수 없는 경우 다음의 방법을 순차적으로 적용하여 양도가액 및 취득가액으로 산정할 수 있으며 각각의 산정방법은 아래와 같다(소령 176의2 ③).

적용순위	내 용
매매사례가액	양도일 또는 취득일 전후 각 3개월 이내에 해당 자산(주권상장법인의 주식 등은 제외)과 동일성 또는 유사성이 있는 자산의 매매사례가 있는 경우 그 가액
감정가액	양도일 또는 취득일 전후 각 3개월 이내에 해당 자산(주식 등을 제외)에 대하여 2 이상의 감정평가법인이 평가한 것으로서 신빙성이 있는 것으로 인정되는 감정가액(감정평가기준일이 양도일 또는 취득일 전후 각 3월 이내인 것에 한함)이 있는 경우에는 그 감정가액의 평균액
환산한 취득가액	양도 당시의 실지거래가액, 매매사례가액 또는 감정가액을 기준시가에 의하여 환산한 취득가액
기준시가	소득세법의 규정에 따라 토지, 건물 등에 대해 국세청등이 정한 가격

(2) 환산한 취득가액의 계산

환산한 취득가액은 다음과 같은 방법으로 환산한 취득가액을 말한다(소령 176의2 ②).

$$\text{양도당시의 실지거래가액, 매매사례가액의 감정가액} \times \frac{\text{취득당시의 기준시가}}{\text{양도당시의 기준시가}}$$

제 4 절 필요경비

1. 개 요

양도차익의 계산에서 양도가액에서 공제하는 필요경비는 취득가액과 기타필요경비로 규정할 수 있다. 기타필요경비는 취득이후 자산의 내용연수 연장 또는 자산가치의 증가를 위해 지출되는 자본적 지출액과 양도관련 직접지출비용 등 양도가액에 직접 대응되는 비용을 의미한다(소법 118의4). 실지거래가액의 의해 양도차익을 계산하는 경우 기타 필요경비는 실제 지출한 비용을 말하며 추계방법에 의해 계산하는 경우 필요경비는 개산공제액을 말한다.

2. 취득가액의 계산

취득가액은 원칙적으로 실지거래가액을 말한다. 양도자산의 보유기간동안 그 자산에 대한 감가상각비로서 각 과세기간의 사업소득금액을 계산하는 경우 필요경비에 산입하였거나 산입할 금액이 있을 때에는 실지거래가액에서 공제한 금액을 그 취득가액으로 한다.

취득에 든 실지거래가액은 다음의 금액을 합한 것으로 한다(소령 163 ①).

① 이자상당액

당사자 약정에 의한 대금지급방법에 따라 취득원가에 이자상당액을 가산하여 거래가액을 확정하는 경우 당해 이자상당액은 취득원가에 포함[3]한다.

② 취득원가 상당액

현재가치할인차금[4]과 면세사업전용과 폐업시잔존재화의 규정에 따라 납부한 부가가치세를 포함하며 부당행위계산에 의한 시가초과액은 제외한다.

③ 소송비용 등

취득에 관한 쟁송이 있는 자산에 대하여 그 소유권 등을 확보하기 위하여 직접 소요된 소송비용·화해비용 등의 금액으로서 그 지출한 연도의 각 소득금액의 계산에 있어서 필요경비에 산입된 것을 제외한 금액은 취득원가에 포함한다.

---

3) 당초 약정에 의한 거래가액의 지급기일의 지연으로 인하여 추가로 발생하는 이자상당액은 취득원가에 포함하지 아니한다.

4) 양도자산의 보유기간 중에 그 현재가치할인차금의 상각액을 각 연도의 사업소득금액 계산 시 필요경비로 산입하였거나 산입할 금액이 있는 때에는 이를 취득원가에서 공제한다.

3. 기타 필요경비의 계산

(1) 취득가액을 실지거래가액으로 계산하는 경우

취득가액을 실거래가액으로 계산하는 경우 실제 지출된 자본적 지출액과 양도비를 기타 필요경비로 한다.

1) 자본적 지출액의 범위

자본적 지출이란 감가상각자산의 내용연수를 연장시키거나 해당 자산의 가치를 현실적으로 증가시키는 수선비를 말한다. 자본적 지출액은 세금계산서 등 증명서류를 수취·보관하거나 실제 지출사실이 금융거래 증명서류에 의하여 확인되어야 한다(소령 163 ③).

① 자본적 지출액

② 양도자산을 취득한 후 쟁송이 있는 경우에 그 소유권을 확보하기 위하여 직접 소요된 소송비용·화해비용 등의 금액으로서 그 지출한 연도의 각 소득금액의 계산에 있어서 필요경비에 산입된 것을 제외한 금액

③ 양도자산의 용도변경·개량 또는 이용편의를 위하여 지출한 비용

④ 「개발이익환수에 관한 법률」에 따른 개발부담금(개발부담금의 납부의무자와 양도자가 서로 다른 경우에는 양도자에게 사실상 배분될 개발부담금상당액을 말함)

⑤ 「재건축초과이익 환수에 관한 법률」에 따른 재건축부담금(재건축부담금의 납부의무자와 양도자가 서로 다른 경우에는 양도자에게 사실상 배분될 재건축부담금상당액을 말함)

⑥ 기타 토지소유자가 부담한 수익자부담금 등 위에 준하는 비용[5]

2) 양도비용

자산을 양도하기 직접 지출한 비용으로서 세금계산서 등 증명서류를 수취·보관하거나 실제 지출사실이 금융거래 증명서류에 의하여 확인되어야 한다(소령 163 ⑤).

① 자산을 양도하기 위하여 직접 지출한 비용으로서 다음의 비용

---

5) 소득세법 시행규칙 79조

1. 「하천법」·「댐건설 및 주변지역지원 등에 관한 법률」 그 밖의 법률에 따라 시행하는 사업으로 인하여 해당 사업구역 내의 토지소유자가 부담한 수익자부담금 등의 사업비용
2. 토지이용의 편의를 위하여 지출한 장애철거비용
3. 토지이용의 편의를 위하여 해당 토지 또는 해당 토지에 인접한 타인 소유의 토지에 도로를 신설한 경우의 그 시설비
4. 토지이용의 편의를 위하여 해당 토지에 도로를 신설하여 국가 또는 지방자치단체에 이를 무상으로 공여한 경우의 그 도로로 된 토지의 취득당시 가액
5. 사방사업에 소요된 비용
6. 제1호 내지 제5호의 비용과 유사한 비용

가. 「증권거래세법」에 따라 납부한 증권거래세

나. 양도소득세과세표준 신고서 작성비용 및 계약서 작성비용

다. 공증비용, 인지대 및 소개비

라. 매매계약에 따른 인도의무를 이행하기 위하여 양도자가 지출하는 명도비용

마. 위와 유사한 비용으로서 기획재정부령[6]으로 정하는 비용

② 토지 또는 건물을 취득함에 있어서 법령 등의 규정에 따라 매입한 국민주택채권 및 토지개발채권을 만기 전에 양도함으로써 발생하는 매각차손

(2) 취득가액을 매매사례가액, 감정가액, 환산가액, 기준시가로 계산하는 경우

1) 필요경비 개산공제액

취득가액을 취득당시의 매매사례가액, 감정가액, 환산가액, 기준시가로 하는 경우 필요경비는 실제 지출한 금액이 아니라 취득시점의 기준시가에 일정금액을 곱하여 계산한 금액을 기타필요경비로 한다.

2) 개산공제율

필요경비는 자산별로 다음과 같이 산정한다(소령 163 ③).

구 분	등기자산	미등기자산
토지·건물	취득 당시 기준시가×3%	0.3%
개별주택, 공동주택, 상업용건물, 오피스텔	취득 당시 국세청장 고시가액×3%	0.3%
지상권·전세권·등기된 부동산임차권	취득 당시 기준시가×7%	미등기자산제외
기타의 자산[7]	취득 당시 기준시가×1%	해당없음

6) 주식등을 양도하기 위해 직접 지출한 비용으로서 다음 각 호의 비용을 말한다(소칙 79 ②).
1. 「자본시장과 금융투자업에 관한 법률」에 따른 수수료로서 다음 어느 하나에 해당하는 비용
가. 위탁매매수수료
나. 「자본시장과 금융투자업에 관한 법률」에 따른 투자일임업을 영위하는 같은 법의 투자중개업자가 투자중개업무와 투자일임업무를 결합한 자산관리계좌를 운용해 부과하는 투자일임수수료 중 다음의 요건을 모두 갖춘 위탁매매수수료에 상당하는 비용
1) 전체 투자일임수수료를 초과하지 않을 것
2) 주식등을 온라인으로 직접 거래하는 경우에 부과하는 위탁매매수수료를 초과하지 않을 것
3) 부과기준이 약관 및 계약서에 적혀 있을 것
2. 농어촌특별세

7) 부동산을 취득할 수 있는 권리, 주식 또는 출자지분, 기타자산.

제5절 기준시가

1. 기준시가의 개념

기준시가란 토지 건물 등의 개별 자산에 대하여 정부가 획일적으로 그 가액을 결정한 과세기준이 되는 금액을 말한다.

2. 자산별 기준시가

각 부동산에 대한 기준시가는 아래와 같다(소법 99 ①).

(1) 토지: 개별공시지가

토지의 기준시가는 양도일 또는 취득일 현재 결정 공시되어 있는 '부동산가격공시및감정평가에관한법률'에 의한 개별공시지가로 한다. 다만 각종 개발 사업 등으로 지가급등의 우려가 있는 지역으로서 국세청장이 지정한 지정지역의 기준시가는 개별공시지가에 국세청장이 고시한 지역별배율을 곱하여 계산한 금액을 기준시가로 한다(소법 99 ① 1). 매년 1월1일을 기준으로 당해연도 5. 31일에 각 지번의 ㎡당 가격을 공시[8]한다. 따라서 새로운 공시지가가 공시되기 전까지는 종전 공시지가, 공시된 이후에는 새로운 공시지가를 적용해야 한다.

(2) 건물: 국세청장이 고시한 방법으로 평가한 가액

건물의 신축가격, 구조, 용도, 위치, 신축연도 등을 고려하여 매년 1회 이상 국세청장이 산정·고시하는 가액을 말한다(소법 99 ① 2).

(3) 오피스텔 및 상업용건물: 국세청장이 토지 건물을 일괄하여 평가 고시한 가액

건물에 딸린 토지를 공유로 하고 건물을 구분 소유하는 것으로서 건물의 용도 면적 및 구분 소유하는 건물의 수 등을 감안하여 서울, 6대광역시, 경기도 지역안의 오피스텔 및 상업용 건물에 대하여 건물의 종류, 규모, 거래 상황 등을 참조하여 매년 1회 이상 국세청장이 토지와 건물을 일괄하여 산정 고시하는 가액을 말한다(소법 99 ① 3).

(4) 주택: 국토해양부장관이 토지와 건물을 일괄하여 평가 고시한 개별주택가액 및 공동주택가액

「부동산 가격공시에 관한 법률」에 따른 개별주택가격 및 공동주택가격을 주택의 기준

8) 공시일은 2005년 이후 매년 5.31일 공시되었음.

시가로 한다. 다만, 공동주택가격의 경우에 국세청장이 결정·고시한 공동주택가격이 있을 때에는 그 가격에 따르고, 개별주택가격 및 공동주택가격이 없는 주택의 가격은 납세지 관할 세무서장이 인근 유사주택의 개별주택가격 및 공동주택가격을 고려하여 평가한 금액으로 한다(소법 99 ① 4).

(5) 부동산에 관한 권리

① 부동산을 취득할 수 있는 권리

취득일 또는 양도일까지 납입한 금액과 취득일 또는 양도일 현재의 프리미엄에 상당하는 금액을 합한 금액을 말한다(소법 165 ①).

② 지상권·전세권 및 등기된 부동산임차권

지상권의 가액은 지상권이 설정되어 있는 토지의 가액에 2%의 율을 곱하여 계산한 금액을 해당 지상권의 잔존연수를 감안하여 환산한 가액으로 한다(소령 165 ②, 상증령 51 ①).

(6) 주 식

① 상장주식

상장주식은 유가증권시장, 코스닥시장 또는 코넥스시장에 주권을 상장한 법인이 발행한 주식을 말한다(소령 165 ③). 상장주식의 기준시가는 양도일·취득일(공휴일 등 대통령령으로 정하는 매매가 없는 날인 경우에는 그 전일을 기준으로 한다) 이전·이후 각 1개월 동안 공표된 매일의 거래소 최종 시세가액(거래실적 유무를 따지지 아니한다)의 평균액을 말한다(소법 99 ① 3). 다만 코스닥시장 및 코넥스시장에 주권을 상장한 법인의 경우 평가기준일 전후 2개월 이내에 거래소가 정하는 기준에 따라 매매거래가 정지되거나 관리종목으로 지정된 기간의 일부 또는 전부가 포함되는 주식 등은 비상장주식 평가방법을 준용하여 평가한다.

② 비상장주식

가. 평가대상

코스닥시장 및 코넥스시장 상장법인의 주식 중 매매거래가 중지되었거나 관리종목으로 지정된 경우 및 비상장주식의 평가는 「상속세 및 증여세법」의 비상장주식 평가방법을 준용하여 평가한 가액을 기준시가로 한다. 장부 분실 등으로 취득당시의 기준시가를 확인할 수 없는 경우에는 액면가액을 취득 당시의 기준시가로 한다.

나. 평가방법

1주당 가액의 평가는 순손익가치와 순자산가치를 각각 3과 2의 비율(부동산과다보유법인[9])의 경우에는 순손익가치와 순자산가치의 비율을 각각 2와 3으로 한다)로 가중평균한 가액으로 한다. 다만, 그 가중평균한 가액이 1주당 순자산가치에 100분의 80을 곱한 금액보다 적은 경우에는 1주당 순자산가치에 100분의 80을 곱한 금액을 평가액으로 한다(소법 99 ① 4).

$$순손익가치 = \frac{직전\ 사업연도의\ 1주당\ 순손익}{고시\ 이자율(100\%)}$$

$$순자산가치 = \frac{직전\ 사업연도\ 종료일\ 현재\ 해당\ 법인의\ 장부가액\ (토지의\ 경우는\ 공시지가)}{발행주식총수}$$

> 1주당 평가액＝MAX(①,②)
>
> ① 일반법인의 1주당 가액 $= \frac{1주당\ 순손익가치 \times 3 + (1주당\ 순자산가치 \times 2)}{5}$
>
> ② 1주당순자산가치 × 80%

다. 최대주주에 대한 할증평가

소득세법에 의해 주식등을 기준시가로 평가할 때 최대주주 등에 대한 할증평가는 적용하지 않는다.

예제 5-1

다음은 거주자 김대구 씨가 양도한 주식과 관련된 자료이다. 다음 자료를 이용하는 경우 김대구 씨의 소득세법에 따른 주식가액을 계산한다.

(1) 비상장법인인 (주)세무의 주식 5,000주(주당 액면가액 5,000원)를 양도하였으며 양도일은 2020년 3월2일이다.

(2) 양도일 직전 사업연도 종료일 현재 (주)세무의 장부상 자산은 30억원이고 세무상 부채는 20억원이다. (주)세무의 총발생주식수는 설립이후 계속 100,000주로 유지되고 있고 (주)세무는 부동산 과다보유법인이 아니다.

(3) 양도일 직전 사업연도의 주(세무)의 순이익은 120,000,000원이다.
1주당 순손익가치 계산시 적용되는 국세청장 고시이자율은 10%이다.

(4) 위 주식의 취득일은 1997년 5월 15일이며 취득시점의 ㈜세무의 장부는 화재 등을 분실되어 확인할 수 없다.

위 자료를 이용하는 경우에 K씨가 양도한 (주)세무의 주식의 양도시점과 취득시점의 주당 기준시가는 각각 얼마인가?

---

9) 특정주식에 해당하는 법인 즉, 해당 법인의 자산총액 중 토지·건물 및 부동산에 관한 권리를 합한 자산가액이 50% 이상인 법인을 말한다.

풀이

1. 순손익가치

가. 1주당 순손익: $\frac{120,000,000}{100,000} = 1,200$

나. 순손익가치: $\frac{1,200}{0.1} = 12,000$

2. 순자산가치

순자산가치: $\frac{1,000,000,000}{100,000,000} = 10,000$

3. 양도시점의 주당 기준시가 Max(①, ②)

① $\frac{(12,000 \times 3 + 10,000 \times 2)}{5} = 11,200$

② $10,000 \times 80\% = 8,000$

4. 취득시점의 주당 기준시가
5,000(장부분실에 의해 취득당시의 기준시가를 확인할 수 없는 경우이므로 액면가액을 취득당시의 기준시가로 함)

사례연구 5-1 소급감정가액[10)]

1. 요 약

청구인이 제시한 감정평가액은 상속개시일인 20◇◇.◇◇.◇◇.로부터 6개월 이상 지난 20◎◎.◎.◎◎. 2개 감정평가법인이 소급하여 작성한 감정가액평가서의 감정가액이어서 이를 시가로 인정하기 어렵다 할 것이므로 청구인이 제시한 소급감정가액을 쟁점주택의 시가(취득가액)로 인정하여 달라는 청구주장을 받아들이기 어려운 것으로 판단됨.

2. 사실관계

가. 청구인은 2016. ○○○ 상속을 원인으로 ○○○ 토지 및 다가구주택(이하 "쟁점주택"이라 한다)을 ○○○과 함께 취득(소유지분은 2분의 1로 동일함)하였다가 2018. ○○○ 매매로 이를 양도하면서 양도가액 ○○○원, 취득가액 ○○○원(기준시가), 산출세액 ○○○원으로 하여 양도소득세 예정신고·납부를 하였다(상속세는 무신고함).

---

10) 조심 2019소3321에서 발췌함.

나. 청구인은 이후 2018. ○○○ 감정평가기관(주식회사 ○○○ 및 주식회사 ○○○)에 쟁점주택의 감정가액을 의뢰하여 평가기준일을 상속일(2016. ○○○)로 한 감정가액(소급감정가액)을 통보받았고, 2018. ○○○ 처분청에 위 소급감정가액을 취득가액으로 인정하여 달라는 취지로 경정청구서를 제출하였다. 처분청은 이에 대하여 ○○○거부통지를 하였고, 청구인이 2019. ○○○ 다시 동일한 취지로 경정청구서를 제출하자 처분청은 ○○○경정청구를 각하한다는 내용의 거부통지를 하였다.

3. 쟁 점

청구인이 제시한 소급감정가액을 시가로 인정할 것인지 여부

4. 판 단

청구인은 소급감정가액이 시가로 인정되지 않는다는 「상속세법 기본통칙」은 구속력이 없으므로 청구인이 제시한 소급감정가액을 쟁점주택의 시가(취득가액)로 인정하여야 한다고 주장한다. 그러나, 상증법 제60조 제1항에서 상속세가 부과되는 재산의 가액은 상속개시일 현재의 시가에 따르도록 규정하고 있고, 같은 법 시행령 제49조 제1항 제2호에서는 평가기준일 전후 6개월 이내의 기간 중 2이상의 감정기관이 평가한 감정가액이 있는 경우 그 감정가액의 평균액을 시가로 보도록 규정하고 있는바, 청구인이 제시한 감정평가액은 상속개시일인 2016. ○○○로부터 6개월 이상 지난 2018. ○○○ 2개 감정평가법인이 소급하여 작성한 감정가액평가서의 감정가액이어서 이를 시가로 인정하기 어렵다 할 것이므로 청구인이 제시한 소급감정가액을 쟁점주택의 시가(취득가액)로 인정하여 달라는 청구주장을 받아들이기 어려운 것으로 판단된다.

사례연구 5-2 아파트 취득시 분양권 프리미엄의 필요경비 인정[11)]

1. 요 약

□□□이 쟁점분양권을 ◇◇◇로부터 취득한 후, 청구인이 분양권을 승계할 시점까지 □□□과 청구인 간의 금융거래가 명확히 소명되지는 않는 점 등에 비추어 청구인이 쟁점프리미엄 전액을 지급한 것으로 인정하기 어려운 반면, 청구인이 ▲▲▲백만원 상당을 □□□에게 지급한 사실이 금융거래내역으로 확인되는 점 등에 비추어 청구인이 주장하는 ●●●백만원 중 ◎◎◎백만원은 분양권 프리미엄으로 실제 지급한 것으로 인정된다 하겠으므로 청구인이 □□□에게 지급한 것으로 인정되는 분양권 프리미엄 ◎◎◎백만원을 필요경비에 산입하여 과세표준 및 세액을 경정하는 것이 타당하다고 판단됨.

2. 사실관계

(1) 쟁점아파트의 등기사항전부증명서에 의하면, 2009. 3. 25. ○○○가 소유권보존등기를 하였고, 2009. 5. 29. 매매를 사유로 청구인에게 소유권이전등기 되었으며, 거래가액은 ○○○으로 기재되어 있다.

---

11) 조심 2019서0273에서 발췌함.

(2) 2009. 5. 20. ○○○와 ○○○, 청구인 간에 작성된 '주택분양계약서' 및 '권리의무승계서약서'에 의하면, 분양자인 ○○○와 분양받는 자인 ○○○가 다음과 같은 분양계약을 체결하였고, 청구인이 ○○○의 분양계약에 의한 권리의무를 승계한 것으로 나타난다.

(3) 청구인은 2017. 9. 14. 쟁점아파트를 양도하면서 프리미엄은 없는 것으로 양도소득세를 신고하였다가, 2018. 7. 5. 쟁점프리미엄을 지급하였으므로 이를 필요경비로 인정해 달라며 경정청구를 제기하였다.

(4) 청구인이 쟁점아파트 취득시 쟁점프리미엄 ○○○원을 ○○○에게 지급하였다며 양도 ①·②거래 매매계약서, ○○○의 각서, 청구인과 ○○○ 간의 내용증명, 양도 ②거래의 금융거래내역, 양도 ③거래의 금융거래내역, 쟁점아파트 전세계약서 등을 제출하였다.

청구인은 쟁점아파트 담보대출금과 입주시 전세보증금을 수령하여 쟁점아파트 분양대금을 지급한 후, 그 차액을 ○○○에게 지급하였고, 그 외 청구인이 ○○○ 및 배우자 ○○○에게 계좌이체를 하였으며, 약간의 차액은 전세금 증액분을 통하여 차후 정산하였다며 관련 자료를 제출하였다.

청구인이 제출한 쟁점아파트 전세계약서에 의하면, 해당 계약서는 2011. 7. 15. 작성된 것으로, 당초 전세금 ○○○원에서 ○○○원이 증액된 연장계약서이고, 증액된 보증금은 ○○○의 계좌로 입금한다는 내역이 기재되어 있다.

한편, 청구인의 ○○○에 의하면, ○○○이 2009. 8. 7. ○○○원, 2009. 8. 17. ○○○원이 입금된 것으로 나타난다.

(5) 청구인의 언니인 ○○○은 2019.7.2. 개최된 조세심판관회의에 출석하여 본인이 쟁점아파트의 거래대금을 지급할 당시 다른 분양권을 취득한 상태로, 2개의 주택을 취득하기에 경제적으로 부담이 컸고, 청구인이 한국에 귀국할 때를 대비한 주택이 필요하다고 하여 상호합의하에 쟁점아파트를 청구인이 매수하였다는 취지의 진술을 하였으며, 2009.3.24. 청구인이 본인에게 ○○○원을 지급하였다는 금융거래증빙○○○을 추가로 제출하였다.

(가) 청구인은 주민등록등·초본상 '현지이주자'로 되어 있고, 현재 미국에 거주중인 것으로 파악되며, 출입국 내역은 다음과 같다.

위 내역을 보면, 청구인은 쟁점분양권 권리의무승계일(2009.5.20.), 내용증명우편 발송일(2009.6.9.), 쟁점아파트 양도일(2017.9.14.)에 모두 국외에 거주하였던 것으로 나타나고, 이에 대해 청구인은 외국에 거주하는 청구인을 대리하여 대출의 진행과 전세금의 처리 등을 모두 ○○○이 진행하였다고 주장하였다.

(나) 처분청의 국세통합전산망에 의하면, ○○○는 2003.11.1.부터 2005.4.30.까지 ○○○에서 음향기기, 카메라 등의 도소매업을 영위한 것 외에는 달리 사업자등록을 한 이력이 없는 것으로 나타나고, ○○○는 2009.5.20. 쟁점분양권을 청구인에게 프리미엄 ○○○원을 받고 양도한 것으로 양도소득세를 신고한 것으로 나타난다.

3. 쟁 점

아파트 취득시 분양권 프리미엄으로 ○○○원을 지급하였으므로 양도소득 계산시 이를 필요경비로 인정해야 한다는 청구주장이 정당한가?

4. 판 단

(가) 처분청은 쟁점프리미엄을 지급하였다는 청구주장을 신뢰하기 어렵다며 쟁점프리미엄 전액을 필요

경비로 인정하지 아니하였으나, 청구인은 ○○○의 쟁점아파트 분양계약에 관한 권리의무를 승계하여 쟁점아파트의 소유권이전등기를 한 점, ○○○와 ○○○, ○○○ 간에 작성된 매매계약서 및 청구인과 ○○○ 간의 내용증명을 통해 쟁점분양권이 ○○○, ○○○, ○○○을 거쳐 양도된 사실이 확인되는 점, 쟁점아파트를 분양받은 ○○○가 내용증명을 통해 쟁점분양권을 ○○○에게 ○○○원에 양도하였다고 주장하는 점 등에 비추어 청구인은 쟁점분양권을 ○○○원 이상의 프리미엄을 지급하고 취득하였을 것으로 보인다.

(나) 다만, 청구인은 ○○○와 ○○○ 간에 작성된 매매계약서와 금융거래증빙을 제출하였으나, 계약서에 기재된 지급일자 및 금액이 금융증빙과 정확히 일치하지 아니하고, 해당 기간 중 ○○○과 ○○○ 간에 다른 금전거래도 있었던 것으로 나타나는 점, ○○○이 쟁점분양권을 ○○○로부터 취득한 후, 청구인이 ○○○로부터 분양권을 승계할 시점까지 ○○○과 청구인간의 금융거래가 명확히 소명되지는 않는 점 등에 비추어 청구인이 쟁점프리미엄 전액을 지급한 것으로 인정하기 어려운 반면, 청구인이 ○○○에게 2009.3.24., 2009.7.22.~2009.8.18. 기간 동안 ○○○원 상당을 계좌이체하였고, 2011.8.6. 쟁점아파트의 증액보증금 ○○○원을 ○○○의 계좌로 입금하도록 하여 청구인이 ○○○원 상당을 ○○○에게 지급한 사실이 금융거래내역으로 확인되는 점, 청구인이 ○○○에게 발송한 내용증명상에서 쟁점분양권을 ○○○원에 매수하여 그 금액으로 부동산거래금액을 수정하겠다고 주장한 점 등에 비추어 청구인이 주장하는 ○○○원 중 ○○○원은 분양권 프리미엄으로 실제 지급한 것으로 인정된다 하겠다.

(다) 따라서 청구인이 ○○○에게 지급한 것으로 인정되는 분양권 프리미엄 ○○○원을 필요경비에 산입하여 과세표준 및 세액을 경정하는 것이 타당하다고 판단된다.

사례연구 5-3 중개수수료의 필요경비 인정[12)]

1. 요 약

청구인은 쟁점금액의 지급에 대한 당시 정황들만 구두 진술할 뿐, 지출액과 관련된 수수료 계약서 및 영수증 등 객관적인 증빙 제출이 없는 점 등에 비추어 중개수수료로 지급한 쟁점금액을 쟁점부동산의 필요경비로 인정해 달라는 청구주장을 받아들이기 어렵다고 판단되나, 쟁점금액 중 **백만원은 ○○○ 계좌로 입금하였고, ○○○은 청구인이 중개수수료를 지급하였다고 주장하는 부동산의 대표자의 모친으로 확인되므로 이 금액을 필요경비로 인정하여 그 과세표준 및 세액을 경정함이 타당함.

2. 사실관계

(1) 쟁점부동산 매매계약서는 ○○○ 구역 내 도시환경정비사업 추진 예정자인 ○○○와의 쌍방합의 계약서로, 작성일은 2009. 10. 28.이고, 잔금청산일은 2015. 3. 4.이며, 등기이전일은 2015.3.18.이다.

(2) 처분청은 양도소득세 조사과정에서 금융거래 확인을 통해 쟁점금액 중 2014. 6. 25. 및 2015. 4. 21. 2회 합계 ○○○원이 ○○○ 계좌로 입금된 사실을 확인하였고, 청구인이 제출한 중개업자의 현재 사업장소재지 정보를 근거로 국세통합전산망을 통해 ○○○ 소재 ○○○이며, 그 대표자인 ○○○의 모

12) 조심 2019서3022에서 발췌함.

친이 ○○○임을 확인하였다.

(3) 2009.11.10. ○○○원의 출금 거래는 금융기관의 거래정보 보관기간 경과 건으로 처분청에서 금융 확인을 통해서도 대체출금된 사실 이외에는 거래 상대방의 정보 등의 조회가 불가하여 출금액에 대한 귀속이 확인되지 아니하였다.

3. 쟁 점

쟁점부동산의 중개수수료로 주장하는 쟁점금액을 필요경비로 인정할 수 있는지 여부

4. 판 단

○○○는 처분청과의 전화통화에서 쟁점부동산 매매에 관여는 하였으나, 쟁점부동산 매매계약서가 쌍방합의 계약서로 작성된 것으로 본인은 부동산중개를 한 것이 아니라고 하였고, 청구인으로부터 받은 금액이 얼마인지, 그에 대한 구체적인 사용처는 기억이 나지 않는다고 하고 진술하여 쟁점금액의 수수사실을 부인하고 있는 점, 청구인은 부동산 중개인이 인근의 다른 토지보다 높은 금액으로 거래를 성사시킨 대가로 리베이트 명목의 비용을 요구하여 2009.11.10. 쟁점금액 중 ○○○원을 수표로 지급하였다고 하나, 청구인은 쟁점부동산이 인근 토지보다 구체적으로 어느 정도 높은 금액의 매매거래인지 또는 당초 매매예상금액에서 얼마가 인상되어 그 대가로 지급했다는 근거가 없고, 금융거래 정보 조회가 불가능하여 그 귀속이 확인되지 않으며, 고가에 거래를 성사시키기 위한 보상이라고 한다면 쟁점부동산이 양도 완료된 이후 지급하여야 할 것임에도 거액을 선지급하였다는 것은 사회통념상 이해하기 어려운 점, 청구인은 쟁점금액의 지급에 대한 당시 정황들만 구두 진술할 뿐, 지출액과 관련된 수수료 계약서 및 영수증 등 객관적인 증빙 제출이 없는 점 등에 비추어 중개수수료로 지급한 쟁점금액을 쟁점부동산의 필요경비로 인정해 달라는 청구주장을 받아들이기 어렵다고 판단된다.

다만, 청구인은 2014. 6. 25. 및 2015. 4. 21. 2회에 걸쳐 쟁점금액 중 ○○○원을 ○○○ 계좌로 입금하였고, ○○○은 청구인이 중개수수료를 지급하였다고 주장하는 ○○○의 대표자인 ○○○의 모친으로 확인되었는바, 쟁점금액 중 ○○○원은 청구인이 쟁점부동산의 중개수수료로 지급하였다고 봄이 합리적이라고 보이므로 이를 필요경비로 인정하는 것이 타당하다고 판단된다.

연습문제

01 거주자 갑의 양도소득세 계산에 관한 설명이다. 옳지 않은 것은? (각 지문은 독립적인 상황이다)

2019 CPA 1차

	토지 X	토지 Y
거래가액	15억원	6억원
시　가	8억원	10억원

① 거주자 갑이 임원으로 근무하는 영리내국법인 ㈜A에 토지 X를 처분하고 ㈜A는 부당행위계산부인 규정에 따라 7억원을 거주자 갑에게 상여 처분하였다면, 해당 토지의 양도소득 계산시 적용할 양도가액은 15억원이다.

② 거주자 갑이 특수관계가 없는 개인인 거주자 을에게 토지 X를 처분하고 거주자 갑에게 증여재산가액 4억원에 대한 증여세가 과세되었다면, 해당 토지의 양도소득 계산시 적용할 양도가액은 11억원이다.

③ 거주자 갑이 임원으로 근무하는 영리내국법인 ㈜B로부터 토지 Y를 취득하고 취득 당시 ㈜B가 부당행위계산부인 규정에 따라 4억원을 거주자 갑에게 상여 처분하였다면, 이후 해당 토지의 양도소득 계산시적용할 취득가액은 10억원이다.

④ 거주자 갑이 특수관계가 없는 개인인 거주자 을로부터 토지 Y를 취득하고 취득 당시 거주자 갑에게 증여재산가액 1억원에 대한 증여세가 과세되었다면, 이후 해당 토지의 양도소득 계산시 적용할 취득가액은 7억원이다.

⑤ 거주자 갑이 4촌인 거주자 병에게 토지 Y를 양도한 경우, 양도소득 계산시 적용할 양도가액은 10억원이다.

02 「소득세법」상 양도소득금액의 계산에서 양도가액과 취득가액에 관한 설명으로 옳지 않은 것은? (다툼이 있으면 판례에 따름)

2017 세무사 1차

① 양도소득세 과세대상이 되는 거래가 단순한 교환인 경우는 실지거래가액을 확인할 수 없는 경우에 해당한다.

② 「법인세법」에 따른 특수관계인에 해당하는 법인 외의 자에게 부동산을 시가보다 높은 가격으로 양도하는 경우로서 「상속세 및 증여세법」에 따라 해당 거주자의 증여재산가액으로 하는 금액이 있는 경우 그 부동산의 시가를 실지양도가액으로 본다.

③ 취득일로부터 3년이 지난 후에 취득 당시로 소급하여 한 감정에 의하여 평가한가액은 취득 당시의 실지거래가액을 대체할 수 있는 감정가액에 해당하지 않는다.

④ 「법인세법」에 따른 특수관계인으로부터 부동산을 취득한 경우 거주자의 상여로 처분된 금액이 있으면 그 상여로 처분된 금액을 취득가액에 더한다.

⑤ 양도차익 계산시 양도가액을 매매사례가액으로 하는 경우 취득가액을 실지거래가액에 따를 수 있다.

03 거주자 甲은 배우자인 거주자 乙이 2007. 3. 1.에 300,000,000원에 취득한 토지를 2013. 4. 1.에 乙로부터 증여(증여 당시 시가 700,000,000원) 받아 소유권이전등기를 마쳤다. 이후 甲은 2017. 6. 1.에 토지를 甲또는 乙과 특수관계 없는 거주자 丙에게 1,000,000,000원에 양도하였다. 甲또는 乙의 양도소득 납세의무에 관한 설명으로 옳은 것은? (단, 양도소득은 실질적으로甲에게 귀속되지 아니하고, 토지는 법령상 협의매수 또는 수용된 적이 없으며, 양도 당시 甲과 乙은 혼인관계를 유지하고 있음) 2017 세무사 1차

① 토지의 양도차익 계산시 양도가액에서 공제할 취득가액은 700,000,000원이다.

② 토지의 양도차익 계산시 취득시기는 2007.3.1. 이다.

③ 토지의 양도차익 계산시 甲의 증여세 산출세액은 양도가액에서 공제할 수 없다.

④ 甲과 乙은 연대하여 토지의 양도소득세 납세의무를 진다.

⑤ 토지의 양도소득세 납세의무자는 乙이다.

04 거주자 갑은 2015년 6월 5일에 국내 토지를 시가 800,000,000원에 취득하고 즉시 등기를 하였다. 이후 갑은 A은행에서 해당 토지를 담보로 300,000,000원을 차입하였다. 2018년 9월 8일에 거주자 을(갑과 특수관계 없음)은 A은행 차입금 300,000,000원을 인수하는 조건으로 갑으로부터 해당 토지를 증여받았다. 다음의 추가적인 자료를 바탕으로 갑의 2018년 양도소득금액을 계산한 것으로 옳은 것은? 2018 CPA 1차

(1) 갑의 증여당시 토지의 시가: 1,500,000,000원
(2) 토지와 관련한 자본적 지출액: 24,000,000원(적격 증명서류수취·보관함)
(3) 장기보유특별공제율: 10%
(4) 2018년 갑의 양도소득 과세거래는 상기 토지 외에는 없었다.
(5) 을의 차입금 인수사실은 객관적으로 입증되고 을이 차입금 및 이자를 상환할 능력이 있다고 가정한다.

① 42,500,000원 ② 114,500,000원 ③ 116,500,000원
④ 119,180,000원 ⑤ 121,680,000원

05 **소득세법령상 거주자의 국내자산 양도에 따른 양도차익을 계산할 때 양도가액과 취득가액에 대한 설명으로 옳지 않은 것은?** 2017 7급

① 양도소득세 과세대상자산을 법인세법에 따른 특수관계인(외국법인 포함)으로부터 취득한 경우로서 법인세법에 따라 거주자의 상여·배당 등으로 처분된 금액이 있으면 그 상여·배당 등으로 처분된 금액을 취득가액에 더한다.

② 양도차익을 계산할 때 양도가액을 기준시가에 따를 때에는 취득가액도 기준시가에 따른다.

③ 특수관계법인 외의 자에게 양도소득세 과세대상자산을 시가보다 높은 가격으로 양도한 경우로서 상속세 및 증여세법에 따라 해당 거주자의 증여재산가액으로 하는 금액이 있는 경우에는 그 양도가액에 증여재산가액을 더한 금액을 양도당시의 실지거래가액으로 본다.

④ 벤처기업 외의 법인으로부터 부여받은 주식매수선택권을 행사하여 취득한 주식을 양도하는 때에는 주식매수선택권을 행사하는 당시의 시가를 소득세법 제97조 제1항 제1호의 규정에 의한 취득가액으로 한다.

정답 01 ① 02 ② 03 ② 04 ① 05 ④

<절세전략> 주택에 대한 공시가격의 변동이 세금에 미치는 영향

오는 4월 30일은 아파트, 연립주택, 다세대 주택등과 같은 공동주택의 가격 공시일이다. 이러한 공동주택의 공시는 부동산세제 개편정책의 일환으로 적정가격을 공시함으로써 세금부과기준의 단일화 등을 위해 도입되었다. 공동주택의 조사 주체는 국토해양부이다. 같은 목적으로 토지의 경우에는 개별공시가, 단독주택은 단독주택공시가격이 지방자치단체에 의해 조사된다. 개별 및 공동주택의 공시가격과 토지의 개별공시지가는 종합부동산세와 재산세 등의 부과기준으로 쓰이고 있다. 만약 공시가격이 전년도보다 높게 결정되면 세금부담이 많아지고 전년도보다 낮게 결정된다면 세부담이 줄어든다.

2020년 1월 1일 기준 공동주택의 공시가격은 4월 30일 공시된다. 공시되기 전 3월 중 열람이 가능하며 공시이후에도 이의신청이 가능하다. 토지에 대한 개별공시지가는 매년 1월1일을 기준으로 5월 31일까지 결정 공시한다. 개별공시가격에 이의가 있는 소유자 및 이해관계를 가진 자는 공시일로부터 30일 이내에 서면으로 해당 시·군·구청장에게 이의신청을 할 수 있다.

개별주택과 공동주택가격은 매년 1월1일 현재의 가격을 조사하여 4월30일까지 결정 공시한다. 공시지가와 공시가격은 결정하기 전에 열람할 수 있으며 이의신청을 할 수 있다. 그러므로 특별한 사유없이 전년도에 비해 공시가격이 높아졌다면 이의신청을 통해 공시가격을 감액조정함으써 종합부동산세와 재산세 등의 세부담을 줄일 수 있으므로 미리 열람하는 것이 필요하다. 일반적으로 공시지가와 공시가격은 시세와 비교하여 70%~80%정도에서 결정되는 경우가 많으므로 시세보다 월등히 높게 책정되었다면 이의신청하여 감액조정할 필요가 있다. 또한 이웃의 주택이나 토지보다 공시지가 또는 공시가격과 비교하여 공시가격의 높게 또는 낮게 책정되었는지 확인하여야 할 것이다.

증여를 계획하고 있다면 개별공시지가. 단독 또는 공동주택공시가격으로 평가하여 증여세를 계산한다. 증여일 현재 고시되어 있는 공시지가를 적용하여 부동산 가액을 평가한다. 예를 들어 아파트를 자녀에게 증여한다면 공동주택가격이 공시되는 4월30일 이전에 증여한다면 전년도의 기준가격으로 평가한다. 그러나 당해연도의 공동주택가격이 공시된 4월 30일 이후에 증여한다면 당해연도의 공동주택공시가격으로 부동산을 평가할 것이다. 따라서 같은 해에 부동산을 증여하더라도 그 가격이 고시되기전 또는 고시된 후에 증여하느냐에 따라 부담하는 세금이 달라진다.

토지의 경우 개별공시지가를 결정고시하기 전인 5월초에 토지소재지 관할 시군구등에서 열람할 수 있으므로 그 가격을 예측할 수 있다. 기준시가는 매년 실제거래가액의 시세변동 등을 감안하여 결정되므로 시세가 전년도에 비하여 상승하였다면 당해연도의 기준시가가 상승할 가능성이 높다.

최근 부동산경기가 과열되고 정부정책방향이 부동산투기를 억제한다는 측면에서 공시지가의 상승가능성이 높다. 지금까지 개별공시지가 및 주택공시가격, 국세청기준시가는 매년 전년대비 높게 결정되어 왔다. 따라서 부동산을 증여하고자 하는 경우에는 부동산가격이 매우 하락하는 경우를 제외하고는 고시일 이전에 증여하는 것이 증여세를 줄일 수 있는 방법이 있을 것이다

부동산을 양도하는 경우 취득가액이 확인되지 않으면 양도당시의 기준시가와 취득당시의 기준시가를 비교, 환산하여 취득가액을 산정할 수 있다. 이 경우 양도당시의 기준시가가 높아지면 취득가액이 낮게 산정되므로 세부담이 높아진다. 따라서 열람을 통해 당해연도의 공시지가, 공시가격이 상승되었다면 새로운 가격이 공시되기 전에 양도하는 것이 세부담을 줄일 수 있을 것이다.

제 6 장 양도소득의 계산

제 1 절 양도소득의 의의

양도소득이란 양도차익에서 장기보유특별공제를 차감한 금액을 말한다. 자산의 양도차익은 양도가액에서 취득가액을 포함한 필요경비를 공제하여 계산한다. 양도소득의 계산은 실지거래가액에 의하는 경우와 기준시가에 의하는 방법이 있다. 자산의 양도차익을 계산할 때 양도가액을 실지거래가액으로 하면 취득가액도 실지거래가액에 의해 계산하며 양도가액을 기준시가로 하면 취득가액도 기준시가로 한다(소법 100 ①). 이를 계산식으로 나타내면 아래와 같다.

가. 실지거래가액에 의한 양도소득의 계산
양도차익＝실지양도가액－(실지취득가액＋설비비·개량비＋자본적 지출액＋양도비용)
양도소득＝양도차익－장기보유특별공제

나. 기준시가에 의한 양도소득의 계산
양도차익＝양도시 기준시가－(취득시 기준시가＋필요경비 개산공제)
양도소득＝양도차익－장기보유특별공제

제 2 절 특수한 경우

1. 고가주택의 양도소득

고가주택이란 실거래가액이 9억원을 초과하는 주택을 말한다. 1세대 1주택으로서 고가

주택(부수토지 포함)인 경우에는 양도가액 중 9억원에 상당하는 양도차익은 과세하지 아니하나 9억원을 초과하는 양도차익에서 장기보유특별공제액을 차감한 양도소득금액에 대하여 과세한다.

고가주택의 양도소득금액＝고가주택 양도차익－고가주택 장기보유특별공제

구 분	내 용
고가주택 양도차익	양도자산 전체의 양도차익×$\frac{\text{양도가액}-\text{9억원}}{\text{양도가액}}$
－고가주택 장기보유특별공제	고가주택 양도차익 × 장기보유특별공제율
＝고가주택 양도소득금액	

예제 6-1 고가주택의 양도소득금액

거주자 김대구가 다음과 같이 주택을 양도한 경우 양도소득금액을 계산하라.

(1) 양도일: 2020. 2. 7 취득일: 2003. 5. 7
(2) 양도 당시 실지거래가액: 1,200,000,000
(3) 취득 당시 실지거래가액: 800,000,000
(4) 기타 양도비용 및 자본적 지출액: 40,000,000
(5) 주거전용면적 50평인 아파트로, 2년 이상 거주한 1세대 1주택(등기를 필함)에 해당함
(6) 장기보유특별공제율(1세대 1주택) 80%

풀이

항 목	전체 양도차익	고가주택양도차익
양도가액	1,200,000,000	
취득가액	800,000,000	
필요경비	40,000,000	
양도차익	360,000,000	90,000,000
장기보유특별공제액		72,000,000
양도소득금액		18,000,000

2. 부담부 증여

자산을 증여하면서 당해 증여자산에 담보된 증여자의 채무를 수증자가 인수하는 경우 증여가액 중 그 채무액에 상당하는 부분은 유상으로 이전된 것으로 보고 양도소득세를 과

세하며 채무를 제외한 나머지 부분은 증여세를 내야 한다.

이 경우 증여자는 수증자의 채무인수액에 대하여 양도소득세를 납부하여야 하며 수증자는 증여재산가액에서 채무인수액을 차감한 금액에 대하여 증여세를 납부하여야 한다.

(1) 양도가액

양도가액=양도당시 자산가액×(유상대가로 보는 채무액/증여자산가액)

양도당시의 자산가액은 상속증여세법에 따라 평가한 가액을 말하면 증여자산가액과 동일한 금액이다.

(2) 취득가액

취득가액=취득당시 자산가액×(유상대가로 보는 채무액/증여자산가액)

취득당시의 자산가액은 취득당시의 실거래가액을 말한다. 양도가액이 상속증여세법의 보충적 평가방법에 따라 기준시가로 산정한 경우, 취득가액도 기준시가로 산정한다.

(3) 증여자산가액

상속세법 및 증여세법 제60조 내지 제66조에 의하여 평가한 증여재산의 평가액을 말한다.

예제 6-2 부담부 증여에 따른 양도차익과 증여세과세대상금액

거주자 홍길동은 자녀에게 아래와 같이 부동산을 증여하였다. 이 경우 양도차익과 증여세과세대상금액은 얼마인가?

가. 증여당시 자산가액: 3억

나. 수증자가 인수한 채무: 1억

다. 증여자산의 당초 취득 실지거래가액: 9천만원

풀이

① 양도차익

양도가액: 3억×(1억/3억)=1억

취득가액: 9천×(1억/3억)=3천만원

양도차익: 1억−3천만원=7천만원

② 증여세과세대상금액

3억−1억=2억

예제 6-3 부담부 증여

거주자 갑은 2009년 8월 토지를 취득함과 동시에 해당 토지를 담보로 은행으로부터 300,000,000을 차입하였다. 갑은 취득과 동시에 등기하였다. 2020년 9월 300,000,000의 차입금을 인수하는 조건으로 갑은 사촌인 을에게 해당 토지를 증여하였다. 다음 자료를 기초로 해당 증여로 인하여 갑에게 과세되는 양도소득세를 계산함에 있어서 양도차익을 계산하시오(단, 해당 차입금의 인수사실이 객관적으로 입증되고 을이 해당 차입금 및 이자를 상환할 능력이 있다고 가정한다). (단위: 원)

가. 취득당시 실거래가액	600,000,000
나. 증여 당시 해당 토지의 개별공시지가(증여가액)	1,000,000,000
다. 취득가액 이외의 필요경비	10,000,000

풀이

1. 양도가액

$$1{,}000{,}000{,}000 \times \frac{300{,}000{,}000}{1{,}000{,}000{,}000} = 300{,}000{,}000$$

2. 취득가액

$$600{,}000{,}000 \times \frac{300{,}000{,}000}{1{,}000{,}000{,}000} = 180{,}000{,}000$$

3. 필요경비

$$10{,}000{,}000 \times \frac{300{,}000{,}000}{1{,}000{,}000{,}000} = 3{,}000{,}000$$

4. 양도차익(1−2−3) 117,000,000

3. 특수관계자에게 증여 후 양도

(1) 개 요

거주자가 특수관계인에게 자산을 증여한 후 그 자산을 증여받은 자가 그 증여일로부터 5년[1]이내에 타인에게 양도한 경우로서 다음의 요건을 모두 갖춘 경우에는 증여자가 그 자산을 직접 양도한 것으로 본다. 다만 양도소득이 해당 수증자에게 실질적으로 귀속된 경우에는 그러하지 아니하다(소법 101 ②).

① 증여받은 자의 증여세와 양도소득세를 합한 세액이 증여자가 직접 양도하는 경우로 보아 계산한 양도소득세보다 적어야 한다.

② 양도소득이 최초 증여자에게 실질적으로 귀속되어야 한다.

1) 등기부에 기재된 소유기간에 따름.

(2) 증여세의 부과취소

증여 후 양도규정에 따라 증여자에게 양도소득세가 과세되는 경우에는 당초 증여받은 재산에 대해서는 증여세를 부과하지 않는다(소법 101 ②). 이미 수증자에게 증여세가 부과되었다면 부과를 취소하고 증여를 환급하여야 한다.

(3) 증여자와 수증자의 연대납부

증여자가 직접 양도한 것으로 보는 경우 그 양도소득세에 대해서는 증여자와 증여받은 자가 연대하여 납세의무를 진다.

4. 배우자·직계존비속으로 부터 증여받은 재산에 대한 이월과세

(1) 개 요

배우자, 직계존비속으로부터 증여받은 5년 이내의 토지, 건물, 특정시설물이용권, 부동산을 취득할 수 있는 권리의 양도시 취득가액은 해당 배우자 등의 취득 당시 취득가액으로 한다. 이 경우 증여세 상당액은 필요경비에 산입한다(소법 97의2 ①). 배우자·직계존비속간 증여받은 재산에 관한 이월과세가 적용되는 경우에는 특수관계자에게 증여 후 양도거래에 관한 규정을 적용하지 않는다.

(2) 납세의무자

이월과세를 적용할 때 납세의무자는 이월과세 대상 자산을 증여받은 배우자 또는 직계존비속이 되며 증여자와 수증자사이에 연대납세의무도 존재하지 않는다. 이는 특수관계자 증여 후 양도시 납세의무자는 당해 재산의 증여자로서 수증자에게 연대납세의무를 지우는 것과 차이가 있다.

(3) 취득가액과 필요경비

양도가액에서 공제할 필요경비 중 취득가액은 증여한 배우자, 직계존비속의 취득당시의 가액으로 한다. 그러나 기타 필요경비는 일반적인 기타필요경비 규정에 따른다.

(4) 이월과세와 특수관계자에게 증여후 양도거래의 비교

구 분	배우자간 증여받은 재산에 관한 이월과세	특수관계자에게 증여 후 양도거래
증여자와 수증자의 관계	배우자·직계존비속에 한함	배우자를 포함한 특수관계자
적용대상자산	토지·건물, 특정시설물이용권, 부동산을 취득할 수 있는 권리에 한함	모든 양도소득세 과세자산
수증일부터 양도일까지의 기간	증여일로부터 5년 이내	증여일로부터 5년 이내
납세의무자	수증받아 양도한 배우자·직계존비속	특수관계자에게 증여한 당초의 증여자
부당행위계산부인 (세부담의 부당감소)	조세부담의 부당한 감소가 없어도 적용함	조세부담의 부당한 감소가 있는 경우에만 적용함
당초 증여세의 처리	필요경비로 공제함	증여세 부과취소
연대납세의무	규정 없음	연대납세의무를 짐
보유기간계산	증여한 배우자·직계존비속의 취득일부터 양도일까지의 기간	증여자의 취득일부터 양도일까지의 기간

제 3 절 장기보유특별공제

양도소득은 양도가액에서 필요경비를 공제한 양도차익에서 장기보유특별공제를 차감하여 계산한다(소법 95 ①).

1. 개 요

장기보유특별공제는 보유기간이 3년 이상인 토지건물(미등기양도자산 제외) 및 조합원입주권(조합원으로부터 취득한 것은 제외)에 대하여 보유기간별로 일반적인 경우 6%~30%, 1세대 1주택인 경우 24%~80%를 곱하여 계산한다. 장기보유특별공제는 당해자산의 양도차익을 한도로 공제한다.

장기보유특별공제액＝양도차익×보유기간에 따른 공제율

2. 장기보유특별공제의 대상과 배제

장기보유특별공제 대상은 토지 및 건물로서 보유기간이 3년 이상인 것과 조합원입주권을 말한다. 미등기양도자산과 조정대상지역 내 주택과 조합원입주권으로서 1세대 2주택 이상인 경우 장기보유특별공제를 받을 수 없다[2]. 조합원입주권은 관리처분계획 인가 또는 사업시행계획인가 전 주택분 양도차익에 한정하여 적용한다. 조합원으로부터 취득한 조합원입주권은 장기보유특별공제를 받을 수 없다.

3. 보유기간

자산의 보유기간은 그 자산의 취득일부터 양도일까지로 한다(소법 95 ④). 양도일과 취득일은 소득세법의 양도시기와 취득시기를 의미한다. 상속받은 자산을 양도하는 경우에는 상속개시일[3]부터 기산한다. 증여받은 부동산은 증여등기접수일을 취득일로 본다. 특수관계자에게 증여후 양도하는 경우로서 부당행위에 해당하는 경우 당초 증여자의 취득일이 기산일이다. 배우자 등 이월과세적용할 경우 증여한 배우자 또는 직계존비속이 해당자산을 취득한 날[4]부터 기산한다. 가업상속공제가 적용된 비율에 해당하는 자산의 경우에는 피상속인이 해당 자산을 취득한 날부터 기산한다.

4. 장기보유특별공제율

보유기간	장기보유특별공제액	
	1세대 1주택*	1세대 1주택 이외
3년 이상 4년 미만	양도차익의 24%	양도차익의 6%
4년 이상 5년 미만	양도차익의 32%	양도차익의 8%
5년 이상 6년 미만	양도차익의 40%	양도차익의 10%
6년 이상 7년 미만	양도차익의 48%	양도차익의 12%

---

2) 미등기 자산 외 장기보유특별공제를 받을 수 없는 자산은 아래와 같다(소법 95 ②, 소법 104 ⑦).
1. 조정대상지역에 있는 주택으로서 대통령령으로 정하는 1세대 2주택에 해당하는 주택
2. 조정대상지역에 있는 주택으로서 1세대가 주택과 조합원입주권을 각각 1개씩 보유한 경우의 해당 주택. 다만, 대통령령으로 정하는 장기임대주택 등은 제외한다.
3. 조정대상지역에 있는 주택으로서 대통령령으로 정하는 1세대 3주택 이상에 해당하는 주택
4. 조정대상지역에 있는 주택으로서 1세대가 주택과 조합원입주권을 보유한 경우로서 그 수의 합이 3 이상인 경우 해당 주택. 다만, 대통령령으로 정하는 장기임대주택 등은 제외한다.

3) 상속받은 자산을 양도하였을 경우 세율을 적용하기 위해 보유기간을 계산할 때는 피상속인의 취득일로부터 기산한다.

4) 세율적용을 위해 보유기간을 계산할 때에도 증여한 배우자, 또는 직계존비속이 취득한 날부터 기산한다.

7년 이상 8년 미만	양도차익의 56%	양도차익의 14%
8년 이상 9년 미만	양도차익의 64%	양도차익의 16%
9년 이상 10년 미만	양도차익의 72%	양도차익의 18%
10년 이상 11년 미만	양도차익의 80%	양도차익의 20%
11년 이상 12년 미만		양도차익의 22%
12년 이상 13년 미만		양도차익의 24%
13년 이상 14년 미만		양도차익의 26%
14년 이상 15년 미만		양도차익의 28%
15년 이상		양도차익의 30%

* 1세대 1주택 중 고가주택이 이에 해당함.

제 4 절 미등기양도자산에 대한 규제

1. 의의 및 규제

미등기양도자산이란 토지 건물 및 부동산에 관한 권리[5]를 취득한 자가 그 자산의 취득에 관한 등기를 하지 않고 양도하는 것을 말한다. 미등기자산은 높은 세율의 적용, 장기보유특별공제 적용의 배제 등 불이익이 있다. 미등기 양도함으로서 양도소득세 등을 포탈하거나, 잔금의 지급 없이 전매하는 것을 방지하여 부동산투기를 억제하기 위한 것이다. 구체적인 내용은 아래와 같다.

구 분	불이익
양도소득세 비과세와 감면	적용하지 않음
양도소득세율	높은 세율(70%)이 적용됨.
필요경비 개산공제	일반적인 공제율 3%보다 낮은 공제율0.3%가 적용됨.
장기보유특별공제의 적용	적용배제
양도소득기본공제의 적용	적용배제

5) 아파트당첨권 등 등기가 불가능한 자산은 미등기자산으로 보지 않는다.

2. 미등기 양도로 보지 않는 경우

다음의 자산은 미등기로 보지 않는다(소법 104 ③, 소령 168 ①).

① 장기할부조건으로 취득한 자산으로서 그 계약조건에 의하여 양도당시 그 자산의 취득에 관한 등기가 불가능한 자산

② 법률의 규정 또는 법원의 결정에 의하여 양도당시 그 자산의 취득에 관한 등기가 불가능한 자산

③ 농지의 교환, 분합에 대한 비과세 및 8년자경농지 및 농지대토에 대한 양도소득세의 감면으로 규정하는 토지

④ 1세대 1주택으로서 「건축법」에 따른 건축허가를 받지 아니하여 등기가 불가능한 자산

⑤ 「도시개발법」에 따른 도시개발사업이 종료되지 아니하여 토지 취득등기를 하지 아니하고 양도하는 토지

⑥ 건설업자가 「도시개발법」에 따라 공사용역 대가로 취득한 체비지를 토지구획환지처분공고 전에 양도하는 토지

연습문제

01 소득세법상 배우자간 증여재산양도에 대한 이월과세와 관련된 설명으로 옳지 않은 것은?

2010 9급 세무직

① 거주자가 양도일로부터 소급하여 5년 이내에 그 배우자(양도당시에는 혼인관계가 소멸됨)로부터 증여받은 토지의 양도차익을 계산함에 있어서 취득가액은 토지를 증여한 배우자의 취득 당시의 금액으로 한다.

② 증여받은 재산의 양도소득에 대하여는 증여한 배우자와 증여받은 배우자가 연대하여 납세의무를 진다.

③ 이월과세가 적용되는 경우에는 거주자가 증여받은 자산에 대하여 납부하였거나 납부할 증여세 상당액은 양도차익을 한도로 필요경비에 산입한다.

④ 배우자간 증여재산에 대한 이월과세가 적용되는 경우에는 증여 후 우회양도행위에 대한 부당행위계산 부인규정이 적용되지 않는다.

02 양도차익 계산시 배우자 및 직계존비속 증여재산 이월과세에 대한 내용이다. 틀린 것은?

① 배우자 및 직계존비속에게 증여받은 토지, 건물, 특정시설물이용회원권, 부동산을 취득할 수 있는 권리일 것

② 거주자가 증여받은 자산에 대하여 납부하였거나 납부할 증여세상당액은 비과세한다.

③ 양도차익을 계산할 때 양도가액에서 공제할 취득가액은 당초 증여한 배우자 및 직계존비속의 취득 당시 가액으로 한다.

④ 조세부담의 부당한 감소가 없어도 증여재산 이월과세에 해당된다.

03 소득세법상 양도소득에 대한 설명으로 옳지 않은 것은?

2008 9급 세무직

① 주권상장법인이 아닌 법인의 신주인수권의 양도로 발생하는 소득은 양도소득세의 과세대상이다.

② 전세권의 양도로 발생하는 소득은 양도소득세의 과세대상이다.

③ 파산선고에 의한 처분으로 발생하는 소득은 양도소득세의 과세대상이다.

④ 납세지 관할 세무서장 또는 지방 국세청장은 양도소득이 있는 거주자의 행위 또는 계산이 그 거주자의 특수 관계인과의 거래로 인하여 그 소득에 대한 조세 부담

을 부당하게 감소시킨 것으로 인정되는 경우에는 그 거주자의 행위 또는 계산과 관계없이 해당 과세기간의 소득금액을 계산할 수 있다.

04 소득세법상 양도소득세에 관한 설명으로 옳은 것은? 2010 9급 세무직

① 양도소득세가 과세되는 양도란 매도, 교환, 법인에 대한 현물출자등으로 인하여 유상여부에 관계없이 자산이 사실상 이전되는 것을 말한다.

② 파산선고에 의한 처분으로 인하여 발생하는 소득에 대하여도 양도소득세가 과세된다.

③ 양도자산은 등기 여부에 관계없이 일정한 요건을 갖춘 경우에는 양도소득에 대한 소득세의 비과세에 관한 규정이 적용된다.

④ 거주자의 양도소득에 대한 과세표준은 종합소득 및 퇴직소득에 대한 과세표준과 구분하여 계산한다.

05 소득세법상 양도소득에 관한 설명으로 옳지 않은 것은?

① 양도소득세의 계산시 양도가액 및 취득가액은 원칙적으로 실지거래가액으로 계산한다.

② 파산선고에 의한 처분으로 인하여 발생하는 소득에 대하여 양도소득세가 비과세된다.

③ 실지거래가액으로 양도차익을 계산하는 경우 취득가액은 원칙적으로 감가상각누계액을 공제한 금액으로 한다.

④ 미등기양도 자산에 대하여 장기보유특별공제와 양도소득기본공제에 관한 규정을 적용하지 아니한다.

06 다음 중 실거래가액에 의해 거주자의 양도차익을 계산 할 경우 양도가액에서 공제하지 않는 것은?

① 취득가액 ② 양도비용
③ 자본적 지출액 ④ 필요경비 개산액

07 다음 중 미등기자산의 양도시 불이익에 해당되지 않는 것은?

① 필요경비 개산공제 저율 적용 ② 장기보유특별공제 적용 배제
③ 70% 세율적용 ④ 필요경비 불인정

08 다음은 거주자 갑이 양도한 1세대 1주택에 해당하는 주택에 관한 자료이다. 거주자 갑이 양도한 주택의 양도소득금액으로 옳은 것은? (단, 세부담을 최소화하는 방향으로 필요경비를 선택한다.)

2017 CPA 1차

(1) 확인되는 취득 및 양도에 관한 자료

구 분	일 자	실지거래가액(시가)	기준시가
취득	2012. 6. 5.	미확인	450,000,000원
양도	2017. 9. 8.	1,000,000,000원	900,000,000원

(2) 2014. 11. 9.에 위 주택에 대해 자본적 지출 40,000,000원을 지급하였다.
(3) 양도당시 계약서 작성, 부동산 중개수수료 등으로 10,000,000원을 지출하였다.
(4) 동 주택에 대한 장기보유특별공제율은 40%를 적용한다.
(5) 위의 주택은 등기된 자산이며, 해당 과세기간에 동 주택 외의 다른 양도소득세 과세거래는 없었다.

① 21,500,000원 ② 24,000,000원 ③ 24,500,000원
④ 27,600,000원 ⑤ 29,190,000원

09 다음 자료를 이용한 거주자 갑의 2016년도 양도소득세 계산과정에서 양도차익을 계산한 것으로 옳은 것은?

2016 CPA 1차

(1) 2012년 7월 1일에 특수관계인이 아닌 자로부터 토지(비과세 아님)를 750,000,000원(취득 당시 개별공시지가 500,000,000원)에 취득하면서 동시에 등기하고 당해 토지를 담보로 은행으로부터 300,000,000원을 대출받았다.
(2) 갑의 자녀인 거주자 을은 2016년 8월 16일에 위의 차입금 300,000,000원을 인수하는 조건으로 갑으로부터 당해 토지(증여 당시의 시가는 산정하기 어려우며 개별공시지가는 600,000,000원임)를 증여받았다. 이 차입금액 및 인수사실이 관련 증빙에 의하여 객관적으로 입증되며 을은 당해 차입금 및 이자를 상환할 능력이 있는 것으로 판단된다.
(3) 취득가액 이외의 필요경비 개산공제율: 토지 3%
(4) 갑과 을은 양도소득세를 부당하게 감소시킬 의도가 없으며, 위의 토지 외의 다른 양도소득세 과세대상은 없다.

① 42,500,000원 ② 48,250,000원 ③ 50,000,000원
④ 55,250,000원 ⑤ 55,500,000원

정답 01 ② 02 ② 03 ③ 04 ③ 05 ③ 06 ④ 07 ④ 08 ① 09 ①

제 7 장 과세표준과 산출세액의 계산

제 1 절 개 요

양도소득과세표준이란 양도소득금액에서 양도소득 기본공제를 차감한 것을 말한다. 양도소득은 양도차익에서 장기보유특별공제액을 차감하여 계산한다. 양도차익은 양도가액에서 필요경비를 차감하여 계산한다. 양도소득세 산출세액은 양도소득과세표준에 세율을 곱하면 계산한다. 이를 계산식으로 표시하면 아래와 같다.

양도차익＝양도가액－필요경비(취득가액＋기타필요경비)

양도소득＝양도차익－장기보유특별공제

양도소득과세표준＝양도소득금액－양도소득 기본공제

양도소득산출세액＝양도소득과세표준×양도소득세율

제 2 절 양도소득 기본공제

양도소득 기본공제는 거주자[1]별로 양도소득을 토지 등과 주식 및 파생상품으로 구분하고 국내자산, 국외자산으로 구분하여 연간 250만원을 각각 공제한다. 다만 미등기 양도자산에 해당하는 경우에는 공제하지 아니한다.

1) 비거주자의 양도소득기본공제는 거주자와 동일하게 적용된다.

	양도소득 구분	소재구분	양도소득기본공제
1 그룹	토지 또는 건물, 부동산에 관한 권리, 기타 자산의 양도소득	국내자산	연간 2,500,000
		국외자산	연간 2,500,000
2 그룹	주식 또는 출자지분의 양도소득	국내자산	연간 2,500,000
		국외자산	연간 2,500,000
3 그룹	파생상품 양도에 따른 소득	국내외자산합산	연간 2,500,000

예제 7-1 토지의 양도소득 과세표준

아래는 김대구씨의 토지 거래내역이다. 이를 참조하여 양도소득 과세표준을 계산하라.

가. 김대구씨는 2020년 3월 1일 보유하고 있던 임야를 100,000,000에 양도하였다. 위 임야는 2014년 7월 6일 취득한 것으로서 취득당시 취득세 등을 포함한 취득가액은 50,000,000이며 양도비용은 1,000,000원이다.

나. 위 임야는 비사업용 토지가 아니다.

다. 장기보유특별공제율의 일부내역은 아래와 같다.

보유기간	장기보유특별공제액	
	1세대 1주택	1세대 1주택 이외
3년 이상 4년 미만	양도차익의 24%	양도차익의 6%
4년 이상 5년 미만	양도차익의 32%	양도차익의 8%
5년 이상 6년 미만	양도차익의 40%	양도차익의 10%
6년 이상 7년 미만	양도차익의 48%	양도차익의 12%
7년 이상 8년 미만	양도차익의 56%	양도차익의 14%

풀이

항 목	금 액
1. 양도가액	100,000,000
2. 취득가액	50,000,000
3. 기타필요경비	1,000,000
4. 양도차익	49,000,000
5. 장기보유특별공제액	4,900,000
6. 양도소득	44,100,000
7. 양도소득기본공제	2,500,000
8. 양도소득 과세표준	41,600,000

제 3 절 양도소득세 세율

1. 부동산 등과 기타자산에 대한 세율

거주자의 양도소득세는 해당 과세기간의 양도소득과세표준에 아래의 세율을 적용하여 계산한 금액을 세액으로 한다. 부동산 등과 기타자산에 대한 양도소득세 세율은 아래와 같다. 하나의 자산이 2 이상의 세율에 해당되는 때에는 그 중 가장 높은 것을 적용한다(소법 104 ①).

<table>
<tr><th colspan="4">구 분</th><th>세 율</th></tr>
<tr><td rowspan="13">토지·
건물,
부동산에
관한
권리</td><td rowspan="6">등기</td><td colspan="2">원칙: 보유기간 2년 이상 자산</td><td>기본세율</td></tr>
<tr><td rowspan="2">보유기간 1년 이상 2년 미만 자산</td><td>주택 및 조합원입주</td><td>기본세율</td></tr>
<tr><td>일반</td><td>40%</td></tr>
<tr><td rowspan="2">보유기간 1년 미만 자산</td><td>주택 및 조합원입주권</td><td>40%</td></tr>
<tr><td>일반</td><td>50%</td></tr>
<tr><td colspan="2">비사업용 토지</td><td>기본세율+10%</td></tr>
<tr><td colspan="2" rowspan="5">조정대상지역 소재</td><td>분양권</td><td>50%</td></tr>
<tr><td>1세대 2주택</td><td>기본세율+10%</td></tr>
<tr><td>1세대가 주택과 조합원입주권을 각각 1개씩 보유한 경우의 해당 주택[2)]</td><td>기본세율+10%</td></tr>
<tr><td>1세대 3주택</td><td>기본세율+20%</td></tr>
<tr><td>1세대가 주택과 조합원입주권을 보유한 경우로서 합이 3이상인 경우의 해당 주택[3)]</td><td>기본세율+20%</td></tr>
<tr><td colspan="3">미등기자산</td><td>70%</td></tr>
<tr style="display:none"></tr>
<tr><td rowspan="2">기타[4)]
자산</td><td colspan="3">① 특정주식·특정법인의 주식으로 해당 법인의 자산총액 중 비사업용 토지의 가액이 차지하는 비율이 50% 이상인 법인의 주식</td><td>기본세율+10%</td></tr>
<tr><td colspan="3">② ①에 해당하지 않는 기타 자산</td><td>기본세율</td></tr>
</table>

2) 소령 167의11장기임대주택 제외.
3) 소령 167의11장기임대주택 제외.
4) 기타 자산은 등기·보유기간을 불문함.

2. 기본세율

토지·건물, 부동산에 관한권리 및 기타자산을 양도하는 경우 과세표준에 적용하는 기본세율은 다음과 같다.

과세표준	세 율
1,200만원 이하	과세표준의 6%
1,200만원 초과 4,600만원 이하	72만원+1,200만원 초과금액×15%
4,600만원 초과 8,800만원 이하	582만원+4,600만원 초과금액×24%
8,800만원 초과 1억5천만원 이하	1,590만원+8,800만원 초과금액×35%
1억5천만원 초과 3억원 이하	3,760만원+1억5천만원 초과금액×38%
3억원 초과 5억원 이하	9,460만원+3억원 초과금액×40%
5억원 초과	1억 7,460만원+5억원 초과금액×42%

비사업용토지 및 비사업용토지과다 주식에 적용하는 세율(기본세율+10%)은 아래와 같다(소법104 ① 8). 지정지역[5]에 소재하는 비사업용토지의 경우 기본세율에 20%를 더한 세율을 적용한다. 다만, 지정지역의 공고가 있은 날 이전에 토지를 양도하기 위하여 매매계약을 체결하고 계약금을 지급받은 사실이 증빙서류에 의하여 확인되는 경우는 제외한다.

과세표준	세 율
1,200만원 이하	과세표준의 16%
1,200만원 초과 4,600만원 이하	192만원+1,200만원 초과금액 × 25%
4,600만원 초과 8,800만원 이하	1,042만원+4,600만원 초과금액 × 34%
8,800만원 초과 1억5천만원 이하	2,470만원+8,800만원 초과금액 × 45%
1억5천만원 초과 3억원 이하	5,260만원+1억5천만원 초과금액 × 48%
3억원 초과 5억원 이하	1억 2,460만원+3억원 초과금액× 50%
5억원 초과	2억 2,460만원+5억원 초과금액× 52%

5) 기획재정부장관은 해당 지역의 부동산 가격 상승률이 전국 소비자물가 상승률보다 높은 지역으로서 전국 부동산 가격 상승률 등을 고려할 때 그 지역의 부동산 가격이 급등하였거나 급등할 우려가 있는 경우에는 대통령령으로 정하는 기준 및 방법에 따라 그 지역을 지정지역으로 지정할 수 있다

3. 주식 등에 대한 세율

(1) 세 율

주식 등을 양도하는 경우 거주자의 양도소득세는 해당 과세기간의 양도소득 과세표준에 아래의 세율을 적용하여 계산한 금액을 세액으로 한다.

<table>
<tr><th colspan="3">구 분</th><th>세 율</th></tr>
<tr><td rowspan="7">주식 및 출자 지분</td><td rowspan="2">대주주가 양도하는 주식</td><td>중소기업 외의 법인의 주식 등으로 1년 미만 보유한 주식 등</td><td>30%</td></tr>
<tr><td>중소기업[6]의 주식 등</td><td>과세표준 3억원 이하: 20%
과세표준 3억원 초과: 6천만원+(3억원 초과액×25%)</td></tr>
<tr><td rowspan="2">대주주가 아닌 자가 양도하는 주식</td><td>중소기업의 주식 등</td><td>10%</td></tr>
<tr><td>중소기업외의 법인의 주식</td><td>20%</td></tr>
<tr><td rowspan="2">외국법인이 발행하였거나 외국시장상장주식</td><td>중소기업의 주식</td><td>10%</td></tr>
<tr><td>그 밖의 주식</td><td>20%</td></tr>
</table>

(2) 대주주의 범위

주식 등 양도에 따른 세율적용시 대주주의 범위는 아래와 같다(소령 167의8).

① 주권상장법인대주주

② 주권비상장법인의 주주로서 다음 어느 하나에 해당하는 자

가. 주식 등의 양도일이 속하는 사업연도의 직전 사업연도 종료일 현재 주주 1인 및 기타주주의 소유주식의 비율이 100분의 4 이상인 경우 해당 주주 1인 및 기타주주. 이 경우 직전 사업연도 종료일 현재 100분의 4에 미달하였으나 그 후 주식 등을 취득함으로써 소유주식의 비율이 100분의 4 이상이 되는 때에는 그 취득일 이후의 주주 1인 및 기타주주를 포함한다.

나. 주식 등의 양도일이 속하는 사업연도의 직전 사업연도 종료일 현재 주주 1인 및 기타주주가 소유하고 있는 해당 법인의 주식등의 시가총액이 다음의 구분에 따른

6) 주식 등이 양도일이 속하는 사업연도의 직전 사업연도 종료일 현재 「중소기업기본법(2)」규정에 해당하는 기업을 말함(소득령 167의4).

금액(협회 등을 통한 장외거래되는 벤처기업의 주식 등의 경우에는 40억원으로 함) 이상인 경우 해당 주주 1인 및 기타주주를 말한다.

- 2018년 4월 1일부터 2020년 3월 31일까지의 기간 동안 주식 등을 양도하는 경우: 15억원
- 2020년 4월 1일부터 2021년 3월 31일까지의 기간 동안 주식 등을 양도하는 경우: 10억원
- 2021년 4월 1일 이후 주식등을 양도하는 경우: 3억원

4. 파생상품에 적용하는 세율

파생상품 등을 양도하는 경우 거주자의 양도소득세는 해당 과세기간의 양도소득 과세표준에 20%의 세율을 적용하여 계산한 금액을 세액으로 한다(소법 104 ① 12). 위 세율은 자본시장 육성 등을 위하여 필요한 경우 그 세율의 100분의 75의 범위에서 인하할 수 있다. 현재 세율은 10%이다(소령 167의9).

5. 보유기간

세율을 적용할 때 보유기간은 양도자산의 취득일로부터 양도일까지의 한다(소법 104 ②). 그러나 상속받은 자산 등에 해당하는 경우에는 그 취득일이 아래와 같이 규정되어 있다.

구 분	취득일	
	양도소득세율을 판정할 경우	장기보유특별공제를 적용할 경우
상속받은 자산	피상속인이 해당 자산을 취득한 날	실제취득일 (상속개시일)
배우자·직계존비속간 증여재산에 대한 이월과세	증여자가 자산을 취득한 날	증여자가 자산을 취득한 날
합병 분할로 인해 합병법인, 분할신설법인 또는 분할합병법인의 상대방 법인으로부터 새로 주식 등을 취득한 경우	피합병법인, 분할법인 또는 소멸한 분할·합병의 상대방 법인의 주식등을 취득한 날	해당사항 없음

제 4 절 지정지역 안의 부동산에 대한 추가과세

지정지역에 있는 부동산으로서 비사업용토지인 경우 기본세율에 20%를 더한 세율을 적용한다. 그 밖에 부동산 가격이 급등하였거나 급등할 우려가 있어 부동산 가격의 안정을 위하여 필요한 경우에 시행령으로 정하는 부동산 해당하는 것을 양도하는 경우 기본세율에 10%를 더한 세율을 적용한다. 만약 부동산의 보유기간이 2년 미만인 경우에는 기본세율에 10%(또는 20%)를 가산한 금액과 40%, 50%의 세율 중 높은 세율을 적용한다(소법 104 ④).

제 5 절 비사업용 토지

비사업용 토지란 해당 토지를 소유하는 기간 중 일정 기간 동안 다음의 어느 하나에 해당하는 토지를 말한다(소법 104의3).

1. 농지로서 다음 어느 하나에 해당하는 것

가. 소유자가 농지 소재지에 거주하지 아니하거나 자기가 경작하지 아니하는 농지. 다만, 「농지법」이나 그 밖의 법률에 따라 소유할 수 있는 농지는 제외한다.

나. 특별시·광역시(광역시에 있는 군은 제외)·특별자치시(특별자치시에 있는 읍·면지역은 제외)·특별자치도(읍·면지역은 제외) 및 시지역(도농 복합형태인 시의 읍·면지역은 제외) 중 「국토의 계획 및 이용에 관한 법률」에 따른 도시지역에 있는 농지. 다만, 따라 소유자가 농지 소재지에 거주하며 스스로 경작하던 농지로서 특별시·광역시·특별자치시·특별자치도 및 시지역의 도시지역에 편입된 날부터 2년이 지나지 아니한 농지는 제외

2. 임야. 다만, 다음 어느 하나에 해당하는 것은 제외

가. 산림유전자원보호림, 보안림, 채종림, 시험림, 그 밖에 공익을 위하여 필요하거나 산림의 보호·육성을 위하여 필요한 임야

나. 임야 소재지에 거주하는 자가 소유한 임야

다. 토지의 소유자, 소재지, 이용 상황, 보유기간 및 면적 등을 고려하여 거주 또는 사업과 직접 관련이 있다고 인정할 만한 상당한 이유가 있는 임야

3. 목장용지로서 다음 어느 하나에 해당하는 것. 다만, 토지의 소유자, 소재지, 이용 상황, 보유기간 및 면적 등을 고려하여 거주 또는 사업과 직접 관련이 있다고 인정할 만한 상당한 이유가 있는 목장용지는 제외

가. 축산업을 경영하는 자가 소유하는 목장용지로서 축산용 토지의 기준면적을 초과하거나 특별시·광역시·특별자치시·특별자치도 및 시지역의 도시지역 제외에 있는 것(도시지역에 편입된 날부터 2년이 지나지 아니한 경우는 제외)

나. 축산업을 경영하지 아니하는 자가 소유하는 토지

4. 농지, 임야 및 목장용지 외의 토지 중 다음을 제외한 토지

가. 「지방세법」 또는 관계 법률에 따라 재산세가 비과세되거나 면제되는 토지

나. 「지방세법」에 따른 재산세 별도합산과세대상 또는 분리과세대상이 되는 토지

다. 토지의 이용 상황, 관계 법률의 의무 이행 여부 및 수입금액 등을 고려하여 거주 또는 사업과 직접 관련이 있다고 인정할 만한 상당한 이유가 있는 토지

5. 「지방세법」에 따른 주택부속토지 중 주택이 정착된 면적에 10배(도시지역안의 토지는 5배) 곱하여 산정한 면적을 초과하는 토지

6. 주거용 건축물로서 상시주거용으로 사용하지 아니하고 휴양, 피서, 위락 등의 용도로 사용하는 건축물과 그 부속토지. 다만, 읍 또는 면에 소재하고 일정 범위와 기준에 해당하는 농어촌주택과 그 부속토지는 제외하며, 별장에 부속된 토지의 경계가 명확하지 아니한 경우에는 그 건축물 바닥면적의 10배에 해당하는 토지를 부속토지로 본다.

7. 그 밖에 1부터 제6까지와 유사한 토지로서 거주자의 거주 또는 사업과 직접 관련이 없다고 인정할 만한 상당한 이유가 있는 토지

연습문제

01 소득세법상 양도소득과세표준의 계산에 대한 설명으로 옳지 않은 것은? 2010 9급 세무직

① 부동산을 취득할 수 있는 권리를 양도하는 때에는 장기보유특별공제를 적용하지 아니한다.

② 거주자가 1 과세연도에 양도소득 기본공제로 공제받을 수 있는 최대 금액은 750만원이다.

③ 1984년 12월 31일 이전에 취득한 토지 또는 건물은 1985년 1월 1일에 취득한 것으로 본다.

④ 미등기양도자산에 대한 양도소득기본공제는 미등기양도자산의 취득 당시 기준시가의 1,000분의 3에 상당하는 가액으로 한다.

02 소득세법상 거주자의 주식 등 양도로 발생하는 소득에 대한 양도소득세의 세율을 바르게 연결한 것은? (단, 법령에서 정하는 기타자산 및 국외자산에 해당하는 주식, 국외전출자 및 조세특례제한법상의 특례는 고려하지 않는다) 2010 9급 세무직 수정

① 주권상장법인인 중소기업의 주식을 대주주가 아닌 자가 법령에 따른 증권시장에서의 거래에 의하지 아니하고 양도하는 경우: 양도소득 과세표준이 3억원 초과시 20%

② 주권비상장법인인 중견기업의 주식을 대주주가 아닌 자가 양도하는 경우: 10%

③ 주권상장법인인 중소기업 외의 법인의 주식을 대주주가 1년 미만 보유하다 양도하는 경우: 30%

④ 주권상장법인의 주식을 대주주가 아닌 자가 법령에 따른 증권시장에서의 거래에 의하여 양도하는 경우: 10%

03 다음은 개인사업자인 거주자 甲이 사업에 사용하던 상가건물을 2018. 7. 1.에 특수관계자인 을에게 양도한 내역이다. 양도소득과세표준은 얼마인가? (단, 주어진 자료 이외에는 고려하지 않음) 2010 세무사 1차

(1) 건물과 관련된 정보
- 양도가액은 6억원 취득가액은 4억원이며 모두 실지거래가액이다.
- 양도 당시 건물의 감가상각누계액은 15,000,000원이며, 감가상각비는 사업소득금액

계산 시 필요경비에 반영되었다.
– 건물에 대한 취득세로 납부한 금액은 13,000,000원이며, 취득 시 국민주택채권을 8,000,000원에 매입하여 즉시 사채업자에게 3,000,000원에 매각한 것이 확인되었다. 이를 동열한 날 금융회사에 매각한다면 2,000,000원의 매각 차손이 발생한다.
– 양도 당시 건물의 시가는 620,000,000원이고, 건물의 보유기간온 5년2개월이며 등기되었다.

(2) 양도 시 중개수수료 9.000.000원을 부담하였고 지출한 양도비의 적격증명서류를 수취하였다.
(3) 보유 중 납부한 재산세 합계액은 8,000,000원이다.
(4) 당해 건물은 비사업용이 아니며 장기보유특별공제율은 3년 이상 4년 미만 보유 시 10%, 4년 이상 5년 미만 보유 시 12%, 5년 이상 6년 미만 보유시 15%를 적용한다.
(5) 양도소득 기본공제를 적용하며, 동 건물 외에 다른 양도소득세 과세대상은 없다.

① 159,850,000원 ② 188,500,000원 ③ 162,350,000원
④ 191,000,000원 ⑤ 162,850,000원

04 다음 자료를 이용하여 거주자 갑이 소유하고 있는 토지를 특수관계인 을(갑의 동생임)에게 양도한 경우 갑의 양도소득과세표준을 계산한 것으로 옳은 것은? 2014 CPA 1차

(1) 갑은 토지를 2002년 1월 10일에 갑이 대주주로 있는 법인으로부터 현금 100,000,000원에 취득하였으며, 이와 관련하여 갑에게 배당으로 소득처분된 금액이 10,000,000원 있다.
(2) 토지 취득시 취득세 3,000,000원(지방세법 등에 의해 감면된 세액은 없음)을 납부하였다.
(3) 토지의 양도일은 2014년 2월 20일이고 양도가액은 200,000,000원이며, 양도당시의 시가는 210,000,000원이다.
(4) 동 토지는 국내에 소재한 등기된 토지로서 비사업용토지에 해당한다.

① 60,900,000원 ② 65,400,000원 ③ 84,500,000원
④ 87,000,000원 ⑤ 94,500,000원

정답 01 ④ 02 ③ 03 ① 04 ③

제 8 장 양도소득의 감면

제 1 절 의 의

양도소득세의 감면이란 자산을 양도하여 과세표준을 산정하고 세율을 적용하여 계산한 산출세액에서 일정금액을 면제받은 것을 말한다. 소득세법은 양도소득에 관한 감면규정이 없으나 조세특례제한법에서 규정한 감면규정 중 대표적인 것은 아래와 같다. 조세특례법에 따라 감면받는 양도소득세액은 감면받은 세액의 20%에 상당하는 농어촌특별세를 과세하기도 한다.[1)]

제 2 절 자경농지에 대한 감면

1. 개 요

농지소재지에 거주하는 거주자(비거주자가 된 날부터 2년 이내의 자 포함)가 취득일로부터 양도일사이에 8년 이상 계속하여 직접 경작한 토지를 양도하는 때에는 양도일 현재 농지인 경우 감면신청에 의해 양도소득세의 100%를 감면한다(조특법 69 ①). 경영이양 직접지불보조금의 지급대상이 되는 농지를 한국농어촌공사 또는 농업을 주업으로 하는 농업법인에 2021년 12월 31일까지 양도하는 경우 3년 이상 계속하여 직접 경작한 토지를 양도하는 때에도 양도소득세의 100%를 감면한다. 다만, 해당 토지가 주거지역등에 편입되거나 「도시개발법」 또는 그 밖의 법률에 따라 환지처분 전에 농지 외의 토지로 환지예정지 지정을 받은

1) 감면종류에 따라 농어촌특별세를 비과세하는 경우도 있다.

경우에는 주거지역등에 편입되거나, 환지예정지 지정을 받은 날까지 발생한 소득으로서 일정 소득[2)]에 대해서만 양도소득세의 100분의 100에 상당하는 세액을 감면한다.

감면을 위해서는 거주요건과 경작요건 및 농지요건을 갖추어야 한다.

2. 거주요건

다음 중 어느 하나에 해당하는 지역에 거주하여야 한다(조특령 66 ①).

① 농지가 소재하는 시군구안의 지역

② 위 지역과 연접한 시군구안의 지역

③ 해당 농지로부터 직선거리 30km 이내의 지역

3. 경작요건

(1) 자경기간

자경농지 감면을 적용받으려면 8년 이상(또는 3년 이상) 자경기간요건을 갖추어야 한다. 이때 자경기간은 농지소유기간 동안 자경한 기간을 통산하여야 하며 기타 취득사유 등에 따른 자경기간의 계산은 아래와 같다.

취득구분	자경기간 계산
증여받은 토지	수증일 이후 수증자가 자경한 기간
상속받은 토지	상속인이 1년 이상 농지소재지역등에 거주하면서 경작하는 경우: 피상속인의 경작기간*을 상속인의 경작기간으로 인정
	상속인이 1년 이상 농지소재지역 등에 거주하면서 경작하지 않은 경우: 상속받은 날부터 3년 이내 양도 등은 피상속인의 경작기간*을 상속인의 경작기간으로 인정
총급여와 사업소득합계가 3,700만원 이상인 기간	경작기간에서 제외
환지된 농지	환지전 농지의 자경기간 합산

* 피상속인이 배우자로부터 상속받아 경작한 사실이 있는 경우에는 피상속인의 배우자가 취득하여 경작한 기간

2) 일정소득은 다음과 같이 계산한다.

$$\text{양도소득금액} \times \frac{\text{주거지역등에 편입되거나 환지예정지정을 받은 날의 기준시가} - \text{취득당시기준시가}}{\text{양도 당시 기준시가} - \text{취득 당시 기준시가}}$$

(2) 직접경작

자경농지 감면을 적용받으려면 8년 이상(또는 3년 이상) 자기가 직접 경작한 농지여야 한다. 이때 직접경작이란 거주자가 그 소유농지에서 농작물의 경작 또는 다년생식물의 재배에 상시 종사하는 것 또는 2분의 1이상을 자기 노동력으로 경작한 것을 말한다(조특령 66 ⑬).

(3) 자경기간 부인

경작한 기간 중 피상속인(그 배우자를 포함) 또는 거주자 각각의 사업소득금액(농업·임업에서 발생하는 소득, 부동산임대업에서 발생하는 소득, 농가부업소득은 제외)과 총급여액의 합계액이 3천 700만원 이상인 과세기간이 있는 경우 그 기간은 해당 피상속인 또는 거주자가 경작한 기간에서 제외한다. 이 경우 사업소득금액이 음수인 경우에는 해당 금액을 0으로 본다(조특령 66 ⑭).

4. 농지요건

(1) 감면대상 농지

양도일 현재 농지여야 한다. 농지는 전답으로서 지목에 관계없이 실지로 경작에 사용되는 토지를 말하며 농막, 퇴비사, 양수장, 등 농지경작에 직접 필요한 시설물을 포함한다. 한편 아래의 어느 하나에 해당되는 경우에는 각 구분에 따른 기준을 따른다(조특령 66 ⑤).

① 양도일 이전에 매매계약조건에 따라 매수자가 형질변경, 건축착공 등을 한 경우: 매매계약일 현재의 농지 기준

② 환지처분 전에 해당 농지가 농지 외의 토지로 환지예정지 지정이 되고 그 환지예정지 지정일부터 3년이 경과하기 전의 토지로서 토지조성공사의 시행으로 경작을 못하게 된 경우: 토지조성공사 착수일 현재의 농지 기준

③ 「광산피해의 방지 및 복구에 관한 법률」, 지방자치단체의 조례 및 지방자치단체의 예산에 따라 광산피해를 방지하기 위하여 휴경하고 있는 경우: 휴경계약일 현재의 농지 기준

(2) 감면배제 농지

감면대상 농지 요건을 갖추더라도 다음의 경우 감면대상에서 제외한다.

① 양도일 현재 특별시 광역시 또는 시에 있는 농지 중 국토의 계획 및 이용에 관한 법률에 의한 주거지역, 상업지역, 공업지역 안에 있는 농지로서 이들 지역에 편입된 날부터 3년이 지난 농지는 감면대상에서 제외한다.

② 환지예정지 지정일부터 3년이 지난 농지일 경우에는 자경농지에 대한 감면대상에서 제외한다.

5. 감면세액

당해 농지의 양도로 발생한 양도소득세의 100%를 감면하고 농어촌특별세는 비과세 된다.

제 3 절 농지대토에 대한 양도소득세 감면

1. 의 의

농지 소재지에 거주하는 거주자가 직접 경작한 토지를 경작상의 필요에 의하여 농지로 대토(代土)함으로써 발생하는 소득에 대해서는 양도소득세의 100분의 100에 상당하는 세액을 감면한다. 다만, 해당 토지가 주거지역등에 편입되거나 「도시개발법」 또는 그 밖의 법률에 따라 환지처분 전에 농지 외의 토지로 환지예정지 지정을 받은 경우에는 주거지역 등에 편입되거나, 환지예정지 지정을 받은 날까지 발생한 소득에 대해서만 양도소득세를 감면한다(조특법 70 ①). 농지대토에 대한 양도소득세를 감면받기 요건은 다음과 같다.

(1) 거주요건

농지소재지에 거주하는 거주자란 4년 이상 다음의 어느 하나에 해당하는 지역(경작을 개시할 당시에는 당해 지역에 해당하였으나 행정구역의 개편 등으로 이에 해당하지 아니하게 된 지역을 포함한다)에 거주한 자로서 대토 전의 농지 양도일 현재 거주자인 자(비거주자가 된 날부터 2년 이내인 자를 포함한다)를 말한다(조특령 67 ①).

가. 농지가 소재하는 시·군·구 안의 지역

나. 농지소재지와 연접한 시·군·구 안의 지역

다. 해당 농지로부터 직선거리 30킬로미터 이내의 지역

(2) 직접경작요건

직접경작이란 다음 어느 하나에 해당하는 것을 말한다(조특령 67 ②).

가. 거주자가 그 소유농지에서 농작물의 경작 또는 다년생식물의 재배에 상시 종사하

는 것

나. 거주자가 그 소유농지에서 농작업의 2분의 1 이상을 자기의 노동력에 의하여 경작 또는 재배하는 것

(3) 경작상의 필요에 의한 농지

경작상의 필요에 의하여 대토하는 농지로서 다음 어느 하나에 해당하는 경우를 말한다(조특령 67 ③).

가. 4년 이상 종전의 농지소재지에 거주하면서 경작한 자가 종전의 농지의 양도일부터 1년(「공익사업을 위한 토지 등의 취득 및 보상에 관한 법률」에 따른 협의매수·수용 및 그 밖의 법률에 따라 수용되는 경우에는 2년) 내에 새로운 농지를 취득하여, 그 취득한 날부터 1년(질병의 요양 등 부득이한 사유로 경작하지 못하는 경우에는 2년) 내에 새로운 농지소재지에 거주하면서 경작을 개시한 경우로서 새로 취득하는 농지의 면적이 양도하는 농지의 면적의 2/3 이상 또는 새로 취득하는 농지의 가액이 양도하는 농지의 가액의 1/2 이상에 해당하는 경우. 다만, 새로운 농지의 경작을 개시한 후 새로운 농지소재지에 거주하면서 계속하여 경작한 기간과 종전의 농지 경작기간을 합산한 기간이 8년 이상인 경우로 한정한다.

나. 4년 이상 종전의 농지소재지에 거주하면서 경작한 자가 새로운 농지의 취득일부터 1년 내에 종전의 농지를 양도한 후 종전의 농지 양도일부터 1년(질병의 요양 등 부득이한 사유로 경작하지 못하는 경우에는 2년) 내에 새로운 농지소재지에 거주하면서 경작을 개시한 경우로서 취득하는 농지의 면적이 양도하는 농지의 면적의 2/3 이상 또는 새로 취득하는 농지의 가액이 양도하는 농지의 가액의 1/2 이상에 해당하는 경우. 다만, 새로운 농지의 경작을 개시한 후 새로운 농지소재지에 거주하면서 계속하여 경작한 기간과 종전의 농지 경작기간을 합산한 기간이 8년 이상인 경우로 한정한다.

새로운 농지를 취득한 후 4년 이내에 「공익사업을 위한 토지 등의 취득 및 보상에 관한 법률」에 따른 협의매수·수용 및 그 밖의 법률에 따라 수용되는 경우에는 4년 동안 농지소재지에 거주하면서 경작한 것으로 본다.

2. 감면세액

농지를 대토함으로서 발생하는 소득에 대해서는 양도소득세의 100%를 감면한다. 다만 해당 토지가 국토의계획및이용에관한법률에 따른 주거지역, 상업지역 및 공업지역에 편입

되거나 환지처분전에 농지외의 토지로 환지예정지 지정을 받은 경우에는 주거지역등에 편입되거나 환지예정지지정을 받은 날까지[3] 발생한 소득에 대해서만 양도소득세를 면제한다.

이 경우 감면되는 소득금액은 아래와 같다(조특령 67 ⑦).

$$감면소득 = 양도소득금액 \times \frac{주거지역등에\ 편입되거나\ 환지\ 지정을\ 받은\ 날의\ 기준시가 - 취득\ 당시\ 기준시가}{양도\ 당시\ 기준시가 - 취득\ 당시\ 기준시가}$$

3. 양도소득세 감면한도

1과세기간동안 감면받을 수 있는 한도는 1억원이다. 농지대토에 대한 감면의 5년간 한도액은 1억원이며 8년 자경농지를 포함하는 경우 5년간 한도는 2억원이다(조특법 133 ①).

제 4 절 양도소득세 감면의 배제

1. 사실과 다른 매매계약서

부동산 및 부동산에 관한 권리를 거래하는 당사자가 매매계약서의 거래가액을 실지거래가액과 다르게 적은 경우에는 해당 자산에 대하여 양도소득세의 비과세 및 감면을 제한한다(조특법 129 ①, 소법 9 1②).

(1) 양도소득세의 비과세에 관한 규정을 적용받을 경우

비과세 받았거나 받을 세액－Min(① 비과세에 아니하였을 경우의 산출세액, ② 매매계약서의 거래가액과 실지거래가액과의 차액)

(2) 양도소득세의 감면에 관한 규정을 적용받았거나 받을 경우

감면 받았거나 감면할 세액－Min(① 감면받지 않은 경우의 산출세액, ② 매매계약서의 거래가액과 실지거래가액과의 차액)

---

3) 편입일 또는 지정일 이후에 발생하는 개발이익은 양도소득세 면제를 배제하고자 하는 것임.

2. 미등기 양도자산

미등기양도자산에 대해서는 양도소득세의 비과세 및 감면에 관한 규정을 적용하지 아니한다(조특법 129 ②).

사례연구 8-1 8년 자경[4)]

1. 요 약

처분청의 조사내용에 의하면 청구인은 쟁점농지를 보유한 기간에 다른 직업에 종사하였으며, 쟁점농지를 밭으로 객토하기 전에는 현지인이 벼농사를 짓고, 그 이후에는 소나무 묘목만 심어 놓고 관리하지 않은 것으로 나타나는 반면, 청구인이 제출한 증빙만으로는 청구인이 쟁점농지를 8년 이상 직접 경작하였다고 인정하기에 부족하므로 청구주장은 받아들이기 어렵다고 판단됨.

2. 사실관계

(가) 청구인은 2007년부터 2011년까지 ○○○에서 근로소득이, 2007년부터 2013년까지 ○○○에서 연 ○○○억원 이상의 사업소득(보험모집인)이 각각 발생하였다.

(나) 마을 주민들에게 문의한 결과, 청구인은 쟁점농지에서 논농사를 짓지 않고 현지인이 농사를 지었으며, 논을 밭으로 객토한 후에는 소나무만 심어 놓고 관리하지 않았다고 진술하였다.

(다) 청구인은 쟁점농지를 8년 이상 직접 경작하였다며 농지원부, ○○○거래자별 매출내역, 관상수(소나무) 매매계약서 등을 제출하였으나, 농지원부의 최초 작성일은 2009.7.27.이고, ○○○매출자료도 2003년 거래분과 2011년 이후 거래분만 있으며, 관상수 또한 2013.10.24. 판매한 것으로 되어 있으나 대금수수 여부가 불분명할 뿐만 아니라, 판매하였다고 하더라도 묘목만 심어 놓고 관리하지 않은 것으로 나타나므로 쟁점농지를 직접 경작하였다고 보기는 어렵다.

(라) 청구인은 쟁점농지를 8년 이상 직접 경작하였다며, 경작 사실확인서(○○○외 2인, 2019.7.11.), 사건사고 사실확인원(○○○2019.7.11.) 및 청구인계좌○○○거래내역을 추가로 제출하였다.

(마) 청구인이 쟁점농지를 보유한 기간에 8년 이상 그 소재지에서 거주한 사실에 대해서는 청구인과 처분청 사이에 다툼이 없다.

3. 쟁 점

청구인이 쟁점농지를 8년 이상 자경한 것으로 볼 수 있는지 여부

4. 판 단

토지가 양도일 현재 농지로 인정된다고 하더라도 그 소유자가 직접 경작한 사실까지 추정되는 것은 아니므로 농지를 직접 경작한 사실은 이를 주장하는 납세자가 입증하여야 할 것인데(대법원 2002. 11. 22. 선고 2002두7074 판결 등), 처분청의 조사내용에 의하면 청구인은 쟁점농지를 보유한 기간에 다른 직업

---

4) 조심 2019중3070에서 발췌함.

에 종사하였으며, 쟁점농지를 밭으로 객토하기 전에는 현지인이 벼농사를 짓고, 그 이후에는 소나무 묘목만 심어 놓고 관리하지 않은 것으로 나타나는 반면, 청구인이 제출한 증빙만으로는 청구인이 쟁점농지를 8년 이상 직접 경작하였다고 인정하기에 부족하므로 청구주장은 받아들이기 어렵다고 판단된다.

사례연구 8-2 8년 자경기간[5)]

1. 요 약

8년 이상 자경농지로서 양도소득세를 감면받기 위해서는 농지 소유자가 영농에만 전념하는 전업농민이거나, 또는 비록 전업농민은 아니더라도 농업 외 타 직업이 객관적으로 보아 일시적·부수적 활동에 그쳐야 하고, 청구인은 학교에서 보내는 시간과 학업 등에 의하여 쟁점토지의 경작에 투입할 수 있는 절대적 시간이 제한적일 수밖에 없는 점에서 청구인중 중·고교 재학기간 및 방위 근무기간 동안 직접 또는 자기의 책임 하에 쟁점토지를 경작하였다고 보기 어려움.

2. 사실관계

(가) 청구인은 쟁점토지를 1971. 4. 13. 아버지로부터 증여로 취득하여 소유하다 2017. 11. 21. ○○○원에 양도한 후 2018. 1. 31. 양도소득세 예정신고·납부(○○○원)하였고, 처분청은 2018. 5. 10. 이를 신고시인 결정하였다.

(나) 청구인은 처분청에 쟁점토지가 청구인이 1971. 4. 13. 중학교 때부터 방위병 근무(1년 2개월) 등 1981. 1. 14.까지 9년 9개월 및 쟁점토지 소재지로의 재 전입기간 1년 3개월 등 11년 1개월 동안「조세특례제한법」 제69조에서 정한 8년 이상 자경한 농지에 해당된다 하여 기 납부세액의 환급을 구하는 경정청구를 제기하였고, 처분청은 청구인이 미성년자(중·고교 재학기간 6년) 및 군복무기간(1년 2개월)을 경작기간에서 제외하면 쟁점토지의 자경기간이 8년에 달하지 못하여 위 특례규정의 적용대상이 아니라는 이유로 2018. 10. 19. 이 건 처분을 하였다.

(다) 청구인은 중학교 때(1971. 4. 13.)부터 방위병 근무 등 대구광역시 전출 때인 1981. 1. 14.까지 9년 9개월 및 쟁점토지 소재지로의 재전입기간 1년 3개월 등 11년 1개월 동안 재촌·자경한 것이라며, 주민등록초본, 쟁점토지 토지이용계획확인서, 농지원부, 재적등본, 졸업증명서, 인우보증서, 쟁점토지 사진, 병적증명서, 폐업사실증명서 및 영수증 및 거래명세서 등을 제출하였다.

3. 쟁 점

청구인이 중·고교 재학기간 및 방위병 근무기간에도 쟁점토지를 경작하여 쟁점토지가 8년 자경농지에 해당한다는 청구주장이 타당한가?

4. 판 단

8년 이상 자경농지로서 양도소득세를 감면받기 위해서는 농지 소유자가 영농에만 전념하는 전업농민이

---

5) 조심2019구0106에서 발췌함

거나, 또는 비록 전업농민은 아니라하더라도 농업 외 타 직업이 객관적으로 보아 일시적·부수적 활동에 그쳐야 하고, 학교에서 보내는 시간과 학업 등에 의하여 청구인이 쟁점토지의 경작에 투입할 수 있는 절대적 시간이 제한적일 수밖에 없는 점(○○○고등법원 2014. 10. 15. 선고 2014누53058 판결, 같은 뜻임)에서 청구인은 쟁점토지 소재지에서의 경작을 하였다는 기간인 11년 1개월 중 중·고교 재학기간 6년 및 방위 근무기간 1년 2개월 동안 직접 또는 자기의 책임하에 쟁점토지를 경작하였다고 보기 어려운 점 등에 비추어 쟁점토지가 8년 이상 경작토지라는 청구주장을 받아들이기는 어렵다고 판단된다.

제 9 장 양도소득세의 신고와 납부방법

제 1 절 양도소득세의 의의

양도소득세 납부세액은 양도소득세 산출세액에서 감면세액을 공제한 후 가산세를 가산하고 이미 신고하거나 결정 경정한 세액을 차감하여 계산한다.

산출세액	
− 감면세액	
− 기납부세액	(예정신고산출세액 또는 예정결정·경정금액)
+ 가산세	
= 자진납부세액	

1. 양도소득 예정신고

양도소득세 과세대상 자산을 양도한 자는 반드시 예정신고를 해야 한다(소법 105 ①). 양도차익이 없거나 양도차손이 있는 경우에도 신고하여야 한다. 예정신고를 하지 않는 경우 무신고가산세 및 과소신고가산세 및 납부불성실, 환급불성실가산세가 부과된다. 다만 1세대 1주택 등 비과세되는 자산을 양도하는 경우에는 신고할 필요가 없다.

(1) 예정신고의무자와 신고기한

예정신고를 하는 자는 양도소득과세표준신고 및 납부계산서와 양도소득금액 계산명세서를 작성하고 그 신고서에 필요한 서류를 첨부하여 예정신고기한 내에 납세지관할세무서에 제출(신고기한 내에 전자신고 가능)하며 동시에 자진납부할 세액을 관할세무서, 은행 등에 납부하여야 한다(소법 105 ①). 주식 및 출자자본 중 외국법인이 발행하였거나 외국에 있는 시장에 상장된 주식 등과 파생상품을 양도하는 경우 예정신고의무가 없다.

구 분	비 고
토지·건물, 부동산에 관한 권리 및 기타 자산을 양도한 경우	그 자산의 양도일이 속하는 달의 말일부터 2월 이내
주식 또는 출자지분을 양도한 경우	그 자산의 양도일이 속하는 분기의 말일부터 2월(분기별 예정신고)
부담부증여	그 자산의 양도일이 속하는 달의 말일부터 3월 이내

부동산 및 부동산에 관한 권리를 양도하여 예정신고를 하는 경우 첨부할 서류는 아래와 같다.

- 환지예정지증명원, 잠정등급확인원 및 관리처분내용을 확인할 수 있는 서류 등
- 매도 및 매입에 관한 계약서 사본
- 자본적 지출액·양도비 등의 명세서
- 감가상각비 명세서

주식 및 출자지분을 양도하는 경우의 첨부서류는 다음과 같다.

- 해당자산의 매도 및 매입에 관한 계약서
- 양도비 등의 명세서
- 대주주에 해당하는 경우 주식거래내역서
- 주식취득으로 대주주가 되는 주주1인 및 기타주주에 해당하는 경우 대주주신고서

(2) 예정신고 납부세액

거주자가 예정신고를 할 때에는 산출세액에서 감면세액과 수시부과세액을 차감한 세액을 납세지 관할 세무서, 한국은행 또는 체신관서에 납부하여야 한다(소법 106 ①). 예정신고납부세액이 1천만원을 초과하는 경우 분할납부도 가능하다(소법 112).

예정신고납부세액 = 예정신고산출세액 − 감면세액 − 수시부과세액

(3) 예정신고 산출세액

거주자가 예정신고를 할 때 예정신고 산출세액은 다음 계산식에 따라 계산한다(소법 107).

1) 일반적인 경우

예정신고산출세액＝(양도차익－장기보유특별공제－양도소득기본공제)×양도소득세율

2) 해당 연도에 예정신고를 2회 이상 하는 경우

예정신고 산출세액＝[이미 신고한 양도소득금액＋제2회 이후 신고하는 자산의 양도소득－양도소득기본공제)×양도소득세율]－이미 신고한 예정신고 산출세액

(4) 예정신고와 확정신고

예정신고를 한자는 해당 소득에 대한 확정신고를 하지 아니할 수 있다(소법 110 ④).

2. 양도소득 확정신고

양도소득세의 납세의무가 있는 자는 양도일이 속하는 연도의 다음연도 5월 1일부터 5월 31일까지 납세지 관할세무서장에게 자진신고·납부하여야 한다. 이를 확정신고라 한다(소법 110 ①③).

(1) 확정신고의무자

양도소득의 경우 예정신고를 반드시 해야 하고 예정신고를 한자는 확정신고를 할 필요가 없지만 다음의 경우에는 반드시 확정신고를 해야 하며 확정신고를 하지 않을 경우 가산세를 부담하여야 한다(소령 173 ⑤).

① 해당 연도에 기본세율의 적용대상 자산에 대한 예정신고를 2회 이상 한 자가 이미 신고한 양도소득금액과 합산하여 신고하지 아니한 경우

② 토지, 건물, 부동산에 관한 권리 및 기타자산을 2회 이상 양도한 경우로서 양도소득기본공제의 적용 순위로 인하여 당초 신고한 양도소득 산출세액이 달라지는 경우

③ 주식 등을 2회 이상 양도한 경우로서 양도소득기본공제의 적용 순위로 인하여 당초 신고한 양도소득 산출세액이 달라지는 경우

(2) 확정신고 자진납부세액

양도소득세 확정신고를 하는 자는 양도소득과세표준 신고 및 납부계산서와 양도소득금액계산명세서를 작성하고 그 신고서 및 첨부서류를 확정신고기한 내에 납세지관할세무서에 제출(신고기한내 전자신고 가능)하는 동시에 자진납부할 세액을 납세지 관할세무서·은행 등에 납부하여야 한다(소법 111 ①). 확정신고납부세액은 양도소득 산출세액에서 감면세액과 세액공제액을 공제한 금액을 말한다.

확정신고납부세액＝양도소득 산출세액－세액감면－예정신고산출세액(수시부과세액)

[별지 제84호의4서식] (2019. 3. 20. 개정) (앞쪽)

관리번호	-

(년 귀속)양도소득세 간편신고서(소명자료 제출서)

([ ]예정신고, [ ]확정신고, [ ]기한 후 신고, [ ]소명자료 제출서)

1. 신 고 인 (양 도 인)	성 명		주민등록번호		내·외국인	[ ]내국인[ ]외국인
	전화번호		전자우편 주소		거주구분	[ ]거주자[ ]비거주자
	주 소				거주지국	

2.양 수 인	성 명	주민등록번호	전화번호	지분	양도자와의 관계

3. 양도자산 및 거래일	자 산 종 류 (코 드)	( )	세 율 구 분 (코 드)	(-)
자 산 소 재 지				
양 도 일(원인)	( )	취 득 일(원인)	( )	
양도면적(토지)		양도면적(건물)		

4. 양도소득세 계산

① 양도가액	② 취득가액	③ 필요경비	④ 양도차익 (①-②-③)	⑤ 장기보유 특별공제
⑥ 양도소득금액 (④-⑤)	⑦ 양도소득 기본공제	⑧ 과세표준 (⑥-⑦)	⑨ 세율	⑩ 산출세액 (⑧×⑨)

⑪ 가산세				⑫ 납부할 세액 (⑨-⑩+⑪)	⑬ 분납할 세액	⑭ 납부세액 (⑫-⑬)
무(과소)신고	납부불성실	기장불성실 등	계			

5. 지방소득세 계산

⑮ 과세표준	⑯ 세율	⑰ 산출세액(⑮×⑯)	⑱ 가산세				⑲ 납부할 세액 (⑰+⑱)
			무(과소)신고	납부불성실	기장불성실 등	계	

6. 취득가액 상세명세서(② 취득가액란 금액의 상세 명세를 적으며, 음영부분은 적지 않습니다)

구 분	구분코드	상 호	사업자등록번호	지급일	지급금액	증빙종류(코드)
매 입 가 액						
취득세·등록세						
매입부대비용						

7. 필요경비 계산 상세명세서(③ 필요경비란 금액의 상세 명세를 적습니다)

자본적 지출액						
기 타 비 용						
중개수수료 등						

8. 소명자료제출서로 활용하는 경우: 기본사항(양도인, 양수인, 양도자산 및 거래일)만 적고 소명자료(1세대 1주택 비과세 증명서류 등)를 첨부하여 제출하시면 됩니다(세액계산 불필요).

신고인은 「소득세법」 제105조(예정신고)·제110조(확정신고)·「국세기본법」 제45조의3(기한 후 신고) 및 「지방세법」 제103조의5·제103조의7에 따라 신고하며, **위 내용을 충분히 검토하였고 신고인이 알고 있는 사실 그대로를 정확하게 적었음을 확인합니다.**

년 월 일

신고인 (서명 또는 인)

첨 부 서 류	1.매매관련 계약서 사본, 2. 자본적 지출액·양도비 등 기타필요경비 증명서류(세금계산서 등)

210㎜×297㎜[백상지 80g/㎡(재활용품)]

[별지 제84호서식 부표 1] (앞쪽)

관리번호	-

※ 관리번호는 적지 마십시오.

양도소득금액 계산명세서

☐ 양도자산 및 거래일

① 세율구분(코드)			합 계	(-)	(-)	(-)
② 소재지국	소재지					
③ 자산종류(코드)				( )	( )	( )
거래일 (거래원인)	④ 양도일(원인)			( )	( )	( )
	⑤ 취득일(원인)			( )	( )	( )
거래자산 면적(㎡)	⑥ 총면적 (양도지분)	토지		(/)	(/)	(/)
		건물		(/)	(/)	(/)
	⑦ 양도면적	토지				
		건물				
	⑧ 취득면적	토지				
		건물				

☐ 양도소득금액 계산

거래금액	⑨ 양도가액				
	⑩ 취득가액				
	취득가액 종류				
⑪ 기납부 토지초과이득세					
⑫ 기타필요경비					
양도차익	전체 양도차익				
	비과세 양도차익				
	⑬ 과세대상양도차익				
⑭ 장기보유특별공제					
⑮ 양도소득금액					
감면소득금액	⑯ 세액감면대상				
	⑰ 소득금액감면대상				
⑱ 감면종류	감면율				

☐ 기준시가 (기준시가 신고 또는 취득가액을 환산가로 신고하는 경우에만 적습니다)

양도시 기준 시가	⑲ 건물	일반건물				
		오피스텔·상업용				
		개별·공동주택				
	⑳ 토지					
	합계					
취득시 기준 시가	㉑ 건물	일반건물				
		오피스텔·상업용				
		개별·공동주택				
	㉒ 토지					
	합계					

210㎜×297㎜[백상지 80g/㎡(재활용품)]

(뒤쪽)

작 성 방 법

1. ① 세율구분란: 다음의 세율구분내용과 소재지 및 세율구분코드를 적습니다. 하나의 자산에 둘 이상의 세율이 해당될 경우 해당 세율을 적용하여 계산한 양도소득 산출세액 중 큰 것을 적용합니다.

소재지구분	소재지		세율구분	토지·건물																				
	국내	국외									비사업용토지											다주택		
				2년 이상 보유	1년 이상 2년미만 보유		1년 미만 보유	1년미만 보유주택 및 조합원 입주권		미등기	2년 이상 보유	1년 이상 2년미만 보유		1년미만 보유		지정지역내					'09.3.16~'12.12.31. 취득하여 양도분 (2년 이상보유)	지정지역내 1세대3주택		
																2년 이상 보유	1년 이상 2년미만 보유		1년미만 보유			1년 이상 보유	1년미만 보유	
			세율	6~42%	40%	6~42%	50%	40%	6~42%	70%	16~52%	40%	16~52%	50%	16~52%	26~62%	40%	26~62%	50%	26~62%	6~42%	16~52%	40%	16~52%
코드	1	2	코드	10	15	10	20	40	10	30	11	35	11	36	11	31	37	31	38	31	10	71	73	71

세율구분	토지·건물												부동산에 관한 권리					기타자산			'09.1.1.~'09.3.15. 취득 및 양도분			
	다주택												2년 이상 보유	1년 이상 2년미만 보유		1년 미만 보유	조정대상 지역내 주택의 입주자로 선정된 지위	주식외	주식		1세대 3주택	주택과 조합원 입주권의 합이 3이상인 경우의 주택	비사업용토지	비사업용 토지 과다보유 법인주식
	조정대상지역내																			비사업용 토지 과다보유 법인주식				
	1세대 2주택			1세대가 주택과 조합원입주권을 보유한 경우의 주택			1세대3주택			1세대가 주택과 조합원입주권의 합이 3이상인 주택														
	1년 이상 보유	1년미만 보유		1년 이상 보유	1년미만 보유		1년 이상 보유	1년미만 보유		1년 이상 보유	1년미만 보유													
세율	16~52%	40%	16~52%	16~52%	40%	16~52%	26~62%	40%	26~62%	26~62%	40%	26~62%	6~42%	40%	6~42%	50%	50%	6~42%	6~42%	16~52%	45%	45%	60%	60%
코드	51	53	51	52	54	52	55	57	55	56	58	56	10	15	10	20	21	10	10	11	25	28	26	27

2. ③ 자산종류란: 다음의 자산종류 및 코드를 적습니다.

자산종류	토지·건물				부동산에 관한 권리				기타자산			
	토지	고가주택	일반주택	기타건물	지상권	전세권	등기된 부동산 임차권	부동산을 취득 할 수 있는 권리	특정주식	영업권	시설물 이용권	부동산과다 보유법인주식
코드	1	2	3	4	5	6	7	8	14	15	16	17

3. 거래원인: 매매, 수용, 협의매수, 교환, 공매, 경매, 부담부증여(양도에 해당), 상속, 증여, 신축, 분양, 기타 등을 적습니다.
4. ⑥ 총면적란: 양도자산의 전체면적을 적고, 양도지분을 별도로 적습니다.
5. ⑦ 양도면적란: ⑥ 총면적 × 양도지분으로 산정한 면적을 적습니다.
6. ⑩ 취득가액란: 아래와 같이 적습니다(상속·증여받은 자산은 상속개시일 및 증여일 현재의 나, 다, 기준시가 중 확인되는 가액을 적습니다).
   가. 실지거래가액으로 하는 경우: 취득에 실제 든 가액(별지 제84호서식 부표 3의 ⑤번란의 금액)
   나. 매매사례가액에 의하는 경우: 취득일 전후 3개월 이내의 매매사례가액을 적음
   다. 감정가액에 의하는 경우: 취득일 전후 3개월 이내의 감정평가법인의 감정가액 2개 이상의 평균가액을 적음
   라. 환산가액에 의하는 경우: 양도가액(⑨번) × [취득시기준시가(⑳+㉑)/양도시기준시가(⑱+⑲)]로 환산한 가액을 적음
   ※ 취득가액 종류란: 실지거래가액, 매매사례가액, 감정가액, 환산가액, 기준시가로 구분하여 적으며, 국외자산의 경우 실지거래가액, 해당정부평가액, 매매사례가액, 감정가액으로 구분하여 원화환산금액을 적습니다.
7. ⑪ 기납부토지초과이득세란: 해당 양도토지에 대하여 기납부한 토지초과이득세가 있는 경우 기납부한 토지초과이득세액을 적습니다.
8. ⑫ 기타 필요경비란: 취득당시 가액을 실가에 의하는 경우에는 자본적지출액 등(별지 제84호서식 부표 3의 ⑬란의 금액)을 적고, 취득 당시 가액을 매매사례가액·감정가액·환산가액 또는 기준시가에 의하는 경우에는 「소득세법 시행령」 제163조제6항을 참조하여 적습니다.
9. ⑭ 장기보유특별공제란: 토지·건물의 ⑬양도차익에 다음의 보유기간에 따른 공제율을 곱하여 계산하며, 국외자산은 해당되지 않습니다.

1세대 1주택	3년 이상 보유 24%부터 매년 8%씩 추가 공제하며 10년 이상은 80%한도로 공제(「소득세법」 제95조제2항 표2)
1세대 1주택 외	'19.1.1.이후 양도분부터는 3년 이상 보유 6%부터 매년 2%씩 추가공제하며 15년 이상은 30%한도로 공제 (「소득세법」 제95조제2항 표1) '18.12.31.까지 양도분은 3년 이상 보유 10%, 4년 이상 보유 12%부터 매년 3%씩 추가공제하며 10년 이상은 30%한도로 공제
장기일반 민간임대주택	10년 이상 계속 임대한 후 양도하는 경우 70% 공제(8년 이상은 50%)(「조세특례제한법」 제97조의3)
장기임대주택	6년 이상 임대한 후 양도하는 경우 「소득세법」 제95조제2항 표1의 공제율에 임대기간 6년 이상 2%, 7년 이상 4%, 8년 이상 6%, 9년 이상 8%, 10년 한법」 제97조의4)

10. ⑯ 세액감면대상란: 양도소득세액의 감면을 「소득세법」 제90조제1항(세액감면방식)을 적용하여 계산하는 경우 양도자산의 감면소득금액을 적습니다.
11. ⑰ 소득금액감면대상란: 양도소득세액의 감면을 「소득세법」 제90조제2항(소득금액 차감방식)을 적용하여 계산하는 경우 양도자산의 감면소득금액을 적습니다.
12. ⑱ 감면종류 및 감면율란: 양도소득세 감면규정 및 감면율을 적습니다(감면신청서는 별도로 작성하여 제출해야 합니다).
13. ⑲ 건물란: 다음의 구분에 따라 양도 당시 금액을 적습니다.
    가. 일반건물: 국세청장이 고시한 금액(건물 ㎡당 가액)에 건물면적(전용+공용)을 곱하여 계산한 금액
    나. 상업용·오피스텔: 국세청장이 고시한 금액(토지+건물)에 건물면적(전용+공용)을 곱하여 계산한 금액
    다. 개별·공동주택: 국토해양부장관이 고시한 금액(토지+건물)
14. ⑳ 토지란: 양도 시 개별공시지가에 면적을 곱하여 계산한 금액을 적습니다.
15. ㉑ 건물란: ⑱ 건물란의 작성방법에 따라 취득당시 금액을 적습니다(최초 고시일 전에 취득한 경우에는 최초 고시금액을 취득 시로 환산한 가액).
16. ㉒ 토지란: 취득시 개별공시지가에 면적을 곱하여 계산한 금액을 적습니다(취득일이 '90.8.29. 이전인 경우에는 '90.1.1. 기준 개별공시지가를 토지등급에 의해 취득 시로 환산한 가액).

210㎜×297㎜[백상지 80g/㎡(재활용품)]

예정신고 및 확정신고에서 자진납부할 세액이 각각 1천만원을 초과하는 자는 다음의 분납금액을 납부기한 경과 후 2개월 이내에 분납할 수 있다(소법 112).

구 분	분납금액
납부할 세액이 2,000만원 이하인 때	1,000만원을 초과하는 금액
납부할 세액이 2,000만원을 초과하는 때	세액의 50% 이하의 금액

3. 양도소득에 대한 수정신고와 경정 등의 청구

(1) 수정신고

과세표준신고서를 법정신고기한 내에 제출한 자가 그 신고한 과세표준 및 세액이 신고하여야 할 과세표준 및 세액에 미달하거나 신고한 결손금액 또는 환급세액이 신고하여야 할 결손금액 또는 환급세액을 초과하는 때에는 관할세무서장이 과세표준과 세액을 결정 또는 경정하여 통지하기 전까지 과세표준 수정신고서를 제출할 수 있다(국기법 45).

(2) 경정 등의 청구

과세표준신고서를 법정신고기한 내에 제출한 자가 그 신고한 과세표준 및 세액이 신고하여야 할 과세표준 및 세액을 초과하거나 신고한 결손금액 또는 환급세액이 신고하여야 할 결손금액 또는 환급세액에 미달하는 때에는 법정신고 기한 경과 후 5년 이내에 최초에 신고한 국세의 과세표준 및 세액(결정 또는 경정이 있는 경우에는 당해 결정 또는 경정후의 과세표준 및 세액)의 결정 또는 경정을 관할세무서장에게 청구할 수 있다(국기법 45의2).

4. 양도소득과세표준과 세액의 결정과 경정

양도소득세는 신고납부제도로 운영되며 납세자의 신고에 의해 납세의무가 확정된다. 그러나 양도소득세 과세대상 자산을 양도하였으나 신고하지 않거나 또는 신고에 오류 등이 있는 경우에는 과세표준 및 세액을 결정 또는 경정함으로서 납세의무가 확정된다.

(1) 결정 사유

납세지 관할세무서장 또는 지방국세청장은 예정신고를 하여야 할 자가 그 신고를 하지 않거나 확정신고를 하여야 할 자가 신고를 하지 않은 경우 양도소득 과세표준과 세액을 결정한다(소법 114 ①).

(2) 경정사유

납세지 관할세무서장 또는 지방국세청장은 예정신고를 한 자 또는 확정신고를 한 자의 신고내용에 탈루 또는 오류가 있는 경우에는 양도소득 과세표준과 세액을 경정한다(소법 114 ②).

(3) 결정 및 경정의 방법

토지 및 건물의 양도로 양도가액 및 취득가액을 실지거래가액에 따라 양도소득 과세표준 예정신고 또는 확정신고를 하여야 할 자가 그 신고를 하지 아니한 경우로서 양도소득 과세표준과 세액 또는 신고의무자의 실지거래가액 소명(疏明) 여부 등을 고려하여 일정요건에 해당하는 경우 납세지 관할 세무서장 또는 지방국세청장은 「부동산등기법」에 따라 등기부에 기재된 거래가액을 실지거래가액으로 추정하여 양도소득 과세표준과 세액을 결정할 수 있다. 다만, 납세지 관할 세무서장 또는 지방국세청장이 등기부 기재가액이 실지거래가액과 차이가 있음을 확인한 경우에는 그러하지 아니하다.

양도가액 및 취득가액을 실지거래가액에 따라 양도소득 과세표준 예정신고 또는 확정신고를 한 경우로서 그 신고가액이 사실과 달라 납세지 관할 세무서장 또는 지방국세청장이 실지거래가액을 확인한 경우에는 그 확인된 가액을 양도가액 또는 취득가액으로 하여 양도소득 과세표준과 세액을 경정한다.

양도소득과세표준과 세액의 경정 및 결정하는 경우 양도가액 또는 취득가액을 실지거래가액에 따라 정하는 경우로서 장부나 그 밖의 증명서류에 의하여 해당 자산의 양도 당시 또는 취득 당시의 실지거래가액을 인정 또는 확인할 수 없는 경우에는 양도가액 또는 취득가액을 매매사례가액, 감정가액, 환산취득가액 또는 기준시가 등에 따라 추계조사하여 결정 또는 경정할 수 있다(소법 114 ⑦, 소령 176의2 ①).

양도가액 및 취득가액의 추계결정 및 경정의 사유는 아래와 같다.

① 양도 또는 취득 당시의 실지거래가액의 확인을 위하여 필요한 장부·매매계약서·영수증 기타 증빙서류가 없거나 그 중요한 부분이 미비된 경우

② 장부·매매계약서·영수증 기타 증빙서류의 내용이 매매사례가액, 감정평가법인이 평가한 감정가액 등에 비추어 허위임이 명백한 경우

5. 가산세

양도소득세 과세표준 예정신고 및 확정신고 납부의 경우 국세기본법에 따른 무신고가산세, 과소신고가산세, 납부불성실, 환급불성실가산세가 부과된다. 이외 소득세법에 따른

가산세는 다음과 같다.

(1) 신고불성실 가산세

양도소득이 있는 자가 신고하여야 할 소득금액을 예정신고 또는 확정신고기한[1]까지 신고하지 않거나(무신고가산세) 미달하게 신고한 경우(과소신고가산세)가 과세된다.

무신고가산세 = 산출세액의 20%(부당무신고시 산출세액의 40%)

과소신고가산세 = 산출세액의 10%(부당과소신고시 산출세액의 40%)

(2) 납부불성실가산세

예정 또는 확정신고기한까지 납부하여야 할 세액을 납부하지 않았거나 미달하게 납부한 세액에 대하여 납부불성실가산세가 과세된다(국기법 47의4).

납부불성실 가산세 = 납부하지 아니한 세액 또는 부족한 세액×납부기한의 다음날부터 자진납부일 또는 납세고지일까지의 기간×금융회사 등이 연체대출금에 대하여 적용하는 이자율 등을 고려하여 대통령령으로 정하는 이자율(25/100,000)

(3) 감정가액 및 환산취득가액 적용에 따른 가산세

거주자가 건물을 신축 또는 증축(증축의 경우 바닥면적 합계가 85제곱미터를 초과하는 경우에 한정한다)하고 그 건물의 취득일 또는 증축일부터 5년 이내에 해당 건물을 양도하는 경우로서 감정가액 또는 환산취득가액을 그 취득가액으로 하는 경우에는 해당 건물의 감정가액(증축의 경우 증축한 부분에 한정한다) 또는 환산취득가액(증축의 경우 증축한 부분에 한정한다)의 100분의 5에 해당하는 금액을 양도소득 결정세액에 더한다(소법 114의2). 양도소득 산출세액이 없는 경우에도 적용한다.

가산세 = 감정가액(또는 환산취득가액) × 5%

(4) 주식등에 대한 장부의 비치·기록의무 및 기장 불성실가산세

법인(중소기업을 포함한다)의 대주주가 양도하는 주식 등에 대하여 종목별로 구분하여 거래일자별 거래명세 등을 장부에 기록·관리하여야 하며 그 증명서류 등을 갖추어 두어야 한다. 다만, 「자본시장과 금융투자업에 관한 법률」에 따른 투자매매업자 또는 투자중개업자가 발행한 거래명세서를 갖추어 둔 경우에는 장부를 비치·기록한 것으로 본다. 법인의 대주주가 양도하는 주식 등에 대하여 거래명세 등을 기장하지 아니하였거나 누락하였을 때에

1) 예정신고 및 확정신고 모두 무신고한 경우 1건의 양도에 대해서는 예정무신고가산세만 부과한다. 누진세율적용대상 자산을 2건 이상 양도한 경우 각각 예정신고건별로 예정무신고가산세 적용하고 합산에 의해 산출세액의 증가하는 경우 증가된 산출세액에 대해 확정무신고가산세를 부과한다.

는 기장을 하지 아니한 소득금액 또는 누락한 소득금액이 양도소득금액에서 차지하는 비율을 산출세액에 곱하여 계산한 금액의 100분의 10에 해당하는 금액을 산출세액에 더한다. 다만, 산출세액이 없을 때에는 그 거래금액의 1만분의 7에 해당하는 금액을 기장 불성실가산세로 한다(소법 115).

① 산출세액이 있을 경우

$$\text{기장불성실가산세} = \text{산출세액} \times \frac{\text{무기장 또는 누락 소득금액}}{\text{양도소득금액}} \times 10\%$$

② 산출세액이 없을 경우

$$\text{기장불성실가산세} = \text{거래금액} \times \frac{7}{10{,}000}$$

연습문제

01 소득세법상 양도소득세에 관한 설명이다. 옳은 것은? 2015 CPA 1차

① 확정신고에 따라 납부할 양도소득세액이 2천만원을 초과하는 거주자는 그 초과세액의 100분의 50 이하의 금액을 납부기한이 지난 후 2개월 이내에 분할납부할 수 있다.

② 양도소득금액 계산시 양도차손이 발생한 자산이 있는 경우에는 다른 자산에서 발생한 양도소득금액에서 그 양도차손을 공제하되, 이때 양도차손이 발생한 자산과 다른 세율을 적용받는 자산의 양도소득금액에서 우선 공제한다.

③ 국외에 있는 토지의 양도일까지 계속 5년 이상 국내에 주소를 둔 거주자가 해당 토지의 양도로 발생한 소득은 양도소득이다.

④ 시설물을 배타적으로 이용할 수 있도록 약정한 단체의 구성원이 된 자에게 부여되는 시설물 이용권의 양도로 발생하는 소득은 양도소득에 해당하지 아니한다.

⑤ 양도란 자산에 대한 등기 또는 등록과 관계없이 매도, 교환, 법인에 대한 현물출자 등으로 인하여 그 자산이 유상 또는 무상으로 사실상 이전되는 것을 말한다.

정답 01 ③

제10장 국외양도자산에 대한 양도소득

1. 과세대상

국내에 당해 양도일까지 계속 5년 이상 주소 또는 거소를 둔 거주자의 국외에 있는 자산의 양도에 대한 양도소득은 과세대상1)이다.

2. 국외자산의 양도가액 및 필요경비

(1) 양도가액

국외자산의 양도가액은 당해 자산의 양도당시의 실지거래가액으로 한다. 다만 양도당시의 실지거래가액을 확인할 수 없는 경우에는 양도자산이 소재하는 국가의 양도 당시의 현황을 반영한 시가에 의하되, 시가를 산정하기 어려운 때에는 당해 자산의 종류, 규모, 거래상황등을 참작하여 대통령령이 정하는 방법에 의한다(소법 118의3).

(2) 필요경비

국외자산의 양도에 대한 양도차익을 계산할 때 양도가액에서 공제하는 필요경비는 다음의 금액을 합한 것으로 한다.

① 취득가액

해당 자산의 취득에 든 실지거래가액을 말한다. 다만, 취득 당시의 실지거래가액을 확인할 수 없는 경우에는 양도자산이 소재하는 국가의 취득 당시의 현황을 반영한 시가에 따르되, 시가를 산정하기 어려울 때에는 그 자산의 종류, 규모, 거래상황 등을 고려하여 대통령령으로 정하는 방법에 따라 취득가액을 산정한다.

② 자본적 지출액

1) 국외자산 양도소득범위에서 파생상품은 제외되며 국내외 파생상품 양도소득을 합산하여 과세한다.

③ 양도비

3. 양도차익의 외화환산

양도차익의 외화 환산, 실지거래가액의 확정, 시가의 산정 등 필요경비의 계산은 양도가액 및 필요경비를 수령하거나 지출한 날 현재 외국환거래법에 의한 기준환율 또는 재정환율에 의하여 계산한다.

4. 장기보유특별공제와 양도소득기본공제

장기보유특별공제액은 공제하지 않는다. 양도소득기본공제는 등기여부와 관계없이 기본공제대상이면 각 소득별로 연 250만원을 공제한다.

5. 세 율

국외자산		양도소득세율
토지건물. 부동산에 관한 권리 및 기타자산		기본세율
주식	중소기업주식*	10%
	그 외 주식	20%

* 우리나라 중소기업주식으로서 외국증권시장에 상장된 것을 말함.

6. 외국납부세액

국외자산 양도소득세액을 납부하였을 때에는 해당 과세기간의 양도소득 산출세액에서 국외자산 양도소득세액을 공제하거나 해당 과세기간의 양도소득금액 계산상 필요경비에 국외자산양도소득세액을 산입하는 방법 중 하나를 선택하여 외국납부세액의 공제를 적용받을 수 있다.

7. 양도소득세 부과제척기간

양도소득세의 부과제척기간이란 양도소득에 대한 소득세를 부과할 수 있는 기간을 말한다. 아래와 같은 부과제척기간이 경과한 후에는 양도소득세를 부과할 수 없다. 양도소득세의 부과제척기간은 양도한 날이 속하는 다음연도의 6월 1일부터 기산한다.

구 분	제척기간
① 납세자가 사기나 그 밖의 부정한 행위로 국세를 포탈하거나 환급공제 받은 경우	10년
② 납세자가 법정신고기한까지 과세표준 신고서를 제출하지 아니한 경우	7년
③ 위 ① 및 ②에 해당하지 아니한 경우	5년

연습문제

01 소득세법상 국외자산양도에 대한 설명으로 옳지 않은 것은? 2013 7급

① 해당 자산의 양도일까지 계속하여 3년 동안 국내에 주소를 둔 자는 국외에 있는 토지 또는 건물의 양도로 발생하는 소득에 대하여 과세한다.

② 국외자산의 양도에 대한 양도차익을 계산할 때 양도가액에서 공제하는 필요경비는 해당 자산의 취득에 든 실지거래가액을 확인할 수 있는 경우에는 그 가액과 대통령령으로 정하는 자본적지출액 및 양도비를 합한 금액으로 한다.

③ 양도차익의 외화 환산, 취득에 드는 실지거래가액, 시가의 산정 등 필요경비의 계산은 양도가액 및 필요경비를 수령하거나 지출한 날 현재 외국환거래법 에 의한 기준환율 또는 재정환율에 의하여 계산한다.

④ 국외자산 양도소득세액을 납부하였을 때에는 해당 과세기간의 양도소득 산출세액에서 국외자산 양도소득세액을 공제하거나 해당 과세기간의 양도소득금액 계산상 필요경비에 국외자산양도소득세액을 산입하는 방법 중 하나를 선택하여 외국납부세액의 공제를 적용받을 수 있다.

02 소득세법상 국외자산 양도에 대한 양도소득세에 대한 설명으로 옳은 것은? 2016 7급

① 국외자산의 양도소득에 대하여 해당 외국에서 과세를 하는 경우에 그 양도소득에 대하여 대통령령으로 정하는 국외자산양도소득에 대한 세액을 납부하였거나 납부할 것이 있을 때에는 그 세액을 해당 과세기간의 양도소득금액 계산상 필요경비에 산입하는 방법만 적용받을 수 있다.

② 국외자산의 양도에 대한 양도소득세는 해당 자산의 양도일까지 계속 3년 이상 국내에 주소 또는 거소를 둔 거주자에 한하여 납세의무를 진다.

③ 국외자산의 양도가액은 양도 당시의 실지거래가액을 확인할 수 없는 경우에 양도자산이 소재하는 국가의 양도 당시 현황을 반영한 시가에 따르되, 시가를 산정하기 어려울 때에는 그 자산의 종류, 규모, 거래상황 등을 고려하여 대통령령으로 정하는 방법에 따른다.

④ 국외자산 양도에 따른 양도소득 과세표준 계산시 양도소득 기본공제 및 장기보유특별공제를 적용한다.

정답 01 ① 02 ③

제 2 편

상속세

제 1 장 상속세의 의의

제1절 개 요

상속세는 사망(실종선고포함)을 원인으로 하여 사망자(피상속인)의 재산을 무상으로 취득하는 경우 그 취득재산의 가액에 대하여 상속인에게 과세하는 세금이다. 상속은 사망에 의해 개시되며 유증, 사인증여, 특별연고자에 대한 상속재산의 분여를 포함한다.

상속세는 피상속인의 유산총액을 기준으로 과세하고 있으며, 각 상속인은 각자가 받았거나 받을 재산을 한도로 하여 공동으로 상속세를 납부하여야 한다.

제2절 상속과 관련된 용어

상속과 관련된 주요 용어 및 그 내용은 아래와 같다.

① **피상속인**: 사망 또는 실종선고를 받은 사람을 말한다.

② **상속인**: 재산을 상속받은 사람을 말한다.

③ **상속개시일**: 상속개시일이란 피상속인이 사망한 날을 말한다. 다만, 피상속인의 실종선고로 인하여 상속이 개시되는 경우에는 실종선고일을 말한다.

④ **상속재산**: 피상속인에게 귀속되는 모든 재산을 말한다. 금전으로 환산할 수 있는 경제적 가치가 있는 모든 물건과 재산적 가치가 있는 법률상 또는 사실상의 모든 권리를 포함한다. 다만, 피상속인의 일신에 전속하는 것으로서 피상속인의 사망으로 인하여 소멸되는 것은 제외한다(상증법 2 3).

⑤ **수유자**: 유증을 받은 자 또는 사인증여에 의해 재산을 취득한 자를 말한다.

⑥ 유증: 유언에 의해 재산이 무상 증여되는 것을 말한다.
⑦ 사인증여: 증여자의 사망으로 인하여 효력이 생길 증여를 말한다. 상속개시일 전 10년 이내에 피상속인이 상속인에게 진 증여채무 및 상속개시일 전 5년 이내에 피상속인이 상속인이 아닌 자에게 진 증여채무의 이행 중에 증여자가 사망한 경우의 그 증여를 포함한다(상증법 2 1 나).
⑧ 특별연고자에 대한 분여: 상속인의 존부가 분명하지 않고 상속권을 주장하는 자가 없는 때에는 가정법원이 피상속인과 생계를 같이 하고 있었던 자, 피상속인의 요양간호를 한 자 기타 피상속인과 특별한 연고가 있었던 자에게 상속재산의 전부 또는 일부를 분여하는 것을 말한다(상증법 2 1 다).
⑨ 기여분: 상속인 중 피상속인의 재산의 유지나 증가에 대하여 특별히 기여하였거나 피상속인을 부양한 자에 대하여 해당상속인이 기여한 재산을 가산하여 상속분을 인정하는 것을 말한다.
⑩ 유류분: 법정상속인에게 최소한도의 상속을 인정하는 제도를 말한다.

제 3 절 민법에 의한 상속인의 범위

민법에 의한 상속인에는 법정상속인, 대습상속인, 한정상속인, 선순위 상속인의 상속포기에 따른 후순위상속인이 있다.

1. 법정상속인과 상속의 순위

법정상속인이란 결격사유가 없는 한 민법규정에 의한 상속순위에 따라 상속받는 자를 말한다. 상속은 재산의 무상이전에 의한 승계이다. 상속이 개시된 후 상속자격을 가진 사람이 많은 경우 누가 상속받을 것인가에 대한 다툼이 있을 수 있다. 이러한 경우 상속자격의 우선순위, 즉 상속순위를 법률로 규정하고 있다.[1)]

그 순위를 보면 아래와 같다.

1) 민법 제1000조.

1순위	직계비속, 배우자	항상 상속인이 된다.
2순위	직계존속, 배우자	직계비속이 없는 경우 상속인이 된다.
3순위	형제자매	1, 2순위가 없는 경우 상속인이 된다.
4순위	4촌 이내의 방계혈족	1, 2, 3순위가 없는 경우 상속인이 된다.

법정상속인의 결정에 있어서 같은 순위의 상속인이 여러 명인 경우에는 촌수가 가장 가까운 상속인을 우선순위로 하며, 촌수가 같은 상속인이 여러 명인 경우에는 공동상속인이 된다(민법 1000 ①). 예를 들어 피상속인의 직계비속으로 자녀 2인과 손자녀 2인이 있는 경우 자녀 2인이 공동상속인이 되며 손자녀는 법정상속인이 되지 못한다.

배우자는 1순위인 직계비속과 같은 순위로 공동상속인이 되며, 직계비속이 없는 경우에는 2순위인 직계존속과 공동상속인이 된다. 만약 직계비속과 직계존속이 모두 없는 경우에는 배우자가 단독상속인이 된다. 상속순위를 결정할 때 태아는 이미 출생한 것으로 본다(민법 1000 ②).

2. 대습상속인

상속인이 될 직계비속 또는 형제자매가 상속개시전에 사망하거나 결격자가 된 경우에 그 직계비속이 있는 때에는 그 직계비속이 사망하거나 결격된 자의 순위에 갈음하여 상속인이 된다. 이를 대습상속이라 한다.

<사례> 김대구는 부모님을 여의고 할아버지와 할머니와 생활하였다. 할아버지는 김대구의 아버지를 포함하여 2남1녀를 두었다. 김대구는 할아버지가 돌아가셨을 때 재산을 상속받을 수 있을까? (할머니와 김대구의 아버지를 제외한 자녀는 생존해 계심)

⇒ 김대구는 상속받을 수 있다. 김대구의 아버지는 상속인이 될 직계비속이고 할아버지보다 먼저 사망하였으므로 김대구는 대습상속인이 되어 아버지의 형제자매 및 할머니와 공동으로 상속받을 수 있다.

3. 한정상속인

상속인은 상속으로 인하여 취득할 재산의 한도에서 피상속인의 채무와 유증을 변제할 것을 조건으로 상속을 승인할 수 있다(민법 1028). 이를 한정상속이라 하며 한정승인에 의한 상속인을 한정상속인이라 한다. 피상속인의 채무가 재산보다 많은 경우 상속인을 보호할 목적으로 마련된 제도이다. 피상속인의 채무가 재산보다 많은 경우 상속을 포기할 수 도 있다. 상속포기는 포괄적, 무조건적으로만 가능하므로 일부포기나 조건부 포기는 인정되지 않는다. 상속인이 수인인 경우 어느 상속인이 상속을 포기한 때 그 상속분은 다른 상속인의 상속분의 비율로 그 상속인에게 귀속된다(민법 1043). 1순위 상속인 모두가 상속포기를 하면 2순위 상속인에게 상속권이 넘어가게 된다. 상속재산이 채무를 초과할 때 한정 상속 또는 상속포기에 의해 불의의 손해를 막아야 한다. 상속포기의 경우 다음순위로 상속권이 넘어가므로 주의해야 하며 순차적으로 상속을 포기해야 한다.

4. 상속결격자

상속인의 자격을 상실한 자를 말하며 민법 제1004의 규정에 의한 결격사유는 다음과 같다.

① 고의로 직계존속, 피상속인, 그 배우자 또는 상속의 선순위나 동순위에 있는 자를 살해하거나 살해하려 한 자
② 고의로 직계존속, 피상속인과 그 배우자에게 상해를 가하여 사망에 이르게 한 자
③ 사기 또는 강박으로 피상속인의 상속에 관한 유언 또는 유언의 철회를 방해한 자
④ 사기 또는 강박으로 피상속인의 상속에 관한 유언을 하게 한 자
⑤ 피상속인의 상속에 관한 유언서를 위조·변조·파기 또는 은닉한 자

제 4 절 상속재산의 분할

상속재산의 분할이란 공동상속인 별로 상속분에 따라 그 재산을 각각 확정시키는 것을 말한다.

피상속인은 유언에 의하여 공동상속인의 상속분을 지정할 수 있으며(유언상속), 유언상속이 없는 경우에는 공동상속인이 협의하여 분할하거나 민법에 규정된 법정상속분에 따라 상속재산을 분할한다.

1. 지정상속분

피상속인의 유언에 의해 상속인의 상속분을 지정할 수 있다. 그러므로 피상속인은 지정상속에 의해 상속인으로 하여금 법정상속분에 우선하여 상속재산을 취득하게 할 수 있다.

상속분의 지정은 유언에 의해서만 할 수 있다.

피상속인의 유언만으로 상속재산을 분할 할 경우 일부 상속인의 경우 생활의 안정을 침해받을 수 있어 이를 보호하기 위한 제도가 필요하며 이를 유류분 제도라 한다.

유류분제도[2]란 일부 상속인을 위하여 최소한의 상속분을 법으로 정한 제도이다. 만약 유류분권리자가 권리에 미치지 못하는 상속재산을 상속받은 경우 유류분에 해당하는 상속재산 만큼 재산의 반환을 청구할 수 있다.

유류분 권리자는 피상속인의 직계비속, 배우자, 직계존속 및 형제자매이며 태아도 살아서 출생하면 직계비속으로서 유류분을 가진다. 유류분권을 행사할 수 있으려면 최우선순위의 상속인이어서 상속권이 있어야 한다. 상속결격자와 상속포기자는 상속인이 아니므로 유류분권을 행사 할 수 없다.

상속인의 유류분 비율은 다음과 같다(민법 1112).

① 피상속인의 배우자: 법정상속분의 2분의 1

② 피상속인의 직계비속: 법정상속분의 2분의 1

③ 피상속인의 직계존속: 법정상속분의 3분의 1

④ 피상속인의 형제자매: 법정상속분의 3분의 1

2. 법정상속분[3]

법정상속분이란 공동의 상속인이 있을 경우 각각의 상속인에게 귀속되는 상속재산을 말한다.

(1) 같은 순위 상속인 사이의 상속분

같은 순위의 상속인이 여러 명인 때에는 그 상속분은 동일하다.

(2) 배우자 상속분의 가산

배우자의 상속분은 직계비속과 공동으로 상속하는 때에는 직계비속의 상속분에 5할을 가산하고, 직계존속과 공동으로 상속하는 때에는 직계존속의 상속분에 5할을 가산한다.

---

2) 민법 제1112조.

3) 민법 제1009조.

(3) 법정상속분의 예시

구 분	상속인	상속인	
		상속분	배분율
피상속인의 자녀 및 배우자가 있는 경우	장남·배우자만 있는 경우	장남 1	2/5
		배우자 1.5	3/5
	장남·장녀(미혼) 배우자가 있는 경우	장남 1	2/7
		장녀 1	2/7
		배우자 1.5	3/7
	장남·장녀(출가) 2남, 2녀 배우자가 있는 경우	장남 1	2/11
		장녀 1	2/11
		2남 1	2/11
		2녀 1	2/11
		배우자 1.5	3/11
피상속인의 자녀가 없고 배우자 및 직계존속(부·모)이 있는 경우		부 1	2/7
		모 1	2/7
		배우자 1.5	3/7

제 5 절 상속세의 과세방법

상속세의 과세방법은 유산과세형과 취득과세형으로 나눌 수 있다.

1. 유산과세형

유산과세형은 피상속인의 유산전체를 대상으로 과세하므로 상속인이 한명이든 여러 명이든 관계없이 상속재산 전체에 대하여 세액을 계산한 후 각 상속인이 상속지분에 따라 안분하여 납부한다. 유산전체의 재산에 누진세율을 적용하여 상속세를 계산하므로 취득과세형에 비해 상대적으로 높은 세율을 적용할 수 있으므로 과세당국의 세수입이 크다. 우리나라에서 채택하고 있는 방법이다. 피상속인을 기준으로 상속재산 전체에 대하여 과세하므로 소득세의 보완기능이 있다. 피상속인의 유산총액에 대하여 과세하므로 상속재산이 여러 명에게 분산되더라도 조세의 총 부담이 동일하다. 따라서 상속세를 절감할 목적으로 유산분할을 가장하여 허위 신고할 가능성이 낮다. 반면에 많은 재산을 취득한 상속인이든 적은 재산을 상속받은 상속인이든 동일한 세율을 적용받음으로 인해 조세저항이 있을 수 있다.

2. 취득과세형

취득과세형은 상속인의 유산취득가액을 과세대상으로 한다. 즉 상속인이 여러명일 경우 상속재산을 상속분에 따라 분할하고 분할된 재산을 과세대상으로 하여 초과누진세율을 적용하는 것이다. 상속인이 각자가 받은 상속재산가액을 기초로 누진세율을 적용함으로서 응능부담원칙에 따라 과세된다. 그러나 상속인이 여러 명인 경우 높은 누진세율을 회피하기 위해 허위 신고할 유인이 있고, 높은 누진세율을 적용받을 가능성이 유산과세형보다 낮으므로 과세당국의 세금확보에 불리하다.

유산과세형과 취득과세형을 비교하면 아래와 같다.

	유산과세형	취득과세형
과세방법	피상속인의 유산자체를 대상으로 과세 * 공동상속의 경우 분할되지 아니한 유산총액을 대상으로 누진세율 적용	상속인의 취득재산가액을 과세대상으로 함 * 공동상속된 경우 분할된 각자의 몫을 대상으로 누진세율적용
납세의무자	피상속인의 인격대표자	각 상속인
대표적인 입법례	미국, 영국, 우리나라	독일, 일본

제 6 절 상속세 납세의무

1. 개 요

상속인 또는 수유자는 상속재산 중 각자가 받았거나 받을 재산의 점유비율에 따라 상속세를 납부할 의무가 있다. 상속세는 상속개시일 현재의 상속재산에 부과한다. 상속재산은 유증, 사인증여 및 특별연고자에 대한 상속재산의 분여금액을 포함한다. 거주자가[4]가 사망한 경우 거주자의 모든 상속재산이 과세대상이 되며 비거주자가 사망한 경우 국내에 있는 비거주자의 모든 상속재산이 과세대상이 된다.

4) 거주자란 국내에 주소를 두거나 183일 이상 거소를 둔 자를 말하며 비거주자란 거주자가 아닌자를 말한다.

2. 상속세의 납세의무

(1) 권리 의무주체에 따른 상속세의 납세의무

① 개 인

개인은 상증법상 납세의무자로서 상속세 납세의무를 진다

② 영리법인

법인이나 법인격 없는 단체는 피상속인의 유언에 따라 상속인의 지위로서가 아닌 수유자로서 재산을 유증받을 수 있다. 현행 법인세법은 무상으로 받은 자산의 가액은 익금에 산입하도록 규정하고 있으므로 영리법인이 상속으로 인하여 유증 및 사인증여받은 재산의 가액은 각 사업연도의 익금을 구성한다. 따라서 법인세가 부과된다. 법인세가 부과된 상속재산에 대하여 상속세를 부과하는 경우 이중과세가 발생하므로 상증법은 특별연고자 또는 수유자가 영리법인인 경우에는 당해 영리법인이 납부할 상속세를 면제한다(상증법 3의2 ①).

③ 비영리법인

비영리법인이 피상속인의 사망으로 인하여 상속재산을 취득하는 경우 상속세 납세의무가 있다. 비영리법인의 경우 영리법인과 달리 자산수증이익이 수익사업에 해당되지 않아 법인세법을 적용받지 않기 때문이다.

한편 상속재산 중 피상속인이나 상속인이 종교·자선·학술 관련 사업 등 공익성을 고려하여 공익법인 등에게 출연한 재산의 가액으로서 상속세 신고기한(법령상 또는 행정상의 사유로 공익법인 등의 설립이 지연되는 등 부득이한 사유가 있는 경우에는 그 사유가 없어진 날이 속하는 달의 말일부터 6개월까지를 말한다) 이내에 출연한 재산의 가액은 상속세 과세가액에 산입하지 아니한다(상증법 16 ①).

④ 법인격 없는 단체

법인격 없는 단체는 비영리법인으로 의제되며 1거주자 또는 공동사업으로 의제되는 경우 개인으로 의제되므로 상속세법의 상속세 납세의무자가 된다.

상속세 납세의무를 요약하면 다음과 같다.

권리의무주체	세부구분	상속세납세의무
개인	자연인	○
법인	영리	×
	비영리	○
법인격없는 단체	법인으로 보는 경우	○
	1거주자로 보는 경우	○
	공동사업자로 보는 경우	○

(2) 상속세 납세의무자

① 상속세 납세의무자의 범위

상속증여세법상 상속인의 상속세 납세의무자는 민법상 상속인을 모두 포함하며 이외 상속결격자, 상속포기자, 특별연고자를 포함한다. 상속증여세법상 상속인 외에 수유자는 상속세 납부의무가 있다. 수유자란 유증 및 사인증여에 의해 재산을 취득하는 자로서 상속인이 아닌 자이다.

상속세 납세의무자는 다음과 같다.

가. 민법상 상속인(법정상속인, 대습상속인, 한정상속인)

나. 사전증여를 받은 자 등이 상속결격자이거나 상속을 포기한 자

다. 특별연고자

라. 유증을 받은 자

마. 사인증여을 받은 자

② 상속세 부담비율

상속인(상속을 포기한 사람 및 특별연고자를 포함) 또는 수유자(사망으로 인하여 효력이 발생하는 증여에 의하여 재산을 취득하는 자를 포함)는 부과된 상속세에 대하여 상속재산 중 각자가 받았거나 받을 재산을 기준으로 계산한 비율에 의하여 상속세를 납부할 의무가 있다. 특별연고자 또는 수유자가 영리법인인 경우에는 그 영리법인이 납부할 상속세를 면제하되, 그 영리법인의 주주 또는 출자자 중 상속인과 그 직계비속이 있는 경우에는 지분상당액의 상속세를 상속인 및 직계비속이 납부할 의무가 있다(상증법 3의2 ①).

③ 연대납세의무

상속세는 상속인 또는 수유자 각자가 받았거나 받을 재산을 한도로 연대하여 납부할 의무를 진다(상증법 3의2 ②).

(3) 상속세의 과세관할

상속세는 상속개시지를 관할하는 세무서장이 관할하며 상속개시지는 피상속인의 주소지이다. 주소지가 없거나 분명하지 않은 경우에는 거소지로 한다.

다만, 상속개시지가 국외인 경우에는 상속재산 소재지를 관할하는 세무서장등이 과세하고, 상속재산이 둘 이상의 세무서장등의 관할구역에 있을 경우에는 주된 재산의 소재지를 관할하는 세무서장등이 과세한다(상증법 6 ①).

제 2 장 상속세 총상속재산가액

제 1 절 총상속재산가액의 범위

상속세는 상속개시일 현재 피상속인의 모든 상속재산에 대하여 부과한다. 상속재산은 피상속인에게 귀속되는 재산으로서 금전으로 환산할 수 있는 경제적 가치가 있는 모든 물건과 재산적 가치가 있는 법률상 또는 사실상의 모든 권리를 포함한다. 상속재산 중 피상속인에 속하는 것으로서 피상속인의 사망으로 인하여 소멸되는 것은 제외한다(상증법 2 3). 상속세 부과대상이 되는 피상속인의 총상속재산가액은 본래의 상속재산과 간주상속재산 및 추정상속재산을 포함한다. 간주상속재산과 추정상속재산은 피상속인이 상속한 실질과세원칙 및 조세평등주의를 구현하기 위해 상속재산에 포함하는 자산이다.

총상속재산가액＝본래의 상속재산＋추정·간주 상속재산

제 2 절 본래의 상속재산

본래의 상속재산이란 상속개시일 현재 피상속인이 소유하고 있던 재산이다. 피상속인에게 귀속되는 모든 재산을 말한다.

① 금전으로 환산할 수 있는 경제적 가치가 있는 모든 물건

② 재산적 가치가 있는 법률상 또는 사실상의 모든 권리를 포함한다. 다만, 피상속인의 일신에 전속하는 것으로서 피상속인의 사망으로 인하여 소멸되는 것은 제외한다(상증법 2 3).

1. 상속재산에 포함되는 경우

상속재산은 피상속인에게 귀속되는 경제적 가치가 있는 것을 말하며 경제적 가치가 있어 상속재산에 포함되는 사례를 살펴보면 아래와 같다.[1)]

① 물권, 채권, 영업권 및 무체재산권 뿐만 아니라 신탁수익권, 전화가입권 등 법률상 근거에 불구하고 경제적 가치가 있는 것

② 상속개시일 현재 배당금, 무상주를 받을 권리

③ 상속개시 전 피상속인이 부동산 양도계약을 체결하고 잔금을 영수하기 전에 사망한 경우에는 양도대금 전액에서 상속개시 전에 영수한 계약금과 중도금을 차감한 잔액

④ 상속개시 전 피상속인이 부동산 양수계약을 체결하고 잔금을 지급하기 전에 사망한 경우에는 이미 지급한 계약금과 중도금

⑤ 상속개시일 현재 피상속인이 명의신탁한 사실이 명백히 확인되는 재산

⑥ 피상속인이 생전에 토지거래계약에 관한 허가구역에 있는 토지를 허가받지 아니하고 매매계약을 체결하여 매매대금의 잔금까지 수령한 경우 당해 토지

⑦ 피상속인이 타인과 함께 합유 등기한 부동산은 그 부동산가액 중 피상속인의 몫에 상당하는 가액

⑧ 부친이 사망한 후에 부친 소유의 부동산을 자녀의 명의로 증여 등기한 경우 당해 재산

2. 상속재산에 포함되지 않는 경우

피상속인에게 귀속되지 않거나 경제적 가치가 없는 것으로 보아 상속재산에 포함되지 않는 사례를 살펴보면 아래와 같다[2)]

① 질권, 저당권 또는 지역권과 같은 종된 권리

② 피상속인이 상속개시일 현재 명의수탁하고 있는 재산임이 명백히 확인되는 경우 당해 재산

③ 배당기준일 현재 생존하고 있던 주주가 주주총회의 잉여금 처분결의 전에 사망한 경우로서 상속개시 후에 잉여금의 처분이 확정된 경우 당해 배당금

④ 상속개시일 현재 피상속인에게 귀속되는 채권 중 전부 또는 일부가 상속개시일 현재 회수 불가능한 것으로 인정되는 경우 그 가액

---

1) 상속세 및 증여세법 집행기준 2-0-4.
2) 상속세 및 증여세법 집행기준 2-0-5.

⑤ 상속개시일 현재 피상속인 명의로 소유하고 있는 부동산이 상속개시 전에 이미 제3자에게 처분된 사실이 객관적으로 확인되는 부동산
⑥ 피상속인에게 귀속되는 소득 중 상속개시일 현재 인정상여 등과 같이 실질적 재산이 아닌 경우

제 3 절 추정상속재산

추정상속재산이란 상속이 개시되기 전에 피상속인이 재산을 처분하거나 예금을 인출 또는 채무를 부담하여 그 처분대금 등으로 상속함으로서 상속재산을 누락하여 조세회피를 하는 것을 방지하기 위해 일정요건에 해당된 경우 상속재산에 포함하는 것을 말한다. 추정상속재산의 요건을 충족하는 경우 이를 상속인이 상속받은 것으로 추정하여 상속세 과세가액에 포함한다. 추정상속재산을 상속세과세가액에 포함하는 것은 상속, 유증 및 사인증여라는 법률상 원인에 의해 취득한 재산이 아니라도 상속 등에 의한 재산취득과 동일한 경우 이를 상속재산으로 보겠다는 것이다.

1. 추정상속재산 요건

피상속인이 재산을 처분하였거나 채무를 부담하고 아래에 해당하는 경우 이를 상속인이 상속받은 것으로 추정하여 상속세 과세가액에 포함한다.

① 피상속인의 재산을 처분하여 받거나 피상속인의 재산에서 인출한 금액이 재산종류별로 사망하기 전 1년 이내에 2억원 이상인 경우와 사망하기 전 2년 이내에 5억원 이상인 경우로서 용도가 객관적으로 명백하지 아니한 경우
② 피상속인이 부담한 채무의 합계액이 사망하기 전 1년 이내에 2억원 이상인 경우와 2년 이내에 5억원 이상인 경우로서 용도가 객관적으로 명백하지 아니한 경우

위 ①에서 자산종류별이란 다음과 같이 분류할 수 있다.

가. 현금·예금 및 유가증권
나. 부동산 및 부동산에 관한 권리
다. 이외 기타자산

그리고 용도가 객관적으로 명백하지 않은 경우란 다음 중 어느 하나에 해당되는 경우를 말한다.

가. 피상속인이 재산을 처분하여 받은 금액이나 피상속인의 재산에서 인출한 금전 등 또는 채무를 부담하고 받은 금액을 지출한 거래상대방(이하 이 조에서 "거래상대방"이라 한다)이 거래증빙을 갖추고 있지 않아 확인되지 아니하는 경우

나. 거래상대방이 금전등의 수수사실을 부인하거나 거래상대방의 재산상태 등으로 보아 금전 등의 수수사실이 인정되지 아니하는 경우

다. 거래상대방이 피상속인의 특수관계인으로서 사회통념상 지출사실이 인정되지 아니하는 경우

라. 피상속인이 재산을 처분하거나 채무를 부담하고 받은 금전등으로 취득한 다른 재산이 확인되지 아니하는 경우

마. 피상속인의 연령·직업·경력·소득 및 재산상태 등으로 보아 지출사실이 인정되지 아니하는 경우

2. 추정상속재산가액의 계산방법

용도가 객관적으로 명백하지 아니한 금액 즉 용도불명금액이란 피상속인이 재산을 처분하여 받은 금액이나 피상속인의 재산에서 인출한 금전 등 또는 채무를 부담하고 받은 금액 중 전부 또는 일부 금액이 그 용도가 객관적으로 명백하지 아니한 경우 그 금액을 말한다. 이는 재산의 처분이나 인출 또는 채무부담에 의한 금액에서 그 사용처 등 용도가 입증된 금액을 차감하여 계산한다.

용도불명금액＝처분금액(인출금액 또는 채무부담금액)－용도가 입증된 금액

상속재산에 포함될 추정상속재산가액의 상속세 과세가액은 용도불명금액에서 소명대상 처분재산가액(또는 부담채무액)의 100분의 20에 해당하는 금액과 2억원 중 적은 금액을 뺀 금액을 상속세 과세가액에 산입한다.

상속세 과세가액에 포함될 금액＝용도불명금액－Min[처분재산가액 또는 부담채무액의 20%, 2억원]

예제 2-1 추정상속재산

김대구씨가 2020년 7월 1일 사망하여 상속이 개시되었는 데 김유산씨가 상속개시전에 처분한 계산의 자료는 다음과 같다. 이를 토대로 상속재산가액에 가산할 금액을 계산하라.

구 분	시 기	받은 금액	용도불명금액
토지매각	2019.12.5	300,000,000	100,000,000
건물매각	2018.12.5	230,000,000	100,000,000
채권매각	2019.11.8	200,000,000	200,000,000

풀이

1. 부동산 및 부동산에 관한 권리: 94,000,000
   1년내 처분한 금액과 2년내 처분한 금액 중 큰 금액인 94,000,000원을 추정상속재산으로 함
   ① 1년내 처분한 금액: 300,000,000 > 200,000,000이므로 추정상속재산에 해당
      가. 용도불명금액: 100,000,000
      나. 기준금액: Min(300,000,000 × 20%, 200,000,000) = 60,000,000
      다. 상속재산가액에 포함할 금액: 40,000,000
         100,000,000 − 60,000,000 = 40,000,000
   ② 2년내 처분한 금액: 530,000,000 > 500,000,000이므로 추정상속재산에 해당
      가. 용도불명금액: 200,000,000
      나. 기준금액: Min(530,000,000 × 20%, 200,000,000) = 106,000,000
      다. 상속재산가액에 포함할 금액: 94,000,000
         200,000,000 − 106,000,000 = 94,000,000

2. 현금·예금 및 유가증권: 160,000,000
   ① 1년내 처분한 금액: 200,000,000 ≧ 200,000,000이므로 추정상속재산에 포함
      가. 용도불명금액: 200,000,000
      나. 기준금액: Min(200,000,000 × 20%, 200,000,000) = 40,000,000
      다. 상속재산가액에 포함할 금액: 160,000,000
         200,000,000 − 40,000,000 = 160,000,000

3. 상속재산에 가산할 금액: 254,000,000(1 + 2)

제 4 절 간주상속재산

간주상속재산이란 피상속인의 사망으로 인하여 재산가액이 확정되어 상속인에게 귀속되는 재산으로서 피상속인의 본래상속재산이 아니나 상속재산으로 간주하여 과세하는 재산

이라고 할 수 있다. 간주상속재산에는 보험금, 신탁재산, 퇴직금이 있다.

1. 생명보험금 또는 손해보험금

피상속인의 사망으로 인하여 받는 생명보험 또는 손해보험의 보험금으로서 피상속인이 보험계약자인 보험계약에 의하여 받는 것은 상속재산으로 본다. 피상속인의 사망으로 인하여 지급받는 생명보험 또는 생명보험으로서 보험계약의 수익자가 상속인이 아닌 경우에는 상속인이 아닌 자가 유증 등을 받은 것으로 보아 상속재산에 포함한다(상증법집행 8−4−3). 보험계약자가 피상속인이 아닌 경우에도 피상속인이 실질적으로 보험료를 납부하였을 때에는 피상속인을 보험계약자로 보아 상속재산으로 본다(상증법 8).

피상속인이 보험계약자 및 피보험자이고 상속인이 보험수익자라 할지라도 실질적으로 상속인이 보험료를 부담한 경우 당해 보험금은 상속재산으로 보지 아니한다(상증법집행 8−4−3).

한편, 보험금은 금융재산에 해당하며 상속재산가액에 포함된 금융재산의 가액에 대하여 금융재산상속공제가 적용된다[3]

(1) 피상속인이 보험료를 불입한 경우 간주상속재산가액

피상속인이 보험료를 불입한 경우 간주상속재산가액은 상속인이 지급받은 보험금의 총합계액이다.

(2) 피상속인 외의 자가 보험료를 불입한 경우 간주상속재산가액[4]

$$\text{간주상속재산가액} = \text{보험금 총액} \times \frac{\text{피상속인이 부담한 보험료 합계액}}{\text{피상속인이 사망시까지 납입한 보험료 합계액}}$$

예제 2-2 간주상속재산

다음의 경우 피상속인 김대구의 간주상속재산으로 보는 보험금은 얼마인가?

① 보험계약자: 김대구
② 상속인: 배우자, 직계비속 김계명
③ 상속인인 김계명이 수령한 보험금: 200,000,000
④ 총불입보험료: (ㄱ+ㄴ=40,000,000)
　ㄱ. 김대구가 불입한 보험료총액: 20,000,000
　ㄴ. 김계명이 불입한 보험료총액: 20,000,000

---

3) 재산세과−843, 2009. 11. 24. 예규참조.
4) 상속증여세법 집행기준 8−4−4 참조.

풀이

간주상속재산가액: 100,000,000
계산식: 200,000,000×20,000,000/(20,000,000+20,000,000)

---

2. 피상속인이 신탁한 재산과 신탁으로 인하여 피상속인이 받는 이익

피상속인이 신탁한 재산은 상속재산으로 본다. 다만, 타인이 신탁의 이익을 받을 권리를 소유하고 있는 경우 그 이익에 상당하는 가액(價額)은 상속재산으로 보지 아니한다(상증법 9 ①). 피상속인이 신탁으로 인하여 타인으로부터 신탁의 이익을 받을 권리를 소유하고 있는 경우에는 그 이익에 상당하는 가액을 상속재산에 포함한다(상증법 9 ②).

3. 피상속인의 사망으로 인하여 지급받는 퇴직금 등

피상속인에게 지급될 퇴직금, 퇴직수당, 공로금, 연금 또는 이와 유사한 것이 피상속인의 사망으로 인하여 지급되는 경우 그 금액은 상속재산으로 본다(상증법 10). 다만 국민연금법, 공무원연금법 등에 따라 지급되는 유족연금 또는 유족보상금 등은 상속재산으로 보지 않는다.

(1) 상속재산으로 보는 퇴직금

상속재산으로 보는 퇴직금의 범위는 다음과 같다(상증법집행 10-0-1).

① 피상속인에게 지급될 퇴직금·퇴직수당·공로금·연금이 피상속인의 사망으로 인하여 지급되는 경우

② 퇴직급여지급규정 등에 의하여 지급받는 금품

③ 피상속인의 지위·공로 등에 따라 지급되는 금품으로 피상속인이 근무하고 있는 사업과 유사한 사업에 있어 피상속인과 같은 지위에 있는 자가 받거나 받을 수 있다고 인정되는 금액

(2) 상속재산으로 보지 않는 퇴직금

상속재산으로 보지 않는 퇴직금 등은 다음과 같다(상증법집행 10-6-1).

① 「국민연금법」, 「공무원연금법」, 「공무원재해보상법」, 「사립학교교직원연금법」, 「군인 연금법」, 「산업재해 보상보험법」, 「전직대통령 예우에 관한 법률」, 「별정우체국법」에 따라 지급되는 유족연금, 유족일시금 등

② 「근로기준법」 등을 준용하여 사업자가 그 근로자의 유족에게 지급하는 유족보상금 또는 재해보상금 등

사례연구 2-1 보험금의 상속의제[5)]

1. 요 약

피상속인의 사망으로 지급받는 생명보험 또는 손해보험의 보험금으로서 피상속인이 보험계약자로 지급받는 보험금은 상속재산으로 보는 것이며, 자녀가 보험계약자로서 실질적으로 보험료를 불입한 경우에는 상속재산으로 보지 아니함.

2. 사실관계

2006년 8월 모친이 계약자, 피보험자, 수익자 모두를 본인으로 하는 주계약 ★억(△△년납, 월 보험료 ■백만원)인 □□생명 생명보험에 가입. 현재까지 모친이 총 보험료 ◇◇백만원 가량 납입

3. 쟁 점

현재까지 모친이 납입한 총 보험료 ◇◇백만원을 모친에게 지급하고 계약자와 수익자를 본인으로 변경할 경우 보험계약에 의하여 지급받는 보험금이 상속재산에 해당하는지 여부

4. 판 단

「상속세 및 증여세법」 제8조의 규정에 의하여 피상속인의 사망으로 지급받는 생명보험 또는 손해보험의 보험금으로서 자녀가 보험계약자로서 실질적으로 보험료를 납부한 경우에는 상속재산으로 보지 아니하는 것이나, 귀 질의의 경우 실질적 보험료 납부에 따라 구체적인 사실을 확인하여 판단할 사항임.

「상속세 및 증여세법」 제8조의 규정에 의하여 피상속인의 사망으로 인하여 지급받는 생명보험 또는 손해보험의 보험금으로서 피상속인이 보험계약자(보험계약자가 피상속인외의 자인 경우에도 피상속인이 실질적으로 보험료를 지불하였을 때에는 피상속인을 보험계약자로 봄)가 된 보험계약에 의하여 지급받는 보험금은 상속재산으로 보는 것이며, 자녀가 보험계약자로서 실질적으로 보험료를 불입한 경우에는 상속재산으로 보지 아니하는 것임.

---

5) 서면-2018-상속증여-2385.

제 3 장 상속세 과세가액의 계산

제 1 절 상속세 과세가액의 계산구조

거주자[1]의 사망으로 인하여 상속이 개시되는 경우 상속세 과세가액은 총상속재산가액에서 비과세 및 과세가액불산입액을 차감하고 공과금 등을 차감한 후 사전증여재산가액을 가산하여 계산한다.

	총상속재산가액
−	비과세금액
−	과세가액불산입액
−	공과금·장례비용·채무 등
+	증여재산가산액(사전증여재산)
=	상속세 과세가액

1) 한편 비거주자의 사망으로 인하여 상속이 개시되는 경우에는 다음 각 호의 가액 또는 비용은 상속재산의 가액에서 뺀다(상증법).
  1. 해당 상속재산에 관한 공과금
  2. 해당 상속재산을 목적으로 하는 유치권(留置權), 질권, 전세권, 임차권(사실상 임대차계약이 체결된 경우를 포함한다), 양도담보권·저당권 또는 「동산·채권 등의 담보에 관한 법률」에 따른 담보권으로 담보된 채무
  3. 피상속인의 사망 당시 국내에 사업장이 있는 경우로서 그 사업장에 갖춰 두고 기록한 장부에 의하여 확인되는 사업상의 공과금 및 채무

제 2 절 상속세 비과세

상속증여세법은 상속세를 부과하기에 적절하지 않거나 공익목적 등을 달성하기 위하여 비과세규정에 해당하는 상속재산에 대하여 상속세를 과세하지 않는다.

1. 전사자 등에 대한 상속세 비과세

전쟁 또는 공무의 수행 중 사망하거나 해당 전쟁 또는 공무의 수행 중 입은 부상 또는 그로 인한 질병으로 사망하여 상속이 개시되는 경우에는 상속세를 부과하지 아니한다(상증법 11). 공무의 수행이란 사변 또는 이에 준하는 비상사태로 토벌 또는 경비 등 작전업무를 수행하는 것을 말한다(상증령 7).

2. 기타 비과세되는 상속재산

① 국가 등에 유증하는 재산 등은 피상속인이 공익목적을 위해 유증하는 것으로서 상속세를 부과하지 않는다. 전사자 등에 대한 상속세비과세외 기타 비과세되는 상속재산은 다음과 같다(상증령 12).

② 국가, 지방자치단체, 기타 공공단체에 유증(유언에 의한 증여)한 재산

③ 문화재보호구역 안의 토지

④ 분묘[2]에 속한 9,900㎡ 이내의 금양임야[3]와 1,980㎡ 이내의 묘토인 농지, 족보와 제구 금양임야와 묘토의 합계액은 2억원을 한도로 하며 족보와 제구는 1,000만원을 한도로 함

⑤ 정당에 유증 등을 한 재산

⑥ 사내근로복지기금 등 유사한 단체에 유증 등을 한 재산

⑦ 사회통념상 인정되는 이재구호금품, 치료비 등을 위하여 유증 등을 한 재산

⑧ 상속재산 중 상속인이 상속세 과세표준 신고기한 이내에 국가, 지방자치단체 또는 공공단체에 증여한 재산

---

2) 피상속인이 제사를 주재하고 있던 선조의 묘소.

3) 나무나 풀 따위를 함부로 베지 못하도록 되어 있는 임야. 제사 또는 이에 관계되는 사항을 처리하기 위하여 설정된 토지를 말함.

제3절 상속세 과세가액불산입액

상속세 과세가액불산입은 상속세 과세대상이나 사회정책적 목적을 달성하기 위해 일정한 법률적 요건을 갖추는 경우 상속세과세가액에 산입하지 않는다. 상속세비과세대상은 원천적으로 납세의무를 배제하지만 상속세 과세가액불산입액은 과세관청이 사후관리를 통해 과세권행사가 가능하므로 과세가액불산입 후 사후관리 등에 유의해야 한다(신재열 외, 2019).

1. 공익법인 등[4]의 출연재산에 대한 상속세 과세가액불산입

(1) 의 의

상속재산 중 피상속인이나 상속인이 종교·자선·학술 또는 그 밖의 공익을 목적으로 하는 사업을 하는 자에게 출연한 재산의 가액으로서 과세표준 신고기한(상속받은 재산을 출연하여 공익법인 등을 설립하는 경우로서 부득이한 사유가 있는 경우에는 그 사유가 없어진 날이 속하는 달의 말일부터 6개월까지를 말한다) 이내에 출연한 재산의 가액은 상속세 과세가액에 산입하지 아니한다(상증법 16 ①).

(2) 초과출연 주식에 대한 과세가액불산입 배제

내국법인의 의결권 있는 주식 등을 공익법인 등에 출연하는 경우로서 출연하는 주식 등과 출연할 당시 해당 공익법인 등이 보유하고 있는 동일한 내국법인의 주식 등[5]을 합한

---

4) 공익법인이란 다음의 어느 하나에 해당하는 사업을 하는 자(이하 "공익법인등"이라 한다)를 말한다. 다만, 제9호를 적용할 때 설립일부터 1년 이내에 법인세법 시행령에 따른 지정기부금단체등으로 고시된 경우에는 그 설립일부터 공익법인등에 해당하는 것으로 본다.
1. 종교의 보급 기타 교화에 현저히 기여하는 사업
2. 「초·중등교육법」 및 「고등교육법」에 의한 학교, 「유아교육법」에 따른 유치원을 설립·경영하는 사업
3. 「사회복지사업법」의 규정에 의한 사회복지법인이 운영하는 사업
4. 「의료법」에 따른 의료법인이 운영하는 사업
8. 「법인세법」의 법정기부금항에 해당하는 기부금을 받는 자가 해당 기부금으로 운영하는 사업
9. 「법인세법 시행령」에 의한 지정기부금단체등 및 「소득세법 시행령」에 따른 기부금대상민간단체가 운영하는 고유목적사업. 다만, 회원의 친목 또는 이익을 증진시키거나 영리를 목적으로 대가를 수수하는 등 공익성이 있다고 보기 어려운 고유목적사업을 제외한다.

5) 출연하는 주식과 아래의 주식을 합한 금액이 출자총액의 5%를 초과하는 경우 상속세 과세가액에 산입한다.
가. 출연자가 출연할 당시 해당 공익법인등이 보유하고 있는 동일한 내국법인의 주식등
나. 출연자 및 그의 특수관계인이 해당 공익법인등 외의 다른 공익법인등에 출연한 동일한 내국법인의 주식등
다. 상속인 및 그의 특수관계인이 재산을 출연한 다른 공익법인등이 보유하고 있는 동일한 내국법인의 주식등

것이 그 내국법인의 의결권 있는 발행주식총수 또는 출자총액(자기주식과 자기출자지분은 제외)의 5%를 초과하는 경우에는 그 초과하는 가액을 상속세 과세가액에 산입한다(상증법 16 ②). 다만, 성실공익법인 등으로서 「독점규제 및 공정거래에 관한 법률」에 따른 상호출자제한기업집단과 특수관계에 있지 아니한 성실공익법인등에 출연하고 일정요건[6])을 갖춘 경우에는 20%, 그 외의 경우 10%를 초과하는 금액을 상속세 과세가액에 산입한다(상증법 16 ② 2).

2. 공익신탁재산에 대한 상속세 과세가액 불산입

상속재산 중 피상속인이나 상속인이 공익신탁으로서 종교·자선·학술 또는 그 밖의 공익을 목적으로 하는 신탁을 통하여 공익법인 등에 출연하는 재산의 가액은 상속세 과세가액에 산입하지 아니한다(상증법 17 ①).

제 4 절 상속재산가액에서 차감하는 공과금 등의 범위

거주자[7])의 사망으로 인하여 상속이 개시되는 경우에는 상속개시일 현재 피상속인이나 상속재산에 관련된 다음 각 호의 가액 또는 비용은 상속재산의 가액에서 뺀다(상증법 14 ①).

① 공과금

② 장례비용

③ 채무(상속개시일 전 10년 이내에 피상속인이 상속인에게 진 증여채무와 상속개시일 전 5년 이내에 피상속인이 상속인이 아닌 자에게 진 증여채무는 제외)

1. 공과금

상속개시일 현재 피상속인이 납부할 의무가 있는 것으로서 상속인에게 승계된 조세·

---

6) 일정요건은 다음과 같다.
   1) 출연받은 주식등의 의결권을 행사하지 아니할 것
   2) 자선·장학 또는 사회복지를 목적으로 할 것

7) 한편 비거주자의 사망으로 인하여 상속이 개시되는 경우에는 다음의 가액 또는 비용은 상속재산의 가액에서 뺀다(상증법 14 ②).
   1. 해당 상속재산에 관한 공과금
   2. 해당 상속재산을 목적으로 하는 유치권(留置權), 질권, 전세권, 임차권(사실상 임대차계약이 체결된 경우를 포함한다), 양도담보권·저당권 또는 「동산·채권 등의 담보에 관한 법률」에 따른 담보권으로 담보된 채무
   3. 피상속인의 사망 당시 국내에 사업장이 있는 경우로서 그 사업장에 갖춰 두고 기록한 장부에 의하여 확인되는 사업상의 공과금 및 채무

공공요금·기타 이와 유사한 것을 말한다. 공과금이라 함은 상속개시일 현재 피상속인이 납부할 의무가 있는 것으로서 상속인에게 승계된 조세·공공요금 기타 이와 유사한 것으로서 국세기본법에 따른 공과금(공공요금에 해당하는 경우를 제외)을 말한다(상증령 9 ①). 국세기본법에 의하면 공과금이란 「국세징수법」에서 규정하는 체납처분의 예에 따라 징수할 수 있는 채권 중 국세, 관세, 임시수입부가세, 지방세와 이에 관계되는 체납처분비를 제외한 것을 말한다.

2. 장례비용

거주자의 사망으로 인하여 상속이 개시되는 경우 피상속인의 장례비용은 상속재산의 가액에서 차감한다. 장례비용은 상속세를 신고납부하면서 장례비를 부담한 사실을 확인할 수 있는 자료를 제시하여야 공제받을 수 있으면 다음의 금액을 합한 금액으로 한다.

① 피상속인의 사망일부터 장례일까지 장례에 직접 소요된 금액을 공제한다. 다만 그 금액이 1,000만원을 초과하면 1,000만원까지만 공제하며, 그 금액이 500만원에 미달하여도 500만원을 공제한다.

② 봉안시설 또는 자연장지의 사용에 소요된 금액을 공제한다. 다만 그 금액이 500만원을 초과하면 500만원까지만 공제한다.

「장사 등에 관한 법률」에 의하면 봉안시설이란 유골을 안치(매장인 봉안당, 탑은 제외)하는 시설을 말하며, 이에는 분묘의 형태로 된 봉안묘, 건축물의 형태로 된 봉안탑, 벽과 담의 형태로 된 봉안담이 있다. 자연장지란 화장한 유골의 골분을 수목, 화초, 잔디 등의 밑이나 주변에 묻어 장사(자연장)할 수 있는 구역을 말한다.

이를 요약하면 다음과 같다.

장례비용=①+② ① 일반장례비용=장례비용, 장례비용이 500만원 미만인 경우 500만원, 1,000만원 초과하는 경우 1천만원 ② 봉안시설·자연장지 소요비용: 봉안시설 자연장지 비용이 500만원을 초과하는 경우 500만원

3. 채 무

거주자의 사망으로 인하여 상속이 개시되는 경우 피상속인의 채무상당액(상속개시일 전 10년 이내에 피상속인이 상속인에게 진 증여채무와 상속개시일 전 5년 이내에 피상속인이 상속인이 아닌 자에게 진 증여채무는 제외)은 상속재산의 가액에서 차감한다. 채무액이란 상속개시당시 피상속인이 부담하여야 할 채무로서 상속인이 실제로 부담하는 사실이 다음의 방법에 의하여 입증되는 것을 말한다(상증령 10).

① 국가, 지방자치단체 및 금융기관에 대한 채무는 당해 기관에 대한 채무임을 확인할 수 있는 서류

② 기타의 채무는 채무부담계약서, 채권자확인서, 담보설정 및 이자지급에 관한 증빙 등에 의하여 그 사실을 확인할 수 있는 서류

만약 피상속인이 국가, 지방자치단체 및 금융회사등이 아닌 자에 대하여 부담한 채무로서 상속인이 변제할 의무가 없는 것으로 추정되는 경우에는 이를 따른 상속세 과세가액에 산입한다(상증법 15 ②).

4. 사전증여재산

현행 상속세 및 증여세법에서는 사전증여를 통하여 상속세를 회피하지 못하도록 하기 위하여 일정기간 내에 증여한 증여재산가액은 상속재산가액에 가산하고 있다(상증법 13). 합산하는 증여재산가액은 증여일 현재의 가액으로 합산한다. 이때 합산하는 가액은 증여재산공제전 증여재산가액을 말한다. 합산되는 증여재산에 대한 증여세액은 산출세액에서 공제한다.

(1) 사전증여재산 합산기간

① 상속개시일 전 10년 이내에 피상속인이 상속인에게 증여한 재산가액

② 상속개시일 전 5년 이내에 피상속인이 상속인이 아닌 자에게 증여한 재산가액

(2) 합산과세하지 않는 사전증여재산

비과세되는 증여세재산, 증여세과세가액불산입재산 또는 합산배제 증여재산[8])에 대하여는 상속세과세가액에 합산하지 않는다.

---

8) 합산배제증여재산의 가액은 증여세 과세가액에서 제외되는데, 여기서 합산배제증여재산이란 다음의 증여재산을 말한다(상증법 47 ①).

① 재산취득 후 해당 재산가치 증가에 따른 이익(법 제31조 제1항 제3호)

② 전환사채 등에 의하여 주식으로의 전환·교환 또는 주식의 인수를 하거나 전환사채 등을 양도함으로써 얻은 이익(법 제40조 제1항 제2호 및 제3호)

③ 주식 등의 상장 등에 따른 이익(법 제41조의 3)

④ 합병에 따른 상장 등 이익(법 제41조의 5)

⑤ 재산 취득 후 재산가치 증가에 따른 이익(법 제42조의 3)

⑥ 명의신탁재산의 증여 의제(법 제45조의 2)

⑦ 특수관계법인과의 거래를 통한 이익의 증여 의제(법 제45조의 3)

⑧ 특수관계법인으로부터 제공받은 사업기회로 발생한 이익의 증여 의제(법 제45조의 4)

(3) 창업자금 가업승계자산의 합산과세

상속개시일 전에 피상속인이 자녀에게 창업자금으로 증여한 재산가액과 상속개시일 전에 피상속인이 자녀에게 가업승계 주식 등을 증여한 재산가액은 증여받은 날부터 상속개시일까지의 기간이 상속개시일부터 10년 이내인지 여부와 관계없이 상속세과세가액에 합산한다(조특법 30의5 ⑧).

예제 3-1

다음 자료를 참조하여 상속세 과세가액을 계산하라

(ㄱ) 피상속인의 상속개시 당시 재산가액: 10억원

(ㄴ) 상속개시 8개월 전에 피상속인이 은행으로부터 4억원을 차입하였고 상속개시 당시까지 미상환 중이며, 해당 차입자금의 용도는 객관적으로 명백하지 아니하다.

(ㄷ) 상속개시 2년 전에 피상속인은 당시 시가 3억원의 토지(상속개시 당시의 시가 7억원)를 상속인에게 증여한 바 있다.

풀이

1. 총상속재산가액 1,320,000,000(①+②)
   ① 본래의 상속재산가액: 1,000,000,000
   ② 추정상속재산가액: 320,000,000원
   1년내 차입한 금액: 400,000,000 > 200,000,000이므로 추정상속재산에 해당
   추정상속재산가액 = 400,000,000 − Min(400,000,000 × 20%, 2억) = 320,000,000
2. 장례비용 5,000,000
   지출영수증이 없을 경우 5백만원을 장례비용으로 공제할 수 있다.
3. 사전증여재산: 300,000,000
4. 상속세과세가액 1,615,000,000(1 − 2 + 3)

예제 3-2

다음은 2020년 10월 1일에 사망한 거주자 김한국 씨의 상속세 과세가액 계산과 관련된 자료이다. 상속세 과세가액을 계산하라

① 상속재산
   토지와 건물: ₩3,000,000,000

② 보험금: ₩50,000,000

③ 채무: 은행차입금 ₩200,000,000

④ 장례비용: ₩7,000,000(봉안시설을 사용하지 않았으며 모두 증빙을 갖추었다)

풀이

1. 총상속재산가액 3,050,000,000(①+②)
   ① 본래의 상속재산가액: 3,000,000,000
   ② 간주상속재산가액: 50,000,000원
   보험금, 퇴직금 등은 간주상속재산으로 보아 총상속재산가액에 포함한다.
2. 공과금 및 채무: 200,000,000
3. 장례비용 7,000,000
   장례비용에 대한 지출내역을 제출한 경우 최대 1천만원까지 일반장례비용으로 공제할 수 있으며 봉안시설 등에 대한 비용은 추가로 5백만원까지 공제할 수 있다.
4. 상속세과세가액 2,843,000,000(1−2−3)

사례연구 3-1 임대보증금 등의 사전증여재산[9)]

1. 요 약

과세관청에 의하여 예금이 인출되어 납세자 명의의 예금계좌 등으로 예치된 사실이 밝혀진 이상 그 예금은 납세자에게 증여된 것으로 추정되므로, 증여가 아닌 다른 목적으로 행하여진 것이라는 등 특별한 사정이 있다면 이에 대한 입증의 필요는 납세자에게 있다 할 것인바, 사인 간에 임의작성이 가능한 확인서나 일부 녹취록 외에 쟁점현금을 운전기사 급여 및 주택수리비 등으로 지출하였다는 구체적인 증빙을 제시하지 못하고 있으므로 생활비로 인정하기는 어려움 또한 쟁점임대보증금은 이옥순의 쟁점계좌에 입금된 후 반환되지 아니하였고, 동 보증금은 상속세 신고시 피상속인의 채무로 공제되었으며, 피상속인의 사망 후 보증금 반환의무를 상속인들이 승계한다거나 망 ○○○의 쟁점계좌에 입금된 쟁점임대보증금의 일부를 피상속인의 아들이 사용하였다는 주장은 청구인이 제시한 증빙만으로는 쟁점임대보증금을 관리하였다고 보기 어려움.

2. 사실관계

(1) 처분청이 제출한 심리자료에 의하면, 다음과 같은 사실이 확인된다.

(가) 피상속인이 2017. 4. 21. 사망하자 아들 ○○○은 2017. 10. 31. 상속세과세가액을 ○○○원으로 하여 2017. 4. 21. 상속분 상속세 ○○○원을 신고·납부하였다.

(나) 조사청은 2018년 11월 피상속인에 대한 상속세 조사를 실시한 결과, 피상속인이 쟁점현금 및 쟁점임대보증금 등을 망 ○○○에게 사전증여한 것으로 보고, 다른 조사내용(부동산 시가 재평가 등)을 포함하여 결정하였는바, 쟁점임대보증금을 포함하여 쟁점부동산 2층에 대한 임대보증금 ○○○원은 피상속인의 채무로 공제되었다.

(다) 망 ○○○은 2011. 8. 29. 피상속인으로부터 ○○○ 외 2필지 부동산을 증여○○○ 받았다.

---

9) 조심 2019중2201에서 발췌함.

(라) 망 ○○○은 2007. 5. 15.부터 2017. 4. 10.까지 피상속인으로부터 매월 ○○○원을 자신의 쟁점계좌로 입금(매월 일정한 날에 이체됨)받았는바, 조사청은 이를 피상속인과 망 ○○○의 생활비로 인정하였다.

(마) 피상속인의 ○○○은행 계좌○○○의 거래내역을 보면, 2007. 4. 24.부터 2017. 4. 20.까지 피상속인의 금융계좌에서 ○○○백화점카드, ○○○카드 결제대금 ○○○원과 전기요금·수도요금·정수기 렌탈료, 재산세 등 ○○○원이 출금된 것으로 나타난다.

(바) 피상속인이 2010년 양도한 부동산 매매대금 ○○○원 중 ○○○원과 피상속인의 쟁점부동산 2층의 임대보증금○○○중 ○○○원(쟁점임대보증금)이 2010. 1. 26.·2013. 6. 3. 망 ○○○의 쟁점계좌에 입금된 것으로 나타난다.

(사) 조사청은 위 (라)의 생활비 지급내역과는 별도로 2007. 7. 4.부터 2017. 4. 21.까지 피상속인이 망 ○○○의 쟁점계좌로 ○○○원을 송금하고, 망 ○○○이 피상속인의 금융계좌로 ○○○원을 송금하였는바, 그 차액 ○○○원과 위 (바)의 부동산 매매대금 ○○○원을 합한 쟁점현금 및 쟁점임대보증금을 망 ○○○이 피상속인으로부터 사전증여받은 것으로 보아 과세자료를 처분청에 통보하였다.

(2) 청구인이 제출한 증빙서류의 주요내용은 다음과 같다.

(가) 망 ○○○이 2017. 9. 7. 사망하였으나 그 상속인의 존재를 알 수 없어 이해관계인(계모자의 며느리) ○○○의 청구에 의하여 청구인을 ○○○지방법원○○○에서 2017. 11. 30. 망 ○○○의 상속재산관리인으로 선임한 것으로 나타난다.

(나) 청구인은 피상속인과 망 ○○○이 1980. 8. 8. 혼인신고를 한 법률상 혼인관계로, 이들 사이에 친자녀는 없고, 피상속인과 전 배우자 사이에 8명의 자녀가 있었다고 주장하며 피상속인의 가족관계증명서(장남 ○○○, 차남 ○○○, 3남 ○○○ 포함)를 제출하였다.

(다) 청구인은 쟁점현금이 피상속인과 망 ○○○의 병원비와 생활비, 운전기사와 가사도우미의 급여○○○로 사용되었다고 주장하며, 운전기사 및 가사도우미 명단등을 제출하였다.

(라) 쟁점부동산의 등기사항전부증명서에 의하면, 1989.7.27. 피상속인의 명의로 소유권보존등기되고, 발급일(2019. 10. 15.)까지 소유권에 변동이 없는 것으로 나타난다.

(마) 청구인은 피상속인이 2013. 3. 5. ○○○와 쟁점부동산 2층을 보증금 ○○○원, 계약기간은 2년으로 하여 임대차계약을 체결하면서 계약금 ○○○원은 수표 등으로 직접 수령하고, 나머지 쟁점임대보증금은 부부공동 재산을 관리하는 망 ○○○의 쟁점계좌에 입금하였다고 주장하며 쟁점부동산 2층의 임대차계약서를 제출하였다.

(바) 청구인은 쟁점임대보증금 중 ○○○원은 피상속인의 아들 ○○○의 주택구입자금으로 사용되고 현재 쟁점부동산 2층의 임대차계약은 피상속인의 아들 ○○○이 관리하고 있다고 주장하며, 피상속인으로부터 쟁점부동산 2층을 2019. 5. 31.부터 임차한 ○○○와의 임대차계약서(임대보증금은 ○○○원, 특약사항에 본 주택은 피상속인으로부터 자녀에게 상속되어 상속등기이전에 상속자대표 ○○○이 임대차계약을 하는 것이라고 기재되어 있음), 피상속인의 아들 ○○○이 소유한 부동산○○○의 등기사항전부증명서(동 부동산에 2019. 5. 31. 채무자는 ○○○, 채권최고액 ○○○원, 근저당권자는 ○○○로 하여 근저당권이 설정됨), 망 ○○○의 쟁점계좌 거래내역(2013. 6. 3. 쟁점임대보증금 입금, 2013. 6. 14. ○○○

원 대체출금), ○○○이 2013. 6. 24. 취득한 ○○○의 등기사항전부증명서를 제출하였다.

(사) 청구인은 피상속인이 2011. 1. 27. ○○○와 쟁점부동산의 1층 일부를 보증금 ○○○원에 임대하는 내용의 임대차계약을 체결하였고, 계약만료시 피상속인은 망 ○○○에게 동 보증금을 임차인에게 반환하도록 하였는바, 망 ○○○은 2013년 2월경 ○○○가 새로 이사갈 주택의 계약금 ○○○원을 현금으로 우선 지급한 후 2013. 2. 21. ○○○가 이사가는 날에 나머지 보증금 ○○○원을 수표로 지급해 주었다고 주장하며 피상속인과 ○○○와의 임대차계약서○○○, 망 ○○○의 쟁점계좌 거래내역○○○, ○○○(피상속인의 며느리)과 ○○○와의 문자송수신내역 등을 제출하였다.

3. 쟁 점

망 ○○○이 피상속인으로부터 쟁점현금 및 쟁점임대보증금을 사전증여받은 것으로 보아 증여세를 과세한 처분의 당부

4. 판 단

청구인은 쟁점현금이 피상속인의 생활비 등으로 사용된 금액이고, 쟁점임대보증금은 피상속인의 상속인들이 임대차계약기간 만료시 임차인에게 반환해 주어야 할 채무이지, 망 ○○○이 증여받은 재산이 아니라고 주장하나, 과세관청에 의하여 증여자 명의의 예금이 납세자 명의의 예금계좌 등으로 예치된 사실이 밝혀진 이상 그 예금은 납세자에게 증여된 것으로 추정되므로 증여가 아닌 특별한 사정이 있다는 등의 입증책임은 납세자에게 있는 것인바, 망 ○○○은 이 건 세무조사시 쟁점현금 외 2007년부터 2017년까지 피상속인으로부터 쟁점계좌로 입금받은 ○○○을 피상속인으로부터 수령한 생활비라고 소명하여 이에 대하여 증여세를 면제받았고, 같은 기간 피상속인의 금융계좌에서 카드결제대금, 전기·수도요금 등의 명목으로 ○○○원이 출금된 것으로 확인되며, 사인 간에 임의작성이 가능한 확인서나 일부 녹취록 외에 쟁점현금을 운전기사 급여 및 주택수리비 등으로 지출하였다는 구체적인 증빙을 제시하지 못하고 있으므로 쟁점현금을 피상속인이 망 ○○○에게 지급한 생활비로 인정하기 어렵다.

또한, 쟁점임대보증금은 피상속인 단독명의의 쟁점부동산을 임대하고 수취한 보증금으로, 이는 망 ○○○의 쟁점계좌에 입금된 후 반환되지 아니하였고, 동 보증금은 상속세 신고시 피상속인의 채무로 공제되었으며, 피상속인의 사망 후 동 보증금(채무) 반환의무를 상속인들이 승계한다거나 망 ○○○의 쟁점계좌에 입금된 쟁점임대보증금의 일부를 피상속인의 아들이 사용하였다는 주장은 이 건 쟁점임대보증금의 증여와는 별개로서 증여일 이후에 이루어진 것으로 보이는 점 등에 비추어 청구인이 제시한 증빙만으로는 피상속인이 망 ○○○의 금융계좌를 이용하여 쟁점현금이나 쟁점임대보증금을 관리하였다거나 피상속인의 생활비 등으로 지출하였다고 인정하기 어려워 보이므로 청구주장은 받아들이기 어렵다 할 것이다.

따라서, 망 ○○○이 피상속인으로부터 쟁점현금 및 쟁점임대보증금을 사전증여받은 것으로 보아 처분청이 증여세를 부과한 처분은 잘못이 없는 것으로 판단된다.

사례연구 3-2 사전증여재산[10)]

1. 요 약

처분청이 이 건 과세근거로 제시한 청구인들 등 이해당사자 간의 소송판결은 조세부과처분에 관한 것이 아니라 민사판결로서 그 판결의 이유나 소송 준비자료 등을 그대로 원용할 수 없는 점, 처분청은 청구인들이 피상속인 등 부모와 함께 거주하면서 그들을 위하여 병원비, 간병비, 생활비 등의 명목으로 쟁점금액상당액을 지출하였다고 주장하면서 제출한 금융거래내역, 금전출납부 등 제반 지출증빙을 구체적으로 검토·확인하지 아니한 점, 상속인이 피상속인이 사망할 무렵 피상속인을 부양하면서 피상속인이 부담하였어야 할 병원비, 간병비, 피상속인 본인의 생활비 등을 먼저 부담하고 추후 피상속인이 이를 보전하여 준 경우에는 위 병원비 등 보전받은 금액 상당액은 사전증여가액에서 공제하는 것이 타당한 점(조심 2016중2158, 2017. 4. 20. 외 다수, 같은 뜻임) 등에 비추어 청구인들이 제시한 쟁점금액에 대한 지출증빙 및 그에 관한 구체적인 해명 등을 토대로 지출항목별로 사전증여재산가액에서 공제할 것인지 여부를 재조사하여 그 결과에 따라 과세표준 및 세액을 경정하는 것이 타당한 것으로 판단됨.

2. 사실관계

1) 청구인들과 피상속인은 사전증여재산의 원천인 ○○○ 소재 이 건 부동산을 김○○○, 김○○○, 김○○○(청구인), 김○○○(청구인)에게 각 1/4씩 유증한다는 내용으로 2014. 5. 30. 작성한 유언공정증서(유언집행자: 김○○○)를 작성하였으나, 피상속인은 위 부동산을 2015. 1. 14. 매도하였다(대리인: 김○○○).

2) 청구인들은 김○○○ 등을 상대로 이 건 부동산 매매대금을 유증내용의 지분(1/4)대로 각 지급할 것을 청구하는 소송(○○○지방법원 2016. 10. 4. 선고 2015가합56846 판결)을 제기하였으나 유언의 효력이 상실되어 법정상속지분대로 배분하라는 취지의 판결을 받았고, 이후 항소심(○○○고등법원 2018. 5. 30. 선고 2016나2073185 판결)에서 청구인들은 매매대금 중 정당 지출을 차감한 후의 금액을 법정상속지분으로 배분하여야 함에도 김○○○이 횡령하여 보관하고 있어 자신들의 상속권을 침해하고 있다고 주장하였으나, 법원은 청구인들이 상속받을 가액보다 초과하여 사전증여 받았으므로 상속권을 침해받은 사실이 없다고 판결하였다(원고 패소, 동 소송은 상소하지 아니하여 2018. 6. 15. 그대로 확정됨).

(다) 청구인들은 사전증여재산만 있고 상속받은 재산이 없으므로 상속세 부과처분은 취소하여야 하고, 쟁점금액은 대여금 변제금액에 해당하므로 증여재산가액에서 차감하여야 한다고 주장하면서, 그에 대한 증빙으로 피상속인의 유언공정증서, 청구인들의 주민등록초본[주민등록상 청구인 김○○○은 2012. 2. 28.~2015. 1. 13. 청구인 김○○○은 2014. 5. 19.~2015. 1. 13. 이 건 부동산에 주소지를 둠(피상속인 등과 함께 거주하였음)], 청구인들 및 피상속인의 금융거래내역서(계좌거래내역, 예금거래실적증명서 등), 청구인들의 카드매출거래확인서·금전출납부(가계부), 각종 영수증 등을 제출하였다.

(라) 청구인 김○○○은 2019. 4. 2. 조세심판관회의에서 '청구인들이 부모님과 같이 생활하면서 병원을 다니거나 간병을 하였으며 쟁점금액의 지출증빙을 당초 세무서에 제출하지 못하였다'는 취지로 전화진술하였다.

---

10) 조심 2019중0678에서 발췌함

3. 쟁 점

① 청구인들은 사전증여재산만 있고 상속받은 재산이 없으므로 상속세 부과처분은 취소하여야 한다는 청구주장의 당부

② 청구인들이 피상속인 등을 위하여 지출한 쟁점금액을 사전증여재산가액에서 차감하여야 한다는 청구주장의 당부

4. 판 단

「상속세 및 증여세법」 제13조 제1항 제1호는 '상속개시일 전 10년 이내에 피상속인이 상속인에게 증여한 재산가액'을 상속재산가액에 가산하여 상속세과세가액을 산정하도록 규정하고 있는바, 청구인들이 피상속인으로부터 현금재산[○○○]을 각 사전증여 받은 사실을 인정하고 있음에도 상속세 결정시 이를 가산하여 과세한 처분이 부당하다는 청구인들의 주장은 받아들이기 어려운 것으로 판단된다. 쟁점②에 대하여 살피건대, 확정판결의 기판력은 그 판결의 주문에 포함된 것, 즉 소송물로 주장된 법률관계의 존부에 관한 판단의 결론 그 자체에만 미치는 것이고 판결이유에서 설시된 그 전제가 되는 법률관계의 존부에까지 미치는 것은 아니라 할 것(대법원 2010. 8. 19. 선고 2010다26745·26752 판결, 같은 뜻임)인바, 처분청이 이 건 과세근거로 제시한 청구인들 등 이해당사자 간의 소송판결은 조세부과처분에 관한 것이 아니라 민사판결로서 그 판결의 이유나 소송 준비자료 등을 그대로 원용할 수 없는 점, 처분청은 청구인들이 피상속인 등 부모와 함께 거주하면서 그들을 위하여 병원비, 간병비, 생활비 등의 명목으로 쟁점금액(○○○원) 상당액을 지출하였다고 주장하면서 제출한 금융거래내역, 금전출납부 등 제반 지출증빙을 구체적으로 검토·확인하지 아니한 점, 상속인이 피상속인이 사망할 무렵 피상속인을 부양하면서 피상속인이 부담하였어야 할 병원비, 간병비, 피상속인 본인의 생활비 등을 먼저 부담하고 추후 피상속인이 이를 보전하여 준 경우에는 위 병원비 등 보전받은 금액 상당액은 사전증여가액에서 공제하는 것이 타당한 점(조심 2016중2158, 2017. 4. 20. 외 다수, 같은 뜻임) 등에 비추어 청구인들이 제시한 쟁점금액에 대한 지출증빙 및 그에 관한 구체적인 해명 등을 토대로 지출항목별로 사전증여재산가액에서 공제할 것인지 여부를 재조사하여 그 결과에 따라 과세표준 및 세액을 경정하는 것이 타당한 것으로 판단된다.

연습문제

01 상속세 및 증여세법상 상속세의 과세대상 및 납세의무에 관한 설명으로 옳은 것은? 2011 9급 세무직

① 상속재산에는 피상속인의 일신에 전속하는 것으로 피상속인의 사망으로 인하여 소멸되는 것도 포함된다.

② 피상속인의 사망으로 인하여 지급받는 생명보험의 보험금으로서 피상속인이 보험계약자인 보험계약에 의하여 지급받는 것은 상속재산에서 제외된다.

③ 수유자가 영리법인인 경우에는 상속세를 납부할 의무가 있다.

④ 비거주자가 사망한 경우에는 상속개시일 현재 국내에 있는 비거주자의 모든 상속재산에 대하여 상속세를 부과한다.

02 상속세 및 증여세법상 상속세에 관한 설명으로 옳지 않은 것은? 2012 9급 세무직

① 상속인 또는 수유자는 각자가 받았거나 받을 재산을 한도로 연대하여 상속세를 납부할 의무를 진다.

② 피상속인이 신탁한 재산은 상속재산으로 보지만, 타인이 신탁의 이익을 받을 권리를 소유하고 있는 경우 그 이익에 상당하는 가액은 상속재산으로 보지 아니한다.

③ 상속개시일 전 10년 이내에 피상속인이 상속인이 아닌 자에게 진 증여채무는 상속재산의 가액에서 빼지 아니한다.

④ 피상속인의 사망으로 인하여 받는 생명보험의 보험금으로서 피상속인이 보험계약자인 보험계약의 의하여 받는 것은 상속재산으로 본다.

03 상속세 및 증여세법에 관한 설명으로 옳은 것은? 2018 CPA 1차

① 상속개시일 전 10년 이내에 피상속인이 상속인에게 증여한 재산가액은 상속세 과세가액에 가산하며 상속개시일 현재의 가액으로 평가한다.

② 국가나 지방자치단체에 유증한 재산에 대해서는 상속세를 부과하지 아니한다.

③「정당법」에 따른 정당에 유증을 한 재산에 대해서는 상속세를 부과한다.

④ 수증자가 비거주자인 경우 또는 수증자의 주소 및 거소가 분명하지 아니한 경우에도 수증자의 주소지를 관할하는 세무서장이 증여세를 과세한다.

⑤ 증여재산을 증여세 과세표준 신고기한이 지난 후 5개월 이내에 증여자에게 반환하거나 증여자에게 다시 증여하는 경우에는 그 반환하거나 다시 증여하는 것에

대해서는 증여세를 부과하지 아니한다.

04 상속세 및 증여세법상 상속세에 관한 설명으로 옳지 않은 것은? 2017 CPA 1차

① 상속개시일 현재 피상속인이 거주자인 경우 모든 상속재산에 대하여 상속세를 부과한다.

② 피상속인의 상속인이 그 배우자 단독인 경우 일괄공제를 적용받을 수 있다.

③ 피상속인이 신탁으로 인하여 타인으로부터 신탁의 이익을 받을 권리를 소유하고 있는 경우에는 그 이익에 상당하는 가액을 상속재산에 포함한다.

④ 납세지 관할세무서장은 상속세 납부세액이 2천만원을 초과하는 경우 납세의무자의 신청을 받아 연부연납을 허가할 수 있다.

⑤ 전쟁이나 이에 준하는 공무의 수행 중 입은 부상 또는 질병으로 인한 사망으로 상속이 개시되는 경우에는 상속세를 부과하지 아니한다.

05 다음의 자료를 이용하여 거주자 갑의 상속세 과세가액을 계산한 것으로 옳은 것은? 2016 CPA 1차

(1) 거주자 갑은 2016년 5월 1일에 사망하였다.
(2) 상속개시 당시 상속재산가액: 1,000,000,000원
(3) 갑이 2015년 8월 1일에 상속인 외의 자에게 토지를 매각하고 받은 금액: 500,000,000원 (이 중 300,000,000원은 사용용도가 불분명함)
(4) 갑이 2011년 7월 1일에 상속인 외의 자인 친구 을에게 증여한 재산의 상속개시 당시 시가: 300,000,000원(증여 당시 시가는 200,000,000원)
(5) 증빙에 의해 확인되는 장례비용: 30,000,000원(봉안시설의 사용비용 5,000,000원 포함)

① 1,385,000,000원 ② 1,470,000,000원 ③ 1,485,000,000원
④ 1,585,000,000원 ⑤ 1,615,000,000원

06 다음 자료를 이용하여 상속세과세가액을 계산한 것으로 옳은 것은? (단, 상속세 부담의 최소화를 가정할 것) 2014 CPA 1차

(1) 거주자 갑은 2014년 1월 30일에 사망하였다.
(2) 상속개시 당시 상속재산가액: 1,500,000,000원
(3) 갑이 상속개시 6개월 전 차입한 은행차입금: 100,000,000원(은행차입금 전액은 사용용도가 불분명하며, 상속인인 아들의 부담이 확정된 채무임)

(4) 갑이 상속개시 5년 전 상속인인 아들에게 증여한 재산의 상속개시 당시 시가: 300,000,000원
(증여 당시 시가는 200,000,000원임)
(5) 다음의 장례비용은 증빙에 의해 모두 확인가능하다.
가. 봉안시설의 사용비용: 8,000,000원
나. 기타의 장례비용: 4,000,000원

① 1,488,000,000원 ② 1,490,000,000원 ③ 1,588,000,000원
④ 1,590,000,000원 ⑤ 1,690,000,000원

정답 01 ④ 02 ③ 03 ② 04 ② 05 ① 06 ④

<절세전략> 상속세를 절감할 수 있는 병원비 계산방법

요즘은 대부분 병원에서 사망한다. 의학의 발달로 인해 생명이 연장되어 장기간 입원 치료 후 사망하는 경우가 많고 따라서 적지 않은 병원비가 청구된다. 이때 대부분 자녀들이 병원비를 부담한다. 부모의 재산이 많은 경우에도 마찬가지이다. 병원비를 부담하는 것이 효도하는 것이라고 생각하는 우리나라의 정서 때문일 것이다. 그러나 상속세의 절감이라는 측면에서만 본다면 부모의 재산으로 병원비를 내는 것이 유리하다. 아무리 많은 치료비를 자녀가 지불했더라도 상속재산에서 전혀 공제받지 못하기 때문이다. 만약 치료 중 지급하는 병원비를 부모재산으로 낸다면 상속재산이 줄어든다. 또한 사망일 까지 지급하지 않은 병원비는 사망자의 부채가 되어 상속재산에서 차감되어 상속세를 절감할 수 있다. 상속세법은 상속개시, 즉 사망당시 피상속인의 확정된 부채는 상속세를 계산할 때 상속재산에서 차감하도록 규정하고 있기 때문이다.

상속세를 부담하는 자녀가 근로소득자라면 연말정산에 의해 소득세를 절감 할 수 있다. 총급여액의 3%를 초과하는 의료비를 지출한 경우 지출액의 15%를 세금에서 차감할 수 있다. 배우자 또는 자녀를 위해 지출한 의료비라면 연간 700만원까지 인정할 수 있으나 연로하신 부모님을 위해 지출한 의료비라면 세금에서 차감하는 금액이 700만원 이상이라도 의료비로 인정가능하다.

자녀가 근로소득자가 아닌 사업자라면 의료비공제를 받을 수 없으므로 상속세절감을 위해서 부모의 재산으로 병원비를 내는 것이 유리할 것이다.

예를 들어 장기간의 입원진료로 인해 병원비가 5천만원이며 아버지가 상속해야 하는 자산이 30억이라고 가정하자. 어머니가 생존해 계시고 자녀가 둘이 있을 때 병원비를 아버지의 재산으로 계산하거나 혹은 돌아가실 때까지 지급하지 않았을 경우가 있다. 또 다른 경우는 병원비 전액을 자녀가 지급했을 때이다. 상속세 차이는 얼마일까?

총상속재산 50억에서 장례비와 최소 공제가능한 일괄공제 5억, 배우자 공제 5억을 차감하면 39억여원이며 세율 50%적용하여 납부할 세액은 6억 3천 8백만원이다. 그러나 병원비를 아버지의 재산 혹은 돌아가신 후 납부하였다면 납부할 세액은 6억 1천 8백만원이다. 따라서 차액은 2천만원에 이른다. 이 차이는 병원비가 많고 상속할 재산이 많을수록 크다.

제 4 장 상속세 과세표준

제 1 절 상속세 과세표준 계산구조

상속세 과세표준은 상속세 과세가액에서 상속공제와 감정평가수수료를 차감하여 계산한다(상증법 25 ①). 과세표준이 50만원 미만이면 상속세를 과세하지 아니한다(상증법 25 ②).

	상속세 과세가액
−	상속공제액(인정공제와 물적공제)
−	감정평가수수료공제
=	상속세 과세표준

제 2 절 상속공제

상속세법은 상속인의 부담을 감소하고 상속인 등의 생활안정을 위하여 상속세과세표준을 계산할 때 상속세 과세가액에서 상속공제를 허용하고 있다. 상속공제는 인적공제와 물적공제로 구분된다. 인적공제란 상속인을 기초로 하여 공제되는 것으로서 기초공제, 배우자 상속공제, 기타공제 및 일괄공제를 말한다. 물적공제는 피상속인의 상속개시일 현재 상속되는 재산을 근거로 하여 적용한다. 금융재산상속공제, 재해손실공제, 동거주택상속공제, 가업상속공제, 영농상속공제가 있다.

1. 인적공제

(1) 기초공제

거주자나 비거주자의 사망으로 상속이 개시되는 경우에는 상속세 과세가액에서 2억원을 공제한다(상증법 18 ①).

(2) 배우자 상속공제

피상속인이 상속개시일 현재 거주자로서 배우자가 있는 경우에는 배우자상속공제를 받을 수 있다. 배우자는 민법상 혼인관계에 있는 자이며 배우자가 상속포기 등으로 상속을 받지 않는 경우에도 배우자상속공제를 적용받을 수 있다. 배우자상속공제를 받기 위해서는 상속세과세표준신고기한의 다음날부터 6개월이 되는 날까지 배우자의 상속재산을 분할(등기·등록·명의개서 등이 필요한 경우에는 그 등기·등록·명의개서 등이 된 것에 한정한다)한 경우에 적용한다. 이 경우 상속인은 상속재산의 분할사실을 배우자상속재산분할기한까지 납세지 관할세무서장에게 신고하여야 한다(상증법 19 ②).

① 상속받은 금액이 5억원 미만인 경우

배우자가 상속받은 금액이 없거나 상속받은 금액이 5억원 미만인 경우에는 5억원을 공제한다(상증법 19 ④). 즉, 피상속인의 배우자가 생존해 있는 경우에는 최소 5억원을 공제하는 것이다.

② 상속받은 금액이 5억원 이상인 경우

배우자가 실제 상속받은 금액을 공제하되, 다음 산식에 의하여 계산한 금액을 한도(30억원)로 한다.

가. 배우자 공제액(①, ② 중 작은 금액)
  ① 실제로 상속받은 금액
  ② 배우자 공제 한도액(ㄱ, ㄴ 중 작은 금액)
    ㄱ. [상속재산의 가액(기준금액)×배우자 법정상속지분]
    − 배우자에게 상속개시전 10년 내 증여한 재산에 대한 과세표준
    ㄴ. 30억원

배우자 공제 한도액 중 상속재산의 가액, 즉 기준금액은 아래와 같다.

	총상속재산가액
−	상속인 외의 자가 유증받은 재산
−	비과세·불산입 상속재산
−	공과금·채무(장례비용은 차감하지 않음)
+	합산기간 이내에 상속인이 증여받은 합산대상 증여재산
=	상속재산의 가액(기준금액)

나. 배우자가 실제 상속받은 금액

배우자가 실제 상속받은 금액이란 상속개시일 현대 피상속인의 사망을 원인으로 배우자가 상속받은 재산을 말한다. 이때 상속받은 재산이란 배우자가 승계하는 공과금, 채무를 차감한 가액을 말한다. 실제 상속받은 금액을 계산할 때 사전증여재산과 추정상속재산가액은 제외하며 간주상속재산가액 중 배우자가 승계받은 금액은 실제 상속받은 금액에 포함한다.

예제 2-1 배우자공제

다음은 국내에 주소를 두고 있는 김대구씨가 2020년 4월에 사망한 상속재산자료이다. 이를 참고하여 다음 물음에 답하라

1. 상속재산현황 및 상속세 과세가액 내역은 아래와 같다.
2. 사망당시 김대구의 상속자는 아들 1명이 있다.

내 역	금 액	비 고
총상속재산가액	4,000,000,000	손자인 김계명에게 유증한 300,000,000포함
비과세재산가액	100,000,000	
공과금	10,000,000	
채무	500,000,000	
장례비용	7,000,000	영수증 제출
배우자에게증여	600,000,000	사망 4년전 증여한 증여재산가액
아들에게 증여	50,000,000	사망 4년전 증여한 증여재산가액
과세가액	4,033,000,000	

물음 1) 상속재산의 협의분할에 의해 배우자가 2,000,000,000의 상속재산을 실제 취득했을 경우의 배우자 상속공제액은 얼마인가?

풀이

① 배우자가 실제 상속받은 금액 2,000,000,000

② 공제한도액

가. 기준금액

내 역	금 액
총상속재산가액	4,000,000,000
상속인이 아닌 자가 유증받은 금액	−300,000,000
비과세, 과세가액불산입액	−100,000,000
공과금 및 채무	−510,000,000
상속인이 증여받은 사전증여재산	+650,000,000
기준금액	3,740,000,000

나. 한도액 Min(ㄱ, ㄴ) 1,644,000,000

ㄱ. 3,740,000,000×60%(1.5/2.5)−600,000,000=1,644,000,000

ㄴ. 30억

③ 배우자상속공제액 1,644,000,000

물음 2) 배우자가 상속을 포기한 경우 배우자상속공제액은 얼마인가?

풀이

배우자상속공제액: 배우자가 상속받은 금액이 없으므로 5억원 공제

---

(3) 기타 인적 공제

거주자의 사망으로 상속이 개시되는 경우로서 다음 어느 하나에 해당하는 경우에는 해당 금액을 상속세 과세가액에서 공제한다. 배우자공제를 포함한 기타인적공제는 서로 중복하여 적용받을 수 없다. 다만 자녀공제와 미성년자 공제, 장애인공제와 배우자상속공제 또는 기타인적공제는 합산하여 공제한다.

1) 자녀공제

자녀 1인당 5천만원을 공제한다.

나이나 동거여부와는 무관하며 인원 제한도 없다.

2) 미성년자공제

배우자를 제외한 상속인 및 상속개시 당시 피상속인과 동거하던 가족[1] 중 20세 미만인 자에 대하여 공제하며 동거가족이란 피상속인이 사실상 부양하고 있는 직계존비속(배우자

---

1) 동거가족은 상속개시일 현재 피상속인이 사실상 부양하고 있는 직계존비속(배우자의 직계존속을 포함한다) 및 형제자매를 말한다.

의 직계존비속 포함) 및 형제자매를 말한다.

1천만원에 19세에 달하기까지의 연수를 곱하여 계산한 금액을 공제한다(상증법 20).

3) 연로자공제

배우자를 제외한 상속인 및 상속개시 당시 피상속인과 동거하던 가족 중 65세 이상인 자에 대하여 공제하며 1인당 5천만원을 공제한다(상증법 20).

4) 장애자 공제

배우자를 포함한 상속인 및 상속개시 당시 피상속인과 동거하던 가족 중 장애자에 대하여 공제하며 1천만원에 기대여명의 연수를 곱하여 계산한 금액을 공제한다(상증법 20).

기대여명이란 어느 연령에 도달한 사람이 그 이후 몇 년 동안이나 생존할 수 있는가를 계산한 평균생존년수를 말한다. 특히 출생시 평균여명을 평균수명이라고도 일컫는다. 기대여명연수란 통계법에 따라 통계청장이 승인하여 고시하는 통계표에 따른 성별. 연령별 기대여명의 연수를 말한다.

기타공제	공제대상자	공제액	비 고
자녀공제	자녀	1명당 5,000만원	
미성년자공제	상속인 및 동거가족 중 미성년자	미성년자 1명당 1천만원×19세에 달하기까지의 연수	배우자제외
연로자공제	상속인 및 동거가족 중 65세 이상인 사람	1명당 5,000만원	배우자제외
장애인공제	상속인 및 동거가족 중 장애인	장애인 1명당 1천만원×기대여명의 연수	배우자포함

(4) 일괄공제

기초공제 2억원과 기타 인적공제의 합계금액을 항목별로 공제받는 대신에 일괄적으로 5억원을 공제할 수도 있다. 상속세 과세표준신고가 없는 경우에는 5억원을 공제한다(상증법 21).

다만, 배우자 단독상속의 경우에는 일괄공제를 적용받을 수 없다.

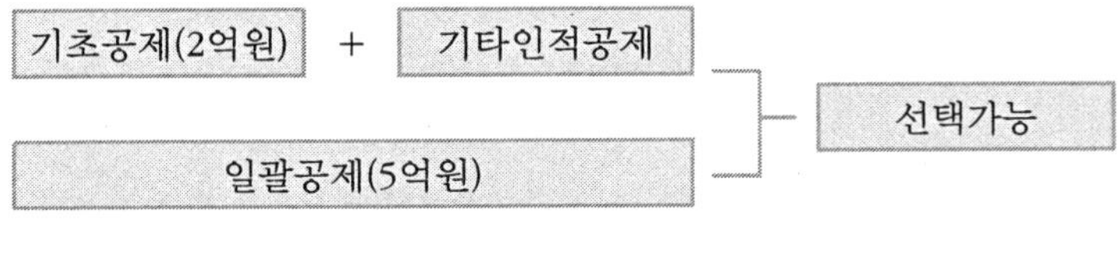

2. 물적공제

(1) 금융재산 상속공제

거주자의 사망으로 상속이 개시되는 경우로서 상속개시일 현재 상속재산 중에 금융기관이 취급하는 예금·적금·금전신탁·보험금·출자금 등 금융자산이 포함되어 있는 경우에는 아래의 금액을 공제하되 그 금액이 2억원을 초과하면 2억원을 공제한다(상증법 22 ①).

순금융재산가액＝금융재산－금융부채

순금융재산가액	금융재산 상속공제액
2천만원 이하	당해 순금융재산가액
2천만원 초과 1억원 이하	2천만원
1억원 초과	순금융재산가액×20%(2억원 한도)

금융재산에는 최대주주 또는 최대출자자[2]가 보유하고 있는 주식이나 출자지분은 포함되지 아니한다. 또한 상속세 신고기한까지 신고하지 않은 타인명의의 금융재산은 제외한다(상증법 22 ②).

(2) 재해손실공제

사망으로 상속이 개시되는 경우로서 상속세 신고기한 이내에 화재, 붕괴, 폭발, 환경오염, 자연재해 등 재난으로 인하여 상속재산이 멸실되거나 훼손된 경우에는 그 손실가액을 상속세 과세가액에서 공제한다. 다만, 그 손실가액에 대한 보험금 등의 수령 또는 구상권 등의 행사에 의하여 그 손실가액에 상당하는 금액을 보전받을 수 있는 경우에는 그러하지 아니하다(상증법 23 ①). 재해손실공제를 받으려는 상속인이나 수유자는 그 손실가액·손실내용 및 이를 증명할 수 있는 서류를 상속세 과세표준신고서와 함께 납세지 관할세무서장에게 제출하여야 한다(상증법 23 ②).

(3) 동거주택 상속공제

거주자의 사망으로 상속이 개시되는 동거주택은 상속주택가액(주택부수토지의 가액을 포함)의 100분의 100에 상당하는 금액을 상속세 과세가액에서 공제한다. 다만, 그 공제할 금액은 6억원을 한도로 한다(상증법 23의 2 ①).

---

2) 최대주주 또는 최대출자자란 주주등 1인과 그의 특수관계인의 보유주식 등을 합하여 그 합계가 가장 많은 경우의 해당 주주 등 1인과 그의 특수관계인 모두를 말한다.

상속공제	동거주택상속공제의 계산
동거주택상속공제	Min(①, ②중 작은 금액) ① (주택가액(주택부수토지가액 포함)−상속주택에 담보된 채무)×100% ② 한도: 6억원

상속공제 대상이 되는 동거주택은 다음의 요건을 갖추어야 한다(상증법 23의2 ①).

가. 피상속인과 상속인(직계비속인 경우로 한정)이 상속개시일부터 소급하여 10년 이상 (상속인이 미성년인 기간은 제외) 계속하여 하나의 주택에서 동거할 것

나. 피상속인과 상속인이 상속개시일로부터 소급하여 10년 이상 계속하여 1세대를 구성하면서 1세대 1주택에 해당할 것. 이 경우 상속개시일 현재 1세대 1주택인 경우로서 10년 중 무주택인 기간이 있는 경우에는 해당 기간은 1세대 1주택에 해당하는 기간에 포함한다.

다. 상속개시일 현재 무주택자이거나 피상속인과 공동으로 1세대 1주택을 보유한 자로서 피상속인과 동거한 상속인이 상속받은 주택일 것

징집, 취학, 근무상의 형편 또는 질병의 요양의 사유에 해당하여 동거하지 못한 경우에는 계속하여 동거한 것으로 보되, 그 동거하지 못한 기간은 동거기간에 산입하지 않는다(상증법 23의2 ②).

(4) 가업상속공제

1) 의 의

거주자의 상속으로 상속이 개시되고 가업의 상속에 해당하는 경우 가업상속재산가액에 상당하는 금액을 상속공제한다. 중소기업 우대정책의 하나이며 피상속인의 가업이 후손에게 이어질 수 있도록 가업상속을 장려하는 제도이다. 상속인의 원활한 기업승계를 지원하여 중소기업의 고용창출과 경쟁력을 유지하도록 하는 것이 목적이다.

2) 요 건

가업상속공제를 적용하기 위해서는 가업의 요건, 피상속인의 요건, 상속인의 요건, 납부능력을 갖추어야 한다.

① 가업의 요건(상증법18 ② 1)

가. 피상속인이 10년 이상 계속 사업을 영위하여야 한다.

나. 조세특례제한법상 중소기업으로서 자산총액이 5천억원 미만인 기업을 말한다.

다. 조세특례제한법상 중견기업으로서 상속이 개시되는 사업연도의 직전 3개 사업연

도의 매출액이 평균 3천억원 미만인 기업을 말한다.

② 피상속인 요건

가. 피상속인이 일정기간동안 대표이사로서 가업에 종사할 것

피상속인은 가업의 영위기간 중 다음 어느 하나에 해당하는 기간을 대표이사로 재직하여야 한다(상증령 15 ③ 1).

ㄱ) 100분의 50 이상의 기간

ㄴ) 10년 이상의 기간(상속인이 피상속인의 대표이사 등의 직을 승계하여 승계한 날부터 상속개시일까지 계속 재직한 경우로 한정함)

ㄷ) 상속개시일부터 소급하여 10년 중 5년 이상의 기간

나. 일정기간 최대주주 등일 것

가업은 피상속인이 중소기업 등의 최대주주 또는 최대출자자인 경우로서 피상속인과 그의 특수관계인의 주식 등을 합하여 해당 기업의 발행주식총수등의 100분의 50(한국거래소에 상장되어 있는 법인이면 100분의 30) 이상을 10년 이상 계속하여 보유하는 경우에 한정한다. 다만, 가업상속이 이루어진 후에 가업상속 당시 최대주주 등에 해당하는 자(가업상속을 받은 상속인은 제외)의 사망으로 상속이 개시되는 경우는 제외한다(상증령 15 ③).

③ 상속인요건

상속인은 아래의 요건을 모두 갖춘 경우에 가업상속공제를 적용한다. 이 경우 상속인의 배우자가 아래의 요건을 모두 갖춘 경우에는 상속인이 그 요건을 갖춘 것으로 본다(상증령 15 ③).

가. 상속개시일 현재 18세 이상일 것

나. 상속개시일전에 2년 이상 계속하여 직접 가업에 종사한 상속인일 것

상속개시일 전에 2년 이상 직접 가업에 종사(상속개시일 2년 전부터 가업에 종사한 경우로서 상속개시일부터 소급하여 2년에 해당하는 날부터 상속개시일까지의 기간 중 병역의무의 이행, 질병의 요양, 취학상 형편에 따른 사유로 가업에 종사하지 못한 기간이 있는 경우에는 그 기간은 가업에 종사한 기간으로 본다. 다만, 피상속인이 65세 이전에 사망하거나 천재지변 및 인재 등 부득이한 사유로 사망한 경우에는 그러하지 아니하다.

다. 상속세과세표준 신고기한까지 임원으로 취임하고, 상속세 신고기한부터 2년 이내에 대표이사 등으로 취임 할 것

④ 세금납부능력

가업이 중견기업에 해당하는 경우로서 가업을 상속받거나 받을 상속인의 가업상속재산 외에 받거나 받을 상속재산의 가액이 해당 상속인이 상속세로 납부할 금액에 2배보다 큰 경우에는 해당 상속인이 받거나 받을 가업상속재산에 대해서는 가업상속공제를 적용하지 아니한다(상증법 18 ③).

3) 가업상속공제 금액

가업상속공제 요건에 해당하는 경우 가업상속재산가액[3]에 상당하는 금액을 공제받는다. 다만, 그 금액이 200억원을 초과하는 경우에는 200억원을 한도로 하되, 피상속인이 15년 이상 계속하여 경영한 경우에는 300억원, 피상속인이 20년 이상 계속하여 경영한 경우에는 500억원을 한도로 한다(상증법 18 ② 1).

가업상속공제액: Min(①, ②) ① 가업상속재산 ② 한도액: 10년 이상 200억, 15년 이상 300억, 20년 이상 500억

(5) 가업상속공제액에 대한 상속세 추징

① 가업상속재산 처분 등에 의한 상속세 추징

상속인이 상속개시일부터 7년 이내에 정당한 사유 없이 자산의 처분, 지분감소, 고용감소 등 다음의 어느 하나에 해당하게 되면 기업상속공제받은 금액에 해당 가업용 자산의 처분 비율(상속재산의 처분에만 해당)과 해당일까지의 기간을 고려하여 일정율[4]을 곱하여 계산한 금액을 상속개시 당시의 상속세 과세가액에 산입하여 상속세를 부과한다. 이 경우 이자상당액을 그 부과하는 상속세에 가산한다(상증법 18 ⑥).

---

3) "가업상속 재산"이란 아래의 구분에 따른 상속재산에서 유류분상속재산을 제외한 상속재산을 말한다.
  1. 「소득세법」을 적용받는 가업: 상속재산 중 가업에 직접 사용되는 토지, 건축물, 기계장치 등 사업용 자산
  2. 「법인세법」을 적용받는 가업: 상속재산 중 가업에 해당하는 법인의 주식 등[해당 주식 등의 가액에 그 법인의 총자산가액 중 상속개시일 현재 사업무관자산을 제외한 자산가액이 그 법인의 총자산가액에서 차지하는 비율을 곱하여 계산한 금액에 해당하는 것을 말한다]

4) 일정율이란 기간별추징율을 말한다.

기 간	율
7년 미만	100분의 100
7년 이상 8년 미만	100분의 90
8년 이상 9년 미만	100분의 80
9년 이상 10년 미만	100분의 70

가. 가업상속 공제를 받은 후 다음의 어느 하나에 해당하게 된 경우

ㄱ) 해당 가업용 자산의 100분의 20(상속개시일부터 5년 이내에는 100분의 10) 이상을 처분한 경우

ㄴ) 해당 상속인이 가업에 종사하지 아니하게 된 경우

ㄷ) 주식 등을 상속받은 상속인의 지분이 감소한 경우. 다만, 상속인이 상속받은 주식 등을 제73조에 따라 물납(物納)하여 지분이 감소한 경우는 제외하되, 이 경우에도 상속인은 최대주주나 최대출자자에 해당하여야 한다.

라. 다음 ㄱ) 및 ㄴ)에 모두 해당하는 경우

ㄱ) 각 소득세 과세기간 또는 법인세 사업연도의 대통령령으로 정하는 정규직 근로자 수의 평균이 상속이 개시된 소득세 과세기간 또는 법인세 사업연도의 직전 2개 소득세 과세기간 또는 법인세 사업연도의 정규직근로자 수의 평균의 100분의 80에 미달하는 경우

ㄴ) 각 소득세 과세기간 또는 법인세 사업연도의 대통령령으로 정하는 총급여액이 상속이 개시된 소득세 과세기간 또는 법인세 사업연도의 직전 2개 소득세 과세기간 또는 법인세 사업연도의 총급여액의 평균의 100분의 80에 미달하는 경우

마. 다음 ㄱ) 및 ㄴ)에 모두 해당하는 경우

ㄱ) 상속이 개시된 소득세 과세기간말 또는 법인세 사업연도말부터 7년간 정규직 근로자 수의 전체 평균이 기준고용인원에 미달하는 경우

ㄴ) 상속이 개시된 소득세 과세기간말 또는 법인세 사업연도말부터 7년간 총급여액의 전체 평균이 기준총급여액에 미달하는 경우

② 조세포탈, 회계부정행위에 의한 상속세 추징

피상속인 또는 상속인이 가업의 경영과 관련하여 조세포탈 또는 회계부정 행위(상속개시일 전 10년 이내 또는 상속개시일부터 7년 이내의 기간 중의 행위로 한정함)로 징역형 또는 벌금형을 선고받고 그 형이 확정된 경우에는 가업상속공제를 적용하지 않거나 상속세를 추징한다(상증법 18 ⑨).

가. 상속세 과세표준과 세율의 결정이 있기 전에 피상속인 또는 상속인에 대한 형이 확정된 경우: 가업상속공제를 적용하지 아니한다.

나. 가업상속 공제를 받은 후에 상속인에 대한 형이 확정된 경우: 공제받은 금액을 상속개시 당시의 상속세 과세가액에 산입하여 상속세를 부과한다. 이 경우 이자상당액을 그 부과하는 상속세에 가산한다.

③ 추징액의 신고

추징사유에 해당하게 되는 날이 속하는 달의 말일(고용인원 또는 총급여액 미달에 해당하는 경우에는 해당 소득세 과세기간의 말일 또는 법인세 사업연도의 말일)부터 6개월 이내에 납세지 관할세무서장에게 신고하고 해당 상속세와 이자상당액을 납세지 관할세무서, 한국은행 또는 체신관서에 납부하여야 한다.

(6) 영농상속공제

1) 의 의

영농상속공제란 피상속인 및 상속인 모두 상속개시 2년 전부터 영농(양축(養畜), 영어(營漁) 및 영림(營林)포함)에 종사하고 상속개시일 현재 상속인이 18세 이상이며 영농상속재산을 상속받는 경우 15억원을 한도로 공제하는 것을 말한다(상증법 18 ② 2, 상증령 16 ③).

영농상속재산이란 다음 중 어느 하나에 해당하는 재산 전부를 상속인 중 영농에 종사하는 상속인이 상속받는 것을 말한다.

① 소득세법을 적용받는 영농: 농지, 초지조성허가를 받은 초지, 새로이 조림한 기간이 5년 이상인 산림지, 어선, 어업권으로서 피상속인이 상속개시일 2년 전부터 영농에 사용한 자산

② 법인세법을 적용받는 영농: 상속재산 중 법인의 주식 등.

2) 공제요건

영농상속은 영농상속재산가액과 피상속인 및 상속인이 다음의 요건을 모두 갖춘 경우에만 적용한다.

① 영농상속재산

영농상속 재산가액이란 상속인이 받거나 받을 상속재산의 가액을 말한다(상증령 15⑤).

1. 「소득세법」을 적용받는 영농: 다음 어느 하나에 해당하는 상속재산으로서 피상속인이 상속개시일 2년 전부터 영농에 사용한 자산의 가액
   가. 「농지법」에 따른 농지
   나. 「초지법」에 따른 초지조성허가를 받은 초지
   다. 「산지관리법에 따라 새로이 조림한 기간이 5년 이상인 산림지(보안림·채종림 및 산림유전자원보호림의 산림지를 포함)
   라. 「어선법」에 따른 어선
   마. 「내수면어업법」 또는 「수산업법」에 따른 어업권
   바. 농업·임업·축산업 또는 어업용으로 설치하는 창고·저장고·작업장·퇴비사·축

사·양어장 및 이와 유사한 용도의 건축물로서 「부동산등기법」에 따라 등기한 건축물과 이에 딸린 토지

2. 「법인세법」을 적용받는 영농: 상속재산 중 법인의 주식 등의 가액.

② 피상속인

영농상속은 피상속인이 상속개시일 2년전부터 계속하여 직접영농에 종사한 경우로서 다음의 요건을 갖춘 경우에만 적용한다. 다만, 2.법인세법에 따른 영농에 해당하는 경우로서 영농상속이 이루어진 후에 영농상속 당시 최대주주등에 해당하는 사람(영농상속을 받은 상속인은 제외한다)의 사망으로 상속이 개시되는 경우는 적용하지 아니한다.

1. 「소득세법」을 적용받는 영농: 아래 각 항의 요건을 모두 갖춘 경우
   가. 상속개시일 2년 전부터 계속하여 직접 영농에 종사(상속개시일 2년 전부터 직접 영농에 종사한 경우로서 상속개시일부터 소급하여 2년에 해당하는 날부터 상속개시일까지의 기간 중 질병의 요양으로 직접 영농에 종사하지 못한 기간은 직접 영농에 종사한 기간으로 본다)할 것
   나. 농지·초지·산림지가 소재하는 시·군·구, 그와 연접한 시·군·구 또는 해당 농지 등으로부터 직선거리 30킬로미터 이내(산림지의 경우에는 통상적으로 직접 경영할 수 있는 지역을 포함한다)에 거주하거나 어선의 선적지 또는 어장에 가장 가까운 연안의 시·군·구, 그와 연접한 시·군·구 또는 해당 선적지나 연안으로부터 직선거리 30킬로미터 이내에 거주할 것
2. 「법인세법」을 적용받는 영농: 다음 각 항의 요건을 모두 갖춘 경우
   가. 상속개시일 2년 전부터 계속하여 해당 기업을 경영(상속개시일 2년 전부터 해당 기업을 경영한 경우로서 상속개시일부터 소급하여 2년에 해당하는 날부터 상속개시일까지의 기간 중 질병의 요양으로 경영하지 못한 기간은 해당 기업을 경영한 기간으로 본다) 할 것
   나. 법인의 최대주주등으로서 본인과 그 특수관계인의 주식등을 합하여 해당 법인의 발행주식총수등의 100분의 50 이상을 계속하여 보유할 것

③ 상속인

영농상속은 상속인이 상속개시일 현재 18세 이상으로서 아래의 요건을 충족하는 경우 또는 법령에 따른 영농·영어 및 임업후계자인 경우에 적용한다(상증령 16②).

1. 「소득세법」을 적용받는 영농: 다음의 요건을 모두 갖춘 경우
   가. 상속개시일 2년 전부터 계속하여 직접 영농에 종사[5]할 것. 다만, 피상속인이 65

세 이전에 사망하거나 천재지변 및 인재 등 부득이한 사유로 사망한 경우에는 그렇지 않다.

나. 농지·초지·산림지가 소재하는 시·군·구, 그와 연접한 시·군·구 또는 해당 농지등으로부터 직선거리 30킬로미터 이내(산림지의 경우에는 통상적으로 직접 경영할 수 있는 지역을 포함한다)에 거주하거나 어선의 선적지 또는 어장에 가장 가까운 연안의 시·군·구, 그와 연접한 시·군·구 또는 해당 선적지나 연안으로부터 직선거리 30킬로미터 이내에 거주할 것

2. 「법인세법」을 적용받는 영농: 다음의 요건을 모두 갖춘 경우

가. 상속개시일 2년 전부터 계속하여 해당 기업에 종사할 것. 다만, 피상속인이 65세 이전에 사망하거나 천재지변 및 인재 등 부득이한 사유로 사망한 경우에는 그렇지 않다.

나. 상속세과세표준 신고기한까지 임원으로 취임하고, 상속세 신고기한부터 2년 이내에 대표이사 등으로 취임할 것

3) 영농상속재산의 처분 등에 따른 상속세 추징

영농상속 공제를 받은 상속인이 상속개시일부터 5년 이내에 정당한 사유 없이 영농상속공제의 대상이 되는 상속재산을 처분하거나 영농에 종사하지 아니하게 된 경우 이자상당액을 포함하여 계산한 금액을 상속개시 당시의 상속세 과세가액에 산입하여 상속세를 부과한다(상증법 18⑥).

3. 상속세 공제한도

상속공제의 종합한도액은 아래와 같다.

	상속세 과세가액
−	상속인이 아닌 자에게 유증. 사인증여한 재산가액
−	상속인의 상속포기로 그 다음 순위의 상속인이 상속받은 재산가액
−	증여재산 가산액(증여공제 받은 금액이 있으면 그 공제받은 금액은 뺀 가액)
=	상속공제의 종합한도액

증여재산가산액의 차감은 상속세과세가액이 5억원을 초과하는 경우에만 적용한다.

5) 상속개시일 2년 전부터 해당 기업에 종사한 경우로서 상속개시일부터 소급하여 2년에 해당하는 날부터 상속개시일까지의 기간 중 병역의무의 이행, 질병의 요양, 유학 등에 따른 사유로 해당 기업에 종사하지 못한 기간은 해당 기업에 종사한 기간으로 본다.

제 3 절 감정평가수수료 공제

1. 의 의

감정평가수수료란 상속세를 신고·납부하기 위하여 상속재산을 감정기관이 평가하는데 소요되는 수수료를 말한다. 감정평가수수료를 지급한 경우 당해 수수료를 상속세 과세가액에서 차감한다(상증법 25 ① 2, 상증령 20의3 ①③).

2. 감정평가별 공제금액

① 감정평가법인 평가수수료: 500만원 한도

② 비상장주식 평가위원회 평가수수료: 평가대상 법인수 및 신용평가 전문 기관수 별로 각 1천만원 한도

③ 서화, 골동품 등 유형자산에 대한 전문가의 감정평가수수료: 500만원한도

예제 4-1

다음 자료에 의해 상속세를 최소화하기 위한 과세표준을 계산하라(단위: 원).

(1) 상속재산: 주택 및 토지 1,100,000,000
(2) 주택담보차입금 30,000,000
(3) 피상속인이 납부할 공과금 15,000,000
(4) 장례비용(봉안시설 7,000,000) 10,000,000
(5) 부동산 감정평가법인의 수수료 8,500,000
(6) 동거가족: 배우자와 자녀 4명(모두 성년)
(7) 배우자가 실제 상속받은 금액은 없다
(8) 배우자이외의 상속인들은 모두 주택을 소유하고 있으며 증여받은 것은 아니다.

풀이

1. 상속세 과세가액
   ① 본래의 상속재산: 1,100,000,000
   ② 공과금, 채무: 45,000,000
   ③ 장례비용: 10,000,000
   ④ 사전증여재산: 0
   ⑤ 과세가액(①−②−③+④): 1,045,000,000

2. 상속공제액(①+②): 1,000,000,000
   ① 인적공제 1,000,000,000

가. 일괄공제: 500,000,000
나. 배우자공제: 500,000,000
실제로 상속받은 금액이 없으므로 500,000,000원을 공제함
② 물적공제액 0

3. 감정평가수수료: 5,000,000
부동산 등에 관한 감정평가수수료는 5백만원을 한도로 함

4. 과세표준: 40,000,000

예제 4-2

다음 자료에 의하여 상속세를 최소화하기 위한 과세표준을 계산하라(단위: 원).

① 상속재산

토지:	700,000,000
상가:	900,000,000

② 피속인의 사망으로 수령한 생명보험금: 200,000,000
③ 장례비지출액: 1,200,000
④ 동거가족: 배우자와 자녀 4명(모두 성년자임)
⑤ 배우자는 법정상속분을 실제 상속받았다. 감정평가수수료는 없는 것으로 가정한다.

풀이

1. 상속세 과세가액
① 본래의 상속재산: 1,600,000,000
② 의제상속재산: 200,000,000
③ 장례비용: 5,000,000
④ 사전증여재산: 0
⑤ 과세가액(①+②−③+④): 1,795,000,000

2. 상속공제액(①+②): 1,040,000,000
① 인적공제 1,000,000,000
가. 일괄공제: 500,000,000
나. 배우자공제: 500,000,000
실제로 상속받은 금액이 490,909,090(=1,800,000,00×1.5/5.5)이므로 500,000,000원을 공제함
② 물적공제액 40,000,000
금융재산상속공제 40,000,000−Min(200,000,000×20%, 2억)

3. 과세표준: 755,000,000

사례연구 4-1 동거주택상속공제 적용 여부[6)]

1. 요 약

만약 실제 거주지가 주민등록표상 주소지와 다른 경우 이를 주장하는 자가 그러한 사실을 입증하여야 할 것인바, 청구인의 20xx.xx.x.~20xx.x.x. 기간 동안의 신용카드 사용내역을 보면, 쟁점상속주택의 소재지인 ○○구보다 쟁점오피스텔의 소재지인 □□구에서 사용된 건수가 더 많고, 특히 병원, 약국, 세탁소, 편의점 등 거주생활에 밀접한 소비가 주로 □□구에서 이루어진 것으로 나타나는 반면, 청구인이 친구의 세탁물을 찾아주었다거나 쟁점오피스텔 인근에서 친구를 만나면서 편의점에서 신용카드를 사용하였다는 등의 주장은 이를 뒷받침하는 근거가 부족해 보이는 점, 청구인이 쟁점상속주택 아파트관리소의 입주자 카드에 계속하여 입주자로 등재되어 있다거나 각종 우편물의 수령지를 쟁점상속주택으로 하였다는 등의 사정은 청구인이 쟁점상속주택에서 거주하였다 사실을 입증하는 직접적인 근거로 보기 어려운 점 등에 비추어 볼 때, 청구인이 쟁점상속주택에서 피상속인과 동거한 기간은 동거주택 상속공제의 요건인 10년에 미달한다 할 것임.

2. 사실관계

(가) 주민등록초본 등에 따르면, 피상속인은 청구인이 상속받은 쟁점상속주택에서 2007. 5. 28.~2016. 10. 30.(약 10년 5개월) 기간 동안 주소를 두었고, 청구인은 2007. 10. 16.~2016. 9. 1. 기간 동안 다른 곳에 주민등록을 둔 것으로 나타난다.

(나) 청구인이 쟁점오피스텔에 주소를 둔 2014. 10. 2.~2016. 9. 1. 기간의 신용카드 사용내역을 분석한 결과, 병원, 약국, 세탁소 등 거주와 관련된 사용내역은 청구인의 주민등록상 주소지(쟁점오피스텔)인 ○○○에서 더 많이 사용되었고, 피상속인의 주소지인 쟁점상속주택 주변 ○○○에서는 백화점, 마트 등 일반적인 사용내역만 확인되는 등 청구인이 2014. 10. 2.~2016. 9. 1. 기간 동안 ○○○의 주소지에서 실제 거주한 것이 분명해 보인다.

(2) 청구인이 쟁점상속주택에서 피상속인과 함께 계속 거주하였다고 주장하며 제시한 입증자료는 아래와 같다.

(가) 주민등록등본에 따르면, 쟁점주택 ①·②는 각각 청구인의 언니인 ○○○와 ○○○가 가족과 함께 거주하는 곳으로 나타난다.

(나) 쟁점상속주택 소재 아파트관리사무소장이 2017. 3. 8. 발행한 거주확인증에는 청구인의 거주날짜가 2007. 5. 22.~2017. 3. 8.로, 차량이 2008. 7. 26. 등록된 후 2015. 11. 16. ○○○ 두 차례 변경되었고, 입주자 비상연락 카드(입주일자 2007. 5. 22.)에는 피상속인의 세대원으로 등록되어 있다.

(다) 자동차등록원부에 등록된 소유자는 2015.11.16. 등록된 차량○○○은 청구인이 2006.8.28.부터 재직 중인 ○○○로 나타나고, 청구인의 명함에는 직장 주소가 ○○○으로 적혀 있다.

(라) 청구인이 2011. 7. 25. 가입한 보험료 청구서 및 2014. 3. 7.자 ○○○의 보험계약청약서에 청구인의 주소가 각각 쟁점상속주택의 소재지로 적혀 있다.

(마) 청구인이 2010. 6. 1. 가입한 ○○○ 서비스신청서에는 인터넷 설치장소 및 요금 청구지가 쟁점상속주택 소재지로 적혀 있다.

---

6) 조심 2018서5064에서 발췌함.

(바) ○○○이 2018. 10. 12. 발행한 노인장기요양보험 수급 자격 확인서에는 피상속인이 2008. 7. 1.부터 상속개시일까지 2·3등급의 수급자로 되어 있다.

(사) 건강보험자격득실확인서에 따르면, 피상속인은 2004. 7. 12.까지 지역세대주 또는 직장가입자로 되어 있다가 2007. 10. 17.부터 상속개시일까지 청구인의 언니(피상속인의 장녀) ○○○의 직장피부양자로 등록된 것으로 나타난다.

(아) 청구인이 임차인으로 되어 있는 2014. 1. 13.자 오피스텔 월세 계약서에는 임대물건이 쟁점오피스텔, 임대기간이 2014. 9. 27.~2015. 9. 26, 계약조건이 보증금 ○○○원으로 되어 있고, ○○○이 발행한 확정일자 현황에는 확정일자 부여일이 2014. 10. 2.로 되어 있다.

(자) 청구인의 국민은행 금융거래내역에 따르면, 송**으로부터 2014. 9. 26. ○○○원이 입금된 후 2016. 8. 27.까지 매월 25일 내외의 날에 ○○○이 입금되었고, 매월 쟁점오피스텔 임대인 계좌로 ○○○원, 입주자대표회의 계좌(관리비)로 ○○○원 이상의 금액이 송금된 것으로 나타난다.

3. 쟁 점

청구인이 쟁점상속주택에서 피상속인과 동거하지 아니하였다고 보아 동거주택 상속공제를 부인한 처분이 타당한가?

4. 판 단

청구인은 피상속인을 언니의 건강보험 피부양자로 등록하기 위하여 쟁점주택①·②에, 친구에게 대여한 금전(쟁점오피스텔의 임대보증금)에 대한 채권확보 차원에서 임차권 확정일자를 받고자 쟁점오피스텔에 주민등록을 두었으나, 실제로는 그 기간 동안 쟁점상속주택에 거주하였다고 주장하나, 주민등록표에 기재된 주소지는 특별한 사정이 없는 한 실제 거주한 곳으로 추정된다 할 것(대법원 1986. 3. 11. 선고 85누772 판결 참조)이고, 만약 실제 거주지가 주민등록표상 주소지와 다른 경우 이를 주장하는 자가 그러한 사실을 입증하여야 할 것인바, 청구인의 2004. 10. 1.~2016. 9. 1. 기간 동안의 신용카드 사용내역을 보면, 쟁점상속주택의 소재지인 ○○○보다 쟁점오피스텔의 소재지인 ○○○에서 사용된 건수가 더 많고, 특히 병원, 약국, 세탁소, 편의점 등 거주생활에 밀접한 소비가 주로 ○○○에서 이루어진 것으로 나타나는 반면, 청구인이 친구의 세탁물을 찾아주었다거나 쟁점오피스텔 인근에서 친구를 만나면서 편의점에서 신용카드를 사용하였다는 등의 주장은 이를 뒷받침하는 근거가 부족해 보이는 점, 청구인이 쟁점오피스텔에 실제 거주하였다는 친구 송**은 쟁점오피스텔에 주민등록을 둔 사실이 확인되지 아니하고, 달리 친구의 거주상황을 입증할 만한 근거도 부족하며 청구인과 송** 사이의 금전거래가 쟁점오피스텔의 임차료와 관련된 것이라고 단정하기 어려운 점, 청구인이 쟁점상속주택 아파트관리소의 입주자 카드에 계속하여 입주자로 등재되어 있다거나 각종 우편물의 수령지를 쟁점상속주택으로 하였다는 등의 사정은 청구인이 쟁점상속주택에서 거주하였다 사실을 입증하는 직접적인 근거로 보기 어려운 점 등에 비추어 볼 때, 청구인이 쟁점오피스텔에 주민등록을 둔 기간 동안 쟁점오피스텔이 아닌 쟁점상속주택에서 거주하였다고 인정하기 어렵고, 그 기간을 제외하면 청구인이 쟁점상속주택에서 피상속인과 동거한 기간은 동거주택 상속공제의 요건인 10년에 미달한다 할 것이다. 따라서 쟁점상속주택에 대한 동거주택 상속공제의 적용을 배제하여 청구인에게 상속세를 과세한 이 건 처분은 달리 잘못이 없다고 판단된다.

연습문제

01 다음 중 상속재산 가액에 포함되는 증여재산 및 간주추정상속재산이 아닌 것은?

① 퇴직금, 퇴직수당, 공로금
② 상속개시일전 처분한 재산의 가액이나 채무부담액이 2년 이내 2억원 이상인 경우
③ 피상속인의 사망으로 인하여 지급받는 보험금
④ 상속개시일전 5년 이내에 상속인 이외의 자에게 증여한 재산

02 상속세법상 인적공제에 대한 설명으로 가장 옳지 않은 것은?

① 배우자와 자녀가 거주자의 재산을 상속받은 경우 배우자가 실제 상속받은 금액이 없더라도 배우자공제 5억원을 적용한다.
② 배우자 단독으로 상속받는 경우라도 배우자 공제외 일괄공제 5억원을 받을 수 있다.
③ 상속인(배우자 제외) 및 동가가족 중 65세 이상인 자에 대하여 5천만원을 공제한다.
④ 5억원을 초과하는 배우자 상속공제를 받기위해서는 실질적으로 배우자가 재산분할 상속받아야 한다.

03 다음 중 상속세 및 증여세에 대한 설명으로 옳지 않은 것은?

① 상속세 및 증여세는 신고에 의해 세액이 확정된다.
② 거주자의 사망으로 상속이 개시되는 경우 최대 2억원의 금융재산상속공제를 적용한다.
③ 상속개시일이 속하는 달의 말일부터 6월 이내 과세표준신고를 하고 상속세액을 납부하는 경우 3%에 상당하는 세액을 공제한다.
④ 상속개시 전 10년 이내에 상속인이 수증한 재산은 상속재산에 가산하여야 하면 이때 가산되는 가액은 증여일 현재의 시가로 한다.

정답 01 ② 02 ② 03 ①

제 5 장 상속세 산출세액

제 1 절 상속세 산출세액의 계산구조

상속세의 산출세액은 과세표준에 상속세 세율을 적용하여 계산한다(상증법 25, 26).

	상속세 과세표준	
×	세율	10%~50% 5단계 초과누진세율
=	상속세 산출세액	
+	세대생략가산액	할증세액 30%(40%)
=	상속세 산출세액 합계	

1. 세 율

상속세의 세율은 아래와 같다(상증법 26).

과세표준	세 율
1억원 이하	과세표준의 100분의 10
1억원 초과~5억원 이하	1천만원+(1억원을 초과하는 금액의 100분의 20)
5억원 초과~10억원 이하	9천만원+(5억원을 초과하는 금액의 100분의 30)
10억원 초과~30억원 이하	2억4천만원+(10억원을 초과하는 금액의 100분의 40)
30억원 초과	10억4천만원+(30억원을 초과하는 금액의 100분의 50)

(1) 세대생략 할증과세

할아버지가 바로 손자에게 상속하는 것과 같이 상속인 또는 수유자가 피상속인의 자녀를 제외한 직계비속인 경우에는 산출세액에 다음의 금액을 가산한다. 상속재산에 가산한 증여재산 중 상속인이나 수유자가 받은 증여재산도 가산대상에 해당한다(상증법 27).

다만 대습상속의 경우는 제외한다(상증법 27). 대습상속이란 상속인이 될 직계비속 또는 형제자매가 상속개시전에 사망하거나 결격자가 된 경우에 그 직계비속이 있는 때에는 그 직계비속이 사망하거나 결격된 자의 순위에 갈음하여 상속인이 되는 것을 말한다(민법 1001).

$$\text{산출세액} \times \frac{\text{피상속인의 자녀를 제외한 직계비속이 상속받는 재산가액}}{\text{총 상속재산가액}} \times 30\%(40\%)$$

피상속인의 자녀를 제외한 직계비속이면서 미성년자에 해당하는 상속인 또는 수유자가 받았거나 받을 상속재산의 가액이 20억원을 초과하는 경우에는 40%로 한다. 이때 총상속재산가액에는 상속재산에 가산한 증여재산 중 상속인 또는 수유자가 받은 증여재산가액은 포함하되 그 외의 자가 받은 증여재산가액은 포함하지 않는다.

예제 5-1

다음의 경우 상속재산에 대한 산출세액과 납부세액을 계산하면 얼마인가?

가. 상속재산: 주택 2억 8천만원, 토지 10억 5천만원, 합계 13억 3천만원, 채무 1,500만원

나. 증빙서류 있는 장례비용 300만원, 각종 공과금 200만원, 배우자와 자녀 2명(23세와 18세)이 있는 경우

다. 배우자가 실제 상속받은 재산가액이 5억원 미만인 경우

풀이

① 상속과세가액: 13억 800만원

② 기초공제: 2억원

③ 배우자상속공제: 5억원

④ 기타인적공제

자녀공제: 10,000만원(자녀 1인당 5,000만원)

미성년자공제: 1,000만원(연간 1,000만원×18세 자녀의 19세까지 기간 1년)

⑤ 일괄공제: 5억원(②+④ 대신 적용 가능함)

⑥ 과세표준: 3억 800만원(①과세가액에서 배우자 공제 및 일괄공제 차감)
⑦ 산출세액: 51,600,000
⑧ 납부할 상속세액: 50,052,000원
납부기한내 신고시 신고세액공제 3%가능

---

2. 상속세 납부세액

상속세 납부세액의 계산구조는 아래와 같다.

	상속세 산출세액	
+	세대생략가산액	할증세액 30%(40%)
=	상속세 산출세액 합계	
−	증여세액공제	사전증여재산에 대한 증여세상당액
−	외국납부세액공제	
−	단기재상속에 대한 세액공제	10년내 재상속이 있을 경우
−	신고세액공제	3%
−	문화재자료 등에 대한 상속세의 징수유예	
=	상속세 납부세액	

(1) 증여세액공제

증여세액공제란 상속세 과세가액을 계산할 때 상속개시일 전 10년 또는 5년 이내에 상속인 또는 상속인 이외의 자에게 증여한 재산의 가액을 가산하는 경우 그 가산한 증여재산에 대한 증여세액을 상속세 산출세액에서 공제하는 것을 말한다. 다만, 상속세 과세가액에 가산하는 증여재산에 대하여 국세기본법에 의한 부과제척기간의 만료로 인하여 증여세가 부과되지 아니하는 경우와 상속세 과세가액이 5억원 이하인 경우에는 그러하지 아니하다(상증법 28 ①).

증여세액공제액: Min(①, ②)
① 증여세 산출세액
② 한도액:

$$\text{상속세산출세액} \times \frac{\text{사전증여재산의 과세표준}}{\text{상속세 과세표준}}$$

(2) 외국납부세액

거주자의 사망으로 상속세를 부과하는 경우에 외국에 있는 상속재산에 대하여 외국의 법령에 따라 상속세를 부과받은 경우에는 그 부과받은 상속세에 상당하는 금액을 상속세산출세액에서 공제한다(상증법 29).

외국납세액공제액: Min(①, ②)
① 외국납부세액
② 한도액:

$$\text{상속세산출세액} \times \frac{\text{외국의 법령에 따라 상속세가 부과된 상속재산의 과세표준}}{\text{상속세 과세표준}}$$

(3) 단기재상속에 대한 세액공제

단기재상속에 대한 세액공제라 함은 상속개시 후 10년 이내에 상속인 또는 수유자의 사망으로 다시 상속이 개시된 경우에 이전상속세가 부과된 상속재산 중 재상속분에 대한 상속세 상당액을 상속세 산출세액에서 공제하는 것을 말한다(상증법 30 ①).

공제금액은 ①에 ②의 공제율을 곱하여 계산한다(상증법 30 ②). 공제되는 세액은 상속세 산출세액에서 증여세액 및 외국납부세액을 차감한 금액을 한도로 한다.

① 기준금액

$$\text{전의 상속세산출세액} \times \frac{\text{재상속분의 재산가액} \times \frac{\text{전의상속세과세가액}}{\text{전의상속재산가액}}}{\text{전의 상속세 과세가액}}$$

② 공제율

재상속 기간	1년 이내	2년 이내	3년 이내	4년 이내	5년 이내	6년 이내	7년 이내	8년 이내	9년 이내	10년 이내
공제율	100%	90%	80%	70%	60%	50%	40%	30%	20%	10%

(4) 신고세액공제

신고세액공제란 상속세 납세의무자가 상속세의 신고기한 이내에 상속세 과세표준을 신고한 경우 상속세 산출세액에서 문화재 자료 등의 징수유예 및 기타 공제 감면되는 금액을 차감한 금액의 100분의 3에 상당하는 금액을 공제하는 것을 말한다(상증법 69).

(5) 문화재 자료 등의 징수유예

상속재산 중 문화재자료 및 국가등록문화재와 해당 문화재 또는 문화재자료가 속하여 있는 보호구역의 토지가 포함되어 있는 경우 그 재산가액에 상당하는 상속세의 징수를 유예한다. 또한 박물관 및 미술관 진흥법에 따라 등록한 박물관 자료 및 미술관자료로서 박물관 또는 미술관에 전시 보존 중인 재산에 해당하는 재산이 포함되어 있는 경우 그 재산가액에 상당하는 상속세액은 징수를 유예한다(상증법 74 ①).

$$\text{문화재 등 징수유예세액} = \text{상속세 산출세액} \times \frac{\text{문화재자료 및 박물관자료의 가액}}{\text{상속재산가액(사전증여재산포함)}}$$

징수유예를 받으려는 자는 그 유예할 상속세액에 상당하는 담보를 제공하여야 한다(상증법 74④).

납세지 관할세무서장은 문화재자료 등이나 박물관자료를 상속받은 상속인 또는 수유자가 이를 유상으로 양도하거나 박물관폐관 등의 사유로 박물관자료를 인출(引出)하는 경우에는 즉시 그 징수유예한 상속세를 징수하여야 한다(상증법 74 ②). 납세지 관할세무서장은 징수유예 기간에 문화재자료 등이나 박물관자료를 소유하고 있는 상속인 또는 수유자의 사망으로 다시 상속이 개시되는 경우에는 그 징수유예한 상속세액의 부과 결정을 철회하고 그 철회한 상속세액을 다시 부과하지 아니한다.

예제 5-2 상속세과세표준과 산출세액

다음은 국내에 주소를 두고 있던 2020년 5월 1일 사망한 거주자 k씨의 과세자료이다. 이를 토대로 세부담이 최소화되도록 상속세 과세표준과 산출세액을 계산하라.

1. 상속재산의 현황은 다음과 같다.

내 역	금 액	비 고
대지	900,000,000	
주택	700,000,000	동거주택에 해당하지 않는다.
금융재산	50,000,000	k씨가 보유하던 현금과 예금이다.
합계	1,650,000,000	

2. k씨는 자기가 소유하던 토지를 2014년 5월 20일 아들에게 증여하였는데 그 증여 당시의 평가액은 ₩200,000,000이었으며 공제가액은 ₩30,000,000이었다.
3. 사망당시 k의 공과금과 채무는 없었으며 장례비용은 확인되지 않았다.
4. 사망당시 k의 동거가족은 배우자와 자녀 1명이다.

5. 상속재산의 감정평가수수료로 ₩3,000,000을 부담하였다.
6. K씨는 유언을 남기지 않았으며 상속재산의 분할은 민법에 따른 법정상속분과 정확하게 일치하게 배우자 60% 아들 40%의 비율로 이루어졌다. 이러한 상속재산의 분할명세는 신고기간 내에 제출된 첨부서류에 의해 확인된다.

풀이

1. 상속세 과세가액
   ① 본래의 상속재산: 1,650,000,000
   ② 장례비용: 5,000,000
   ③ 사전증여재산: 200,000,000
   ④ 과세가액(①－②＋③): 1,845,000,000

2. 상속공제액(①＋②): 1,510,000,000
   ① 인적공제: 1,490,000,000
      가. 일괄공제: 500,000,000
      나. 배우자공제: Min(ㄱ, ㄴ) 990,000,000
         ㄱ. 실제로 상속받은 금액: 990,000,000
         ㄴ. 한도액: Min(a, b): 990,000,000
            a. [상속재산의 가액(기준금액)×배우자 법정상속지분]
               － 배우자에게 상속개시전 10년 내 증여한 재산에 대한 과세표준
               ＝ 1,650,000,000×60%－0＝990,000,000
            b. 30억
   ② 물적공제액 20,000,000
      금융재산이 2천만원을 초과하고 1억원 이하이므로 2천만원 공제가능하다.

3. 감정평가수수료 3,000,000

4. 과세표준 332,000,000

5. 산출세액 56,400,000
   10,000,000＋(332,000,000－100,000,000)×20%＝56,400,000

예제 5-3 과세표준과 산출세액 및 납부세액

다음은 거주자 J의 상속재산현황이다. 거주자 J는 2020년 5월 10일에 사망하였다. 신고기한인 2020년 11월30일까지 상속세를 신고할 때 세부담이 최소화되도록 과세표준과 산출세액 및 납부세액을 계산하라. 분납 및 연부연납과 물납을 고려하지 않는 것으로 가정한다.

1. 상속재산현황

내 역	금 액
은행예금	200,000,000
건물	300,000,000
상가	800,000,000
주택	200,000,000
토지	500,000,000
합계	2,000,000,000

2. k씨는 사망 4년 전 친구 P에게 토지(상속개시 당시 재산가액 500,000,000)을 증여하였다. 증여공제액은 없었으며 증여당시 재산가액은 400,000,000원이었고 증여재산공제액은 0이다. 증여세 산출세액은 70,000,000원이다.
3. 사망당시 k의 공과금과 채무는 없었으며 영수증 등을 통해 확인되는 장례비용은 9,000,000(납골시설 사용비는 없음)이다
4. 사망당시 k의 동거가족은 배우자와 아들가족이며 동거가족 외 자녀는 없는 것으로 가정한다. 배우자는 건물만을 상속받았다. 토지 500,000,000원은 손자에게 유증되었다. 주택은 아들이 상속받았다. 아들은 무주택자로서 동거주택의 요건을 충족한다.
5. 상속재산의 감정평가수수료는 발생하지 않았다. 상속공제액은 상속공제의 종합한도이내인 것으로 가정한다.

풀이

1. 상속세 과세가액
   ① 본래의 상속재산: 2,000,000,000
   ② 장례비용: 9,000,000
   ③ 사전증여재산: 400,000,000
   ④ 과세가액(①－②＋③): 2,391,000,000

2. 상속공제액(①＋②): 1,240,000,000
   ① 인적공제 1,000,000,000
      가. 일괄공제: 500,000,000
         기본공제와 기타인적공제를 일괄하여 공제함
      나. 배우자공제: 500,000,000
         실제로 상속받은 금액이 5억 이하이므로 500,000,000원을 공제함
   ② 물적공제액 240,000,000
      가. 금융재산상속공제 40,000,000＝Min(200,000,000×20%, 2억)
      나. 동거주택상속공제 200,000,000＝Min(200,000,000×100%, 6억)

3. 감정평가수수료 0

4. 과세표준 1,151,000,000

5. 산출세액 322,930,000(①＋②)
   ① 일반산출세액

240,000,000 + (1,151,000,000 − 1,000,000,000) × 40% = 300,400,000

② 할증세액

$$300,400,000 \times \frac{500,000,000}{2,000,000,000} \times 30\% = 22,530,000$$

6. 세액공제 77,587,900

① 증여세액공제 70,000,000

ㄱ. 산출세액 70,000,000

ㄴ 한도액 300,400,000 × (400,000,000/1,151,000,000) = 104,396,177

② 신고세액공제

(322,930,000 − 70,000,000) × 3% = 7,587,900

7. 납부세액 245,342,100

322,930,000 − 77,587,900 = 245,342,100

연습문제

01 상속세 및 증여세법」에 관한 설명이다. 옳지 않은 것은? 2011 CPA 1차

① 거주자의 사망으로 외국에 있는 상속재산에 대하여 부과된 외국납부세액에 상당하는 금액은 상속세 산출세액에서 공제된다.

② 납세지 관할세무서장은 상속세 납부세액이 2천만원을 초과하는 때에는 납세의무자의 신청을 받아 연부연납을 허가할 수 있다.

③ 거주자의 사망으로 상속이 개시되어 배우자가 상속인에 포함되는 경우 배우자상속공제액은 최소 5억원과 최대 30억원의 범위 내에서 결정된다.

④ 거주자의 사망으로 인하여 배우자 단독으로 상속 받는 경우로서 기초공제와 그 밖의 인적공제에 따른 공제액을 합친 금액이 5억원 미만이면 일괄공제 5억원을 공제받을 수 있다.

⑤ 상속개시일 전 1년 이내에 피상속인이 부담한 채무금액이 2억원 이상인 경우로서 용도가 객관적으로 명백하지 아니한 경우에는 이를 상속받은 것으로 추정한다.

02 거주자 갑은 2020년 4월에 교통사고로 사망하였다. 다음 자료를 이용하여 상속세 부담을 가장 낮출 수 있는 경우의 과세표준을 계산한 것으로 옳은 것은? 2018 CPA 1차 수정

(1) 상속재산의 평가내역은 다음과 같다.

구 분	상속개시일 현재의 시가
주택*	2,000,000,000원

* 「상속세 및 증여세법」상 동거주택상속공제의 요건을 충족한다.

(2) 갑의 동거가족은 다음과 같다(배우자는 없음).

대 상	연 령	비 고
모친	70세	기대여명 20년, 장애인임
장남	21세	
장녀	9세	

(3) 갑의 사망일부터 장례일까지 장례비 5,000,000원이 발생하였다(봉안시설이용료 및 자연장지사용관련 비용은 발생하지 않았음).

(4) 주어진 자료 이외에는 고려하지 않는다.

① 400,000,000원 ② 845,000,000원 ③ 745,000,000원
④ 995,000,000원 ⑤ 1,000,000,000원

정답 01 ④ 02 ③

제 6 장 상속세의 신고 및 납부

제 1 절 상속세 과세표준 신고

1. 과세표준 신고기한

(1) 의 의

상속세의 신고는 피상속인의 사망일이 속하는 달의 말일로부터 6개월 이내(피상속인이나 상속인이 외국에 주소를 둔 경우에는 9개월)에 신고하여야 한다(상증법 67 ①④). 재산을 상속받은 사람은 상속개시일(사망일)이 속하는 달의 말일로부터 6개월(외국에 주소를 둔 경우는 9개월) 안에 사망자의 주소지 관할세무서에 상속세신고를 하고 자진납부해야 하며, 이 기간 내에 신고를 하면 내야 할 세금의 3%를 공제받게 되나 신고를 하지 않거나 미달하게 신고하면 10%~40%의 가산세를 부담하게 된다(국기법 47). 또한 상속세를 신고만 하고 납부를 하지 않으면 납부하지 아니한 기간에 따라 내야 할 세금에 1일 0.025%의 가산세를 부담하게 된다(국기령 27의4). 따라서 상속세의 신고·납부가 늦으면 늦을수록 더 많은 세금을 물게 된다.

(2) 상속세 신고시 제출할 서류

상속세과세표준신고는 상속세과세표준신고 및 자진납부계산서에 의한다. 신고서에는 상속세 과세표준의 계산에 필요한 상속재산의 종류, 수량, 평가가액, 재산분할 및 각종 공제 등을 증명할 수 있는 서류 등을 첨부하여야 한다(상증법 67, 상증령 64). 신고시 제출하여야 할 서류는 다음과 같다.

① 상속세과세표준신고 및 자진납부계산서

② 피상속인의 제적등본 및 상속인의 가족관계기록사항에 관한 증명서

③ 상속재산명세 및 평가명세서

④ 상속재산분할명세 및 그 평가명세서

⑤ 채무를 인수하는 경우에는 채무 등을 입증할 수 있는 서류

⑥ 기타 첨부서류: 연부연납(물납) 허가신청서 및 납세담보제공서 등 기타 서류

2. 상속세 자진납부

상속세를 신고하는 자는 신고기한까지 산출세액에서 공제세액 등을 차감한 금액을 납세지 관할 세무서, 한국은행 또는 우체국에 납부하여야 한다(상증법 70 ①).

상속세 자진납부세액은 아래와 같다.

	상속세 산출세액
−	징수유예세액
−	공제 또는 감면되는 세액
−	신고세액공제
−	연부연납 또는 물납을 신청한 금액
=	자진납부할 세액

자진납부할 세액이 1천만원을 초과하는 경우에는 납부할 세액의 일부를 납부기한 경과 후 2개월 이내에 나누어 낼 수 있다. 연부연납을 허가받은 경우에는 분납할 수 없다(상증법 70 ②).

<분납할 수 있는 세액>

• 납부할 세액이 2천만원 이하일 경우: 1천만원을 초과하는 금액

• 납부할 세액이 2천만원을 초과하는 경우: 납부할 세액의 1/2 이하의 금액

(1) 연부연납

① 의 의

연부연납이란 납부할 세액이 2천만원을 초과하는 경우에 세무서에 담보를 제공하고 각 회분 분납세액이 1천만원을 초과하도록 연부연납기간을 정하여 매년 세액을 균등하게 나누어 내는 것을 말한다(상증법 71).

② 연부연납의 요건

연분연반의 요건은 다음과 같다.

가. 납부세액이 2천만원을 초과해야 한다.

나. 담보를 제공하여야 한다.

③ 연부연납의 신청과 허가

연부연납을 하려면 상속세 신고시 또는 납세고지서의 납부기한 내에 관할세무서장에게 신청하여 허가를 받아야 한다. 연부연납신청서를 받은 세무서장은 상속세 신고기한이 경과한 날로부터 9개월 이내에 신청인에게 그 허가 여부를 서면으로 결정·통지하여야 한다. 기한 후 신고를 한 경우 신고한 달이 속하는 달의 말일부터 6개월 이내에 신청인에게 허가여부를 통지하여야 한다. 납세고지의 납부기한 내에 신청하는 경우[1] 고지는 해당 납세고지서의 납부기한이 경과한 날부터 14일 이내에 허가여부를 통지하여야 한다. 단, 담보가 100% 보증되는 경우 신청만으로 가능하다(상증법 71 ①). 이 경우 해당 기간까지 그 허가 여부에 대한 서면을 발송하지 아니한 때에는 허가를 한 것으로 본다(상증령 67 ②).

연부연납 허가를 받은 세액에 대하여 일정한 이자(연부연납가산금)[2]를 부담하여야 한다(상증법 72).

④ 연부연납기간

연부연납기간은 연부연납허가일로부터 5년 내로 한다(상증법 71②). 다만, 가업상속공제를 받았거나 중소기업 또는 중견기업을 상속받은 경우, 상속재산 중 가업상속재산이 차지하는 비율이 50% 미만이면 연부연납 허가일로부터 10년 또는 연부연납 허가일 후 3년이 되는 날로부터 7년, 50% 이상이면 허가일로부터 20년 또는 연부연납 허가 후 5년이 되는 날로부터 15년으로 한다.

(2) 물 납

① 의 의

물납이란 상속받은 부동산 등으로 세금을 내는 것을 말한다.

② 물납의 요건

물납을 할 수 있는 요건은 다음과 같다.

가. 상속재산(사전증여재산 중 상속인 및 수유자가 받은 증여재산을 포함) 중 부동산과 유가증권(국내에 소재하는 부동산 등 물납에 충당할 수 있는 재산으로 한정)의 가액이 해당 상속재산가액의 2분의 1을 초과할 것

나. 상속세 납부세액이 2천만원을 초과할 것

---

1) 과세표준과 세액의 결정통지를 받은 자.

2) 연 1천분의 21.

다. 상속세 납부세액이 상속재산가액 중 금융재산의 가액(사전증여재산 가액은 포함하지 아니함)을 초과할 것

③ 물납의 신청 및 허가

물납은 납세의무자의 신청에 따라 관할 세무서장이 허가할 수 있다. 다만, 물납을 신청한 재산의 관리·처분이 적당하지 아니하다고 인정되는 경우에는 물납허가를 하지 아니할 수 있다.

관할세무서장이 물납을 허가하는 때에는 그 허가를 한 날부터 30일 이내의 범위에서 물납재산의 수납일을 지정하여야 한다. 이 경우 물납재산의 분할 등의 사유로 해당 기간 내에 물납재산의 수납이 어렵다고 인정되는 경우에는 1회만 20일 이내의 범위에서 물납재산의 수납일을 다시 지정할 수 있다(상증령 70 ③).

④ 물납재산의 범위

아래는 물납에 충당할 할 수 있는 재산의 범위이다(상증령 74 ①).

가. 국내에 소재하는 부동산

나. 국채·공채·주권 및 내국법인이 발행한 채권 또는 증권과 그 밖에 유가증권. 다만, 다음 어느 하나에 해당하는 유가증권은 제외한다.

ㄱ) 거래소에 상장된 것. 다만, 최초로 거래소에 상장되어 물납허가통지서 발송일 전일 현재 「자본시장과 금융투자업에 관한 법률」에 따라 처분이 제한된 경우에는 그러하지 아니하다.

ㄴ) 비상장주식등. 다만, 상속의 경우로서 그 밖의 다른 상속재산이 없거나 국채 및 공채, 처분이 제한된 상장주식, 국내부동산까지의 상속재산으로 상속세 물납에 충당하더라도 부족하면 그러하지 아니하다.

⑤ 물납의 순서

물납에 충당하는 재산은 세무서장이 인정하는 정당한 사유가 없는 한 다음 각 호의 순서에 따라 신청 및 허가하여야 한다(상증령 74 ②).

가. 국채 및 공채

나. 최초로 거래소에 상장되어 물납허가통지서 발송일 전일 현재 「자본시장과 금융투자업에 관한 법률」에 따라 처분이 제한된 유가증권

다. 국내에 소재하는 부동산(5제외)

라. 사채, 신탁업자가 발행하는 수익증권, 집합투자증권 등

마. 비상장주식으로서 다른 상속재산이 없거나 국채 및 공채, 처분이 제한된 상장주식,

국내부동산까지의 상속재산으로 상속세 물납에 충당하더라도 부족한 경우

바. 상속개시일 현재 상속인이 거주하는 주택 및 그 부수토지

⑥ 수납가액

물납에 충당할 부동산 및 유가증권의 수납가액은 원칙적으로 상속재산가액으로 한다(상증령 70).

(3) 상속세의 상속인별 분배

상속인 또는 수유자(유증 또는 사인증여를 받는 자)는 상속재산 중 각자가 받았거나 받을 재산을 기준으로 계산한 법정비율에 따라 상속세를 부담한다(상증법 3의2 ①). 상속세는 상속인 또는 수유자 각자가 받았거나 받을 재산을 한도로 연대하여 납부할 의무를 진다(상증법 3의2 ④).

상속인(수유자)이 상속세를 부담하는 법정비율은 다음의 비율로 한다.

상속세 부담비율＝상속인별 과세표준 상당액÷상속인별 과세표준 상당액의 합계액

① 상속인별 과세표준 상당액

상속인(수유자)별 과세표준 상당액은 가와 나를 합산한 금액이다.

가. 상속인별 증여재산 가산액의 증여세 과세표준

나. (상속세 과세표준－증여재산 가산액의 증여세 과세표준)

$$\times \frac{(\text{상속인별 상속세 과세가액} - \text{상속인별 증여재산 가산액})}{(\text{상속세 과세가액} - \text{증여재산가산액})]}$$

② 상속인(수유자)별 과세표준 상당액의 합계액

상속인(수유자)별 과세표준 상당액의 합계액은 다음과 같다.

	상속세 과세표준
−	가산한 증여재산가액 중 상속인·수유자가 아닌 자에게 증여한 재산에 대한 과세표준
=	상속인별 과세표준 상당액의 합계액

제 2 절 상속세의 결정과 경정

1. 의 의

납세지 세무서장등은 상속세과세표준 신고기한부터 9월내에 과세표준과 세액을 결정한다. 다만, 상속재산 또는 증여재산의 조사, 가액의 평가 등에 장기간이 걸리는 등 부득이한 사유가 있어 그 기간 이내에 결정할 수 없는 경우에는 그 사유를 상속인·수유자 또는 수증자에게 알려야 한다(상증법 76 ③). 신고를 하지 아니하였거나 그 신고한 과세표준이나 세액에 탈루 또는 오류가 있는 경우에는 그 과세표준과 세액을 조사하여 결정한다(상증법 76 ①). 세무서장등은 과세표준과 세액을 결정할 수 없거나 결정 후 그 과세표준과 세액에 탈루 또는 오류가 있는 것을 발견한 경우에는 즉시 그 과세표준과 세액을 조사하여 결정하거나 경정한다. 세무서장등은 결정된 상속재산의 가액이 30억원 이상인 경우로서 상속개시일로부터 5년 이내에 상속인이 보유한 부동산, 주식, 등 주요 재산의 가액이 상속개시 당시에 비하여 크게 증가한 경우에는 그 결정한 과세표준과 세액에 탈루 또는 오류가 있는지를 조사하여야 한다. 다만 상속개시일부터 조사기준일까지의 경제상황 등의 변동 등에 비추어 보아 정상적인 증가규모를 현저하게 초과하였다고 인정되는 경우로서 그 증가요인이 객관적으로 명백하지 아니한 경우에 한한다. 상속인이 그 증가한 재산의 자금 출처를 증명한 경우에는 조사하지 않는다(상증법 76 ⑤).

2. 과세표준과 세액의 결정통지

세무서장등은 결정한 과세표준과 세액을 상속인·수유자 또는 수증자에게 통지하여야 한다. 이 경우 상속인이나 수유자가 2명 이상이면 그 상속인이나 수유자 모두에게 통지하여야 한다(상증법 77).

3. 경정청구

상속세 과세표준 및 세액을 신고한 자 또는 상속세 과세표준 및 세액의 결정 또는 경정을 받은 자에게 다음 어느 하나에 해당하는 사유가 발생한 경우에는 그 사유가 발생한 날부터 6개월 이내에 결정이나 경정을 청구할 수 있다(상증법 79 ①).

가. 상속재산에 대한 상속회복청구소송 등 사유로 상속개시일 현재 상속인 간에 상속재산가액이 변동된 경우

나. 상속개시 후 1년이 되는 날까지 상속재산의 수용 등 사유로 상속재산의 가액이 크게 하락한 경우

[별지 제9호서식] (2019. 3. 20. 개정)

관리번호	-

상속세과세표준신고 및 자진납부계산서

[ ]기한 내 신고, [ ]수정신고, [ ]기한 후 신고

※ 뒤쪽의 작성방법을 읽고 작성하시기 바랍니다. (앞쪽)

신 고 인	① 성 명		② 주민등록번호		③ 전자우편 주소	
	④ 주 소				⑤ 피상속인과의 관 계	
	⑥ 전화번호	(자 택)	(휴대전화)		사후관리위반신고	
피상속인	⑦ 성 명		⑧ 주민등록번호		⑨ 거 주 구 분	[ ] 거주자 [ ] 비거주자
	⑩ 주 소					
	⑪ 상속원인	[ ] 사망 [ ] 실종 [ ] 인정사망 [ ] 기타			⑫ 상속개시일	
세 무 대 리 인	⑬ 성 명		⑭ 사업자등록번호		⑮ 관 리 번 호	
	⑯ 전화번호	(자 택)	(휴대전화)			

구 분			금 액	구 분		금 액
⑰ 상속세과세가액				영리법인 면제	유증 등 재산가액	
⑱ 상속공제액					면제세액 (「상속세 및 증여세법」 제3조의2)	
⑲ 감정평가수수료					㉟ 면제분 납부세액(합계액)	
⑳ 과세표준 (⑰ - ⑱ - ⑲)				㊱ 신고불성실가산세		
㉑ 세율				㊲ 납부불성실가산세		
㉒ 산출세액				㊳ 납부할 세액(합계액) (㉔ + ㉕ - ㉖ - ㉗ + ㉟ + ㊱ + ㊲)		
㉓ 세대생략가산액 (「상속세 및 증여세법」 제27조)				납부방법	납부·신청 일자	
㉔ 산출세액(㉒ + ㉓)				㊴ 연부연납		
㉕ 이자상당액				㊵ 물납		
㉖ 문화재 등 징수유예세액				현금	㊶ 분납	
	㉗ 계(㉘ + ㉛ + ㉜ + ㉝ + ㉞)				㊷ 신고납부	
	㉘ 증여세액공제	소계(㉙ + ㉚)		「상속세 및 증여세법」 제67조 및 같은 법 시행령 제64조제1항에 따라 상속세의 과세가액 및 과세표준을 신고하며, **위 내용을 충분히 검토하였고 신고인이 알고 있는 사실을 그대로 적었음을 확인합니다.**		
		㉙ 「상속세 및 증여세법」 제28조				
		㉚ 「조세특례제한법」 제30조의5 및 제30조의6				
	㉛ 외국납부세액공제 (「상속세 및 증여세법」 제29조)			년 월 일 신 고 인 (서명 또는 인)		
	㉜ 단기세액공제 (「상속세 및 증여세법」 제30조)			**세무대리인은 조세전문자격자로서 위 신고서를 성실하고 공정하게 작성하였음을 확인합니다.**		
	㉝ 신고세액공제 (「상속세 및 증여세법」 제69조)			세무대리인 (서명 또는 인)		
	㉞ 그 밖의 공제			**세무서장** 귀하		

신청(신고)인 제출서류	1. 상속세과세가액계산명세서(부표 1) 1부 2. 상속인별 상속재산 및 평가명세서(부표 2) 1부 3. 채무·공과금·장례비용 및 상속공제명세서(부표 3) 1부 4. 상속개시 전 1(2)년 이내 재산처분·채무부담 내역 및 사용처소명명세서(부표 4) 1부 5. 영리법인 상속세 면제 및 납부 명세서(부표 5) 1부	수수료 없음
담당공무원 확인사항	1. 주민등록표등본 2. 피상속인 및 상속인의 관계를 알 수 있는 가족관계등록부	

행정정보 공동이용 동의서

본인은 이 건 업무처리와 관련하여 담당 공무원이 「전자정부법」 제36조제1항에 따른 행정정보의 공동이용을 통하여 위의 담당 공무원 확인 사항을 확인하는 것에 동의합니다. * 동의하지 않는 경우에는 신청인이 직접 관련 서류를 제출하여야 합니다.

신청인 (서명 또는 인)

210㎜×297㎜[백상지 80g/㎡(재활용품)]

(뒤쪽)

작 성 방 법

1. ①관리번호란은 신고인이 적지 아니합니다.
2. ⑧상속원인란에는 사망·인정사망 또는 실종 등으로 구분하여 적습니다.
3. ⑧상속원인이 실종선고인 경우, ⑨상속개시일란에는 실종선고일을 적습니다.
4. ⑩상속세과세가액란에는 상속세과세가액계산명세서(별지 제9호서식 부표 1)의 ㉖상속세과세가액란의 금액을 적습니다.
5. ⑪상속공제액란에는 채무·공과금·장례비용 및 상속공제 명세서(별지 제9호서식 부표 3)의 ㉗상속공제금액 합계란의 금액을 적습니다.
6. ⑲증여세액공제란은 「상속세 및 증여세법」 제28조와 「조세특례제한법」 제30조의5 및 제30조의6의 증여세액공제액을 구분하여 각각 적습니다.
7. ㉔신고불성실가산세란 및 ㉕납부불성실가산세란에는 「국세기본법」 제45조의3에 따라 기한 후 신고를 하는 경우에 「국세기본법」 제47조부터 제48조까지에 따라 부담할 가산세를 적습니다.
8. ㉙분납란은 납부할 금액(⑯－⑰－⑱)이 1천만원을 초과하는 경우 다음 구분에 따른 금액을 적되,「상속세 및 증여세법」 제71조에 따라 연부연납을 허가받은 경우에는 분납을 신청할 수 없습니다.
   가. 납부할 세액이 2천만원 이하인 때에는 1천만원을 초과하는 금액
   나. 납부할 세액이 2천만원을 초과하는 때에는 그 세액의 100분의 50 이하의 금액
9. ㉚신고납부란은 「상속세 및 증여세법」 제67조에 따른 상속세과세표준신고서에 납부할 세액을 적습니다.

상속세 세율표

과세표준	세율	누진공제액
1억원 이하	10%	0
1억원 초과 5억원 이하	20%	1,000만원
5억원 초과 10억원 이하	30%	6,000만원
10억원 초과 30억원 이하	40%	16,000만원
30억원 초과	50%	46,000만원

* ⑭ 산출세액＝(과세표준×세율)－누진공제액

연습문제

01 다음 중 물납의 조건으로 옳지 않는 것은?

① 상속받은 재산 중 부동산과 유가증권 상당액이 해당 자산가액의 1/2를 초과
② 상속세 납부세액이 2천만원을 초과
③ 납세담보를 제공
④ 과세당국에 물납을 신청하고 허가를 얻어야 함

02 다음 중 연부연납에 대한 설명으로 옳지 않는 것은?

① 연부연납금액에 대하여 이자상당액을 가산하여 납부하여야 함
② 상속세 납부세액이 1천만원을 초과
③ 납세담보를 제공
④ 과세당국에 연부연납을 신청하고 허가를 얻어야 함

03 상속세 및 증여세법상 물납에 충당할 수 있는 재산에 대한 설명으로 옳지 않은 것은?

2012 9급 세무직

① 물납하는 재산의 충당순위는 세무서장이 인정하는 정당한 사유가 없는 한 국채 및 공채를 우선하여 신청 및 허가하여야 한다.
② 세무서장은 물납신청을 받은 재산이 관리처분상 부적당하다고 인정하는 경우에는 관리처분이 가능한 다른 물납 재산으로의 변경을 명할 수 있다.
③ 한국거래소에 상장된 주식은 제한 없이 물납재산으로 제공할 수 있다.
④ 상속의 경우로서 비상장주식을 제외하고 조세채무를 이행할 수 있는 재산이 없는 경우에는 비상장주식으로 물납이 가능하다.

04 상속세 및 증여세법상 연부연납과 물납에 관한 설명이다. 옳지 않은 것은? 2015 CPA 1차

① 상속세 과세표준과 세액의 결정통지를 받은 자가 연부연납을 신청하고자 할 경우 해당 납세고지서의 납부기한까지 연부연납신청서를 제출할 수 있다.
② 납세지 관할세무서장은 물납허가일부터 30일 이내의 범위에서 물납재산의 수납일을 지정하여야 한다.
③ 납세지 관할세무서장은 물납신청을 받은 재산에 저당권이 설정되어 관리·처분상

부적당하다고 인정하는 경우에는 물납허가를 하지 않을 수 있다.

④ 납세지 관할세무서장이 상속세의 연부연납을 허가하는 경우 납세의무자는 담보를 제공하여야 한다.

⑤ 납세지 관할세무서장은 상속재산 중 법령에 따른 부동산과 유가증권의 가액이 해당 재산가액의 1/2을 초과하고 상속세 납부세액이 1천만원을 초과할 경우 물납을 허가할 수 있다.

정답 01 ③ 02 ② 03 ③ 04 ⑤

<절세전략> 중산층의 상속세 걱정 할까 말까

자식 사랑이 남다른 우리나라 노년층의 고민 중 하나는 상속되는 재산에 대한 세금이다. 상속세 세율은 10%~50%이며 소득에 대해 부과하는 소득세에 비하여 상대적으로 높다고 막연하게 알고 있다는 점에서 고민이 시작된다. 부모는 자식들이 기초적인 생활을 유지하고 안정적으로 생활하기를 원한다. 상속세에 대한 고민은 본인이 일군 재산을 가능한 한 많이 이전하고자 하는 부모의 자식 걱정과 사랑이라고 할 수 있을 것이다. 이를 고려하여 정부는 상속공제제도를 채택하고 있으며, 많은 경우 상속세에 대한 부담이 없다.

재산가액이 10억원 이하인 경우 배우자가 살아있으면 최소 5억원을 공제받은 후 일괄공제 5억원을 받을 수 있으므로 상속세가 없다. 만약 배우자가 없다면 상속세를 내지 않아도 되는 재산가액은 5억이다. 상속 재산가액의 평가는 상속발생일 전후 6개월 내 당해 자산의 매매가격이나 감정가액으로 하는 것이 원칙이다. 그러나 매매가격이나 감정가액이 없다면 기준시가로 평가한다. 기준시가는 일반적으로 시세보다 낮다는 점을 고려하면 상속세를 내지 않아도 되는 재산가액은 높아진다. 또한 피상속인 즉, 사망한자가 부담해야 할 부채, 공과금 등이 있을 때에도 상속재산가액에서 공제해 준다. 상속을 받게 되면 피상속인의 재산에 관한 권리와 의무를 포괄적으로 승계하므로 채무도 함께 상속된다. 채무란 상속당시 피상속인이 부담하여야 할 부채를 말하여 토지와 건물의 임대계약서상의 보증금도 채무로서 공제된다. 건물을 상속할 경우 전세가 많다면 전세보증금은 공제받을 수 있는 채무액에 포함되므로 월세보다 상속세측면에서 유리하다. 또한 상속재산 중에 선산이나 조상들의 묘지가 있는 농지가 포함되어 있는 경우 2억원 한도 내에서 상속세를 비과세한다.

한편 피상속인이 소유하고 있던 부동산이나 예금 등만 상속재산이 아니라 생명보험금 및 퇴직금 등도 상속재산에 포함된다는 점은 유의하여야 한다.

만약 재산가액이 10억원을 초과하는 경우 상속세에 대한 설계가 필요할 수 있다. 상속세를 절세할 수 있는 방안 중 하나는 사전에 증여하는 것이며 가능한 빨리 증여하는 것이 좋다. 사망일로부터 10년 이내에 증여한 재산은 상속재산에 포함되기 때문이다. 배우자에 대한 증여공제는 6억이다. 자녀에 대한 증여공제는 미성년이 아닌 경우 5천만원까지 공제받을 수 있으므로 세금 없이 증여할 수 있다. 이를 활용하여 사전증여를 한다면 증여세를 부담하지 않고도 상속세를 절감할 수 있다. 상속재산에 포함되는 증여재산은 상속개시시점이 아니라 증여시점의 기준시가로 재산가액을 평가한다. 따라서 시가가 상승하는 부동산은

10년 이내 증여한 재산으로서 상속세 재산가액에 포함되더라도 사전에 증여하는 것이 유리하다 할 것이다.

사전상속제도도 활용하는 것이 좋다. 60세 이상의 부모 등으로부터 18세 이상인 거주자가 중소기업 창업을 위한 자금을 증여받을 경우 5억까지는 증여세가 없다. 5억을 초과하는 금액은 10%의 세율을 적용해 증여세를 낸다. 한도는 30억원까지이고 증여 후 2년 이내에 실제 창업하여야 하며 4년이 되는 날까지 창업자금을 사용해야 한다. 이후 상속이 있을 때 정산하게 되는 상속설계방법중의 하나이다.

현재 소유하고 있는 재산과 채무를 따져보고 재산에서 채무를 차감한 순재산가액이 10억이 안된다면 상속세를 고민 할 필요가 없다. 재산가액이 10억을 초과한다면 사전증여를 포함한 상속세 설계가 지금부터 해야 할 일이다.

제 3 편

증여세

제 1 장 증여세의 의의

제 1 절 증여세 개요

1. 증여의 의의

증여란 그 행위 또는 거래의 명칭·형식·목적 등과 관계없이 직접 또는 간접적인 방법으로 타인에게 무상으로 유형·무형의 재산 또는 이익을 이전[1]하거나 타인의 재산가치를 증가시키는 것을 말한다(상증법 2). 증여세는 타인으로부터 무상으로 이전 받은 증여재산에 대하여 수증자에게 부과하는 세금이다. 수증자란 증여재산을 받은 거주자(본점이나 주된 사무소의 소재지가 국내에 있는 비영리법인을 포함) 또는 비거주자(본점이나 주된 사무소의 소재지가 외국에 있는 비영리법인을 포함)를 말하며 영리법인은 수증자에 해당되지 않는다. 증여재산이란 수증자에게 귀속되는 모든 재산 또는 이익을 말한다.

2. 증여재산

증여재산이란 증여로 인하여 수증자에게 귀속되는 모든 재산 또는 이익을 말한다(상증법 2).

가. 금전으로 환산할 수 있는 경제적 가치가 있는 모든 물건
나. 재산적 가치가 있는 법률상 또는 사실상의 모든 권리
다. 금전으로 환산할 수 있는 모든 경제적 이익

3. 증여세 과세대상

증여의 개념은 완전포괄주의를 채택하고 있다. 완전포괄주의는 형식이 무엇이든 사실

1) 현저히 낮은 대가를 받고 이전하는 경우를 포함한다.

상 경제적 이익의 분여가 일어나는 경우 증여세가 과세된다. 민법상 증여뿐만 아니라 거래의 명칭, 형식, 목적 등에 불구하고 경제적 실질이 무상이전인 경우에는 모두 해당된다. 경제적 가치를 계산할 수 있는 유형· 무형의 재산을 직접 또는 간접적인 방법으로 타인에게 무상으로 이전하는 것 또는 기여에 의하여 그 타인의 재산가치를 증가시키는 것도 과세대상에 해당한다. 증여세법은 증여계약에 의한 직접적인 증여가 아니더라도 증여세를 과세하는 규정을 예시하고 있다.

4. 과세체계

증여세는 증여자별과 수증자별로 각각 과세가액을 계산하여 과세한다. 또한 해당 증여일 전 10년 이내에 동일인(증여자가 직계존속인 경우에는 그 직계존속의 배우자를 포함)으로부터 받은 증여재산가액을 합친 금액이 1천만원 이상인 경우에는 그 가액을 증여세 과세가액에 가산한다(상증법 47 ②).

제2절 증여세 납부의무

수증자는 증여재산에 대하여 증여세를 납부할 의무가 있다(상증법 4의2 ①). 다만 명의신탁재산의 증여의제에 따라 재산을 증여한 것으로 보는 경우(명의자가 영리법인인 경우를 포함)에는 실제소유자가 해당 재산에 대하여 증여세를 납부할 의무가 있다(상증법 4의2 ②).

1. 수증자가 개인인 경우

수증자가 거주자(비영리법인 포함)인 경우 증여받은 모든 재산에 대하여 납부의무가 있으며 수증자가 비거주자 경우 증여받은 재산 중 국내에 있는 모든 재산에 대하여 납부의무가 있다(상증법 4의2 ①).

① 재산을 증여받은 자가 거주자(본점이나 주된 사무소의 소재지가 국내에 있는 비영리법인을 포함)인 경우: 거주자가 증여받은 모든 재산

② 수증자가 비거주자(본점이나 주된 사무소의 소재지가 국내에 없는 비영리법인을 포함) 경우: 비거주자가 증여받은 재산 중 국내에 있는 모든 재산과 거주자로부터 증여받은 국외 예금이나 국외 적금 등 재산

증여재산에 대하여 수증자에게 소득세, 법인세가 부과되는 경우(특수관계법인과의 거래를 통한 증여의제는 제외)에는 증여세를 부과하지 아니한다. 소득세, 법인세가 비과세되거나 감면되는 경우에도 또한 같다(상증법 4의2 ③).

2. 수증자가 법인인 경우

수증자가 영리법인인 경우 증여세가 면제된다. 영리법인이 증여받은 재산 또는 이익에 대하여 법인세가 부과되는 경우(법인세가 비과세되거나 감면되는 경우를 포함) 해당 법인의 주주 등에 대해서는 특수관계법인과의 거래를 통한 이익의 증여 등의 경우를 제외하고는 증여세를 부과하지 아니한다.

개인 및 법인의 증여세 납세의무는 아래와 같다.

수증자	비 고
개인	증여세를 과세함
개인사업자	자산수증이익으로 소득세를 과세함
비영리법인	증여세를 과세함
영리법인	자산수증이익으로 법인세를 과세함

3. 연대납세의무

증여자는 다음의 어느 하나에 해당하는 경우 수증자가 납부할 증여세를 연대하여 납부할 의무가 있다(상증법 4의2 ⑥).

① 수증자의 주소나 거소가 분명하지 아니한 경우로서 증여세에 대한 조세채권(租稅債權)을 확보하기 곤란한 경우

② 수증자가 증여세를 납부할 능력이 없다고 인정되는 경우로서 체납처분을 하여도 증여세에 대한 조세채권을 확보하기 곤란한 경우

③ 수증자가 비거주자인 경우

다만, 저가 양수 또는 고가 양도에 따른 이익의 증여, 채무면제 등에 따른 이익의 증여 등[2]에 해당하는 경우 연대납세의무가 없다(상증법 4의2 ⑥).

---

2) 연대납부의무에서 제외되는 증여규정은 다음과 같다.

① 현저히 낮은 대가를 주고 재산 또는 이익을 이전받음으로써 발생하는 이익이나 현저히 높은 대가를 받고 재산 또는 이익을 이전함으로써 발생하는 이익

② 재산 취득 후 해당 재산의 가치가 증가한 경우의 그 이익

4. 증여세 면제

다음의 증여규정에 해당하고 수증자가 증여세를 납부할 능력이 없다고 인정되는 경우로서 체납처분을 하여도 증여세에 대한 조세채권을 확보하기 곤란한 경우에는 그에 상당하는 증여세의 전부 또는 일부를 면제한다(상증법 4의2 ⑤).

① 저가 양수 또는 고가양도에 다른 이익의 증여

② 채무면제 등에 따른 증여

③ 부동산 무상사용 등에 따른 이익의 증여

④ 금전무상대출에 따른

5. 과세관할

증여세는 원칙적으로 수증자의 주소지를 관할하는 세무서장이 과세한다(상증법 6 ①).

다만, 수증자가 비거주자인 경우 또는 수증자의 주소 및 거소가 분명하지 아니한 경우, 명의신탁재산의 경우 증여자의 주소지를 관할하는 세무서장등이 과세한다(상증법 6 ②).

수증자와 증여자가 모두 비거주자인 경우, 수증자와 증여자 모두의 주소 또는 거소가 분명하지 아니한 경우, 수증자가 비거주자이거나 주소 또는 거소가 분명하지 아니하고 증여자가 합병에 따른 상장 등 이익의 증여 등에 따라 의제된 경우 증여재산의 소재지를 관할

---

③ 저가 양수 또는 고가 양도에 따른 이익의 증여
④ 채무면제 등에 따른 이익의 증여
⑤ 부동산 무상사용에 따른 이익의 증여
⑥ 합병에 따른 이익의 증여
⑦ 증자에 따른 이익의 증여
⑧ 감자에 따른 이익의 증여
⑨ 현물출자에 따른 이익의 증여
⑩ 전환사채 등의 주식전환 등에 따른 이익의 증여
⑪ 초과배당에 따른 이익의 증여
⑫ 주식등의 상장등에 따른 이익의 증여
⑬ 금전무상대출등에 따른 이익의 증여
⑭ 합병에 따른 상장 등 이익의 증여
⑮ 재산사용 및 용역제공등에 따른 이익의 증여
⑯ 법인의 조직 변경 등에 따른 이익의 증여
⑰ 재산 취득 후 재산가치 증가에 따른 이익의 증여
⑱ 특수관계법인과의 거래를 통한 이익의 증여의제
⑲ 특수관계법인으로부터 제공받은 사업기회로 발생한 이익의 증여의제
⑳ 특정법인과의 거래를 통한 이익의 증여의제
㉑ 공인법인 등이 출연받은 재산에 대한 과세가액 불산입에 대한 사후관리에 따라 공익법인에게 증여세가 부과되는 경우(출연자가 해당 공익법이늬 운영에 책임이 없는 경우)

하는 세무서장이 과세한다(상증법 6 ③).

이를 요약하면 아래와 같다.

구 분		과세관할
원칙	수증자가 거주자이고 주소지가 분명한 경우	수증자의 주소지(주소지가 없거나 분명하지 않은 경우에는 거소지)
예외	수증자가 비거주자 또는 주소 및 거소가 분명하지 아니한 경우, 명의신탁재산의 증여의제인 경우	증여자의 주소지
	수증자와 증여자가 모두 비거주자인 경우 또는 주소 및 거소가 분명하지 아니한 경우, 수증자가 비거주이거나 주소 또는 거소가 분명하지 않고 특정의제[3]에 해당하는 경우	증여재산의 주소지

제 3 절 증여재산의 취득시기

증여세의 납세의무는 타인의 증여에 의해 재산을 취득하는 때에 성립한다. 증여재산의 취득시기는 일반적으로 재산을 인도한 날 또는 사실상 사용한 날 등으로 한다(상증법 32). 증여계약이 시행되어 재산을 취득하면 증여세의 납세의무가 성립된다. 자산종류별 증여재산의 취득시기는 아래와 같다(상증령 24).

1. 부동산

① 권리의 이전이나 그 행사에 등기·등록을 요하는 재산에 대하여는 등기·등록일. 다만 등기를 요하지 아니하는 부동산의 취득에 대하여는 실제로 부동산의 소유권을 취득한 날로 한다.

② 건물을 신축하여 증여할 목적으로 수증자의 명의로 건축허가를 받거나 신고를 하여 해당 건물을 완성한 경우와 건물을 증여할 목적으로 수증자의 명의로 해당 건물을 취득할 수 있는 권리(분양권)를 건설사업자로부터 취득하거나 분양권을 타인으로부터 전득한 경우에는 그 건물의 사용승인서 교부일. 이 경우 사용승인 전에 사실상

3) 합병에 따른 이익의 증여, 증자에 따른 이익의 증여, 현물출자에 따른 이익의 증여, 특수관계법인과의 거래를 통한 이익의 증여의제, 특수관계법인으로부터 제공받은 사업기회로 발생한 이익의 증여의제

사용하거나 임시사용승인을 얻은 경우에는 그 사실상의 사용일 또는 임시사용승인일로 하고, 건축허가를 받지 아니하거나 신고하지 아니하고 건축하는 건축물에 있어서는 그 사실상의 사용일로 한다.

③ 타인의 기여에 의하여 재산가치가 증가한 경우에는 재산가치증가사유가 발생한 날[4]로 한다.

④ 위 외 기타의 경우에는 재산을 인도한 날 또는 사실상의 사용일로 한다.

2. 유가증권

① 증여받는 재산이 주식 또는 출자지분인 경우에는 수증자가 배당금의 지급이나 주주권의 행사등에 의하여 해당 주식등을 인도받은 사실이 객관적으로 확인되는 날에 취득한 것으로 본다. 다만, 해당 주식등을 인도받은 날이 불분명하거나 해당 주식등을 인도받기 전에 취득자의 주소와 성명등을 주주명부 또는 사원명부에 기재한 경우에는 그 명의개서일 또는 그 기재일로 한다.

② 증여받은 재산이 무기명채권인 경우에는 해당 채권에 대한 이자지급사실등에 의하여 취득사실이 객관적으로 확인되는 날에 취득한 것으로 본다. 다만, 그 취득일이 불분명한 경우에는 해당 채권에 대하여 취득자가 이자지급을 청구한 날 또는 해당 채권의 상환을 청구한 날로 한다.

---

4) 재산가치가 발생한 날은 다음과 같다.
가. 개발사업의 시행: 개발구역으로 지정되어 고시된 날
나. 형질변경: 해당 형질변경허가일
다. 공유물(共有物)의 분할: 공유물 분할등기일
라. 사업의 인가·허가 또는 지하수개발·이용의 허가 등: 해당 인가·허가일
마. 주식등의 상장 및 비상장주식의 등록, 법인의 합병: 주식등의 상장일 또는 비상장주식의 등록일, 법인의 합병등기일
바. 생명보험 또는 손해보험의 보험금 지급: 보험사고가 발생한 날
사. 가목부터 바까지의 규정 외의 경우: 재산가치증가사유가 발생한 날

<절세전략> 부부공동명의가 세금 부담을 줄일 수 있을까?

최근 부부가 공동으로 등기하는 경우가 많아졌다. 재산을 늘려가는 과정에서 배우자의 역할을 존중하고 부부평등의식이 높아졌기 때문에 주변에서 흔히 볼 수 있는 광경이다. 이러한 부부공동등기가 세금에 미치는 영향은 무엇일까? 재산을 취득하면서 부담하는 취득세는 단독등기를 하던 공동등기를 하던 차이가 없다. 그러나 부동산을 보유하는 동안 부담하는 부동산보유세와 부동산을 양도할 때 납부하는 세금은 차이가 있다.

공동명의의 부동산을 양도하면 공동명의자가 각자 양도소득을 계산한다. 부부공동명의의 부동산을 양도하면 각 명의자의 양도차익은 단독명의로 양도하는 것에 비하여 절반이 된다. 이 경우 적용되는 세율이 낮아지고 각각 양도소득 기본공제를 할 수 있으므로 세금부담이 줄어든다. 예를 들어 양도소득이 1억인 건물을 양도한다고 가정하자, 단독명의일 경우 기본공제 2,500,000을 차감한 97,500,000에 대하여 19,225,000원의 세금을 납부하여야 한다. 반면에 부부공동명의에 의해 양도할 경우 각각 50,000,000에서 2,500,000만원을 차감한 47,500,000에 대하여 6,180,000을 납부하므로 합산하여 12,360,000원이 된다. 즉 단독명의에 비해 6,865,000원을 절감할 수 있다.

한편 상속의 경우에도 부부공동명의가 유리하다. 공동명의로 상속재산이 분산되면 상속세의 부담액도 줄어든다. 물론 기준시가로 재산가액이 10억원에 미치지 못한다면 상속세 부담이 없으므로 단독명의이든 공동명의이든 차이가 없다. 그러나 단독명의의 경우 상속되는 재산가액이 10억원을 초과한다면 납부할 상속세의 차이가 있다. 만약 남편단독명의의 부동산 재산가액이 20억이며 배우자와 2명의 자녀가 있을 경우 납부할 세액은 약 2억 4천만원이다. 그러나 공동명의의 부동산을 자녀에게 상속하는 경우 부담해야 하는 상속세는 남편소유 10억에 대한 상속세는 없으며 아내소유 10억 자산에 대한 상속세는 약 9천만원으로 그 차이가 1억 5천만원에 이른다. 이러한 절세효과 때문에 상속세 절세 전략의 하나로서 배우자간 공동명의를 하는 경우도 많다.

부동산보유와 관련한 공동명의의 장점을 살펴보자. 부동산 보유 시 부과되는 재산세의 세율구조가 누진구조를 갖고 있으므로 공동명의를 할 경우 절세효과가 있다. 재산세과세대상인 주택이나 토지 등이 일정금액을 초과하여 종합부동산세를 부담해야 할 경우에도 공동명의가 유리하다. 종합부동산세가 세대별 합산과세에서 개인별 합산과세로 변경되었기 때문이다. 예를 들어 주택의 경우 개인별로 합산한 주택공시가격이 6억원을 초과할 경우 종합

부동산세 과세대상이 된다. 그러나 부부공동명의의 경우 주택공시가격이 12억원인 경우에도 종합부동산세 과세대상에서 제외된다는 점에서 공동명의가 유리하다 할 수 있다.

앞에서 살펴본 바와 같이 부부공동명의를 할 경우 세금측면에서는 유리한 점이 많다. 그러나 몇 가지 유의해야 할 점이 있다. 부부공동명의로 취득하거나 남편단독명의에서 배우자와 공동으로 명의하기 위해 지분을 증여하는 경우에 증여세를 부담할 수 있다는 점이다. 배우자의 소득이 없는 경우 부부공동명의로 취득 시 자금출처조사를 받을 수 있다. 이때 자금출처를 입증하지 못하면 증여세를 부담해야 한다. 단독명의의 재산을 공동명의하기 의해 배우자에게 증여하는 경우에도 증여세 과세대상이다. 부부간 증여의 경우 6억원까지 증여재산공제를 받을 수 있으므로 6억원 한도 내에서 증여세 부담 없이 공동명의가 가능하다. 증여세 외 공동명의를 위해 배우자에게 이전하는 부동산은 추가적인 취득세 및 등기수수료가 있다. 따라서 단독명의에서 공동명의의 변경은 증여세 및 취득세 등의 부담액과 공동명의로 인한 세금절세효과를 고려하여 결정해야 할 것이다.

제 2 장 증여세의 과세가액

제 1 절 증여세 개요

1. 증여세의 과세구조

증여세 과세표준과 산출세액을 계산하기 위한 구조는 다음과 같다.

	증여재산가액
(+)	합산기간 이내에 동일인으로 부터 증여받은 재산가액
(−)	비과세재산가액
(−)	과세가액불산입액
(−)	부담부증여시 인수채무액 등
=	증여세 과세가액
(−)	증여공제: 증여재산공제. 재해손실공제
=	증여세 과세표준
(×)	세율: 10~50%
=	산출세액
(−)	징수유예세액, 세액공제액
=	신고납부세액
−	연부연납
=	자진납부세액

2. 증여재산가액

증여재산가액이란 수증자에게 귀속되는 경제적 가치가 있는 모든 권리와 재산을 말한다. 금전으로 환산할 수 있는 경제적 가치가 있는 모든 물건과 재산적 가치가 있는 법률상 또는 사실상의 모든 권리, 금전으로 환산할 수 있는 모든 경제적 이익을 말한다.

(1) 증여재산(금전 제외)을 반환하거나 재증여하는 경우

증여 후 당사자 간 합의에 따라 증여세 신고기한(증여일이 속하는 달의 말일로부터 3개월) 이내에 반환하는 경우 당초부터 증여가 없었던 것으로 본다(상증법 4 ④). 다만, 반환 전에 정부의 세액결정을 받은 때는 과세한다.

증여받은 사람이 증여세 신고기한 경과 후 3개월(증여일이 속하는 달의 말일로부터 3개월 이후 6개월 이전) 이내에 증여자에게 다시 반환 또는 재증여하는 경우 반환 또는 재증여에 대하여는 증여세를 과세하지 않는다. 그러나 당초 증여분에 대하여는 증여세를 과세한다. 증여 후 6개월이 지난 후 재증여하는 경우에는 당초증여 및 재증여에 대하여 각각 증여세를 과세한다.

이를 요약하면 다음과 같다.

내 용	증여 여부	
	당초 증여	반환
신고기한 내에 반환하는 경우	×	×
신고기한 경과 후 3월 내에 반환하는 경우	○	×
신고기한 경과 후 3월 경과 후 반환하는 경우	○	○

(2) 종전 증여재산의 합산

증여세는 증여가 있는 때마다 증여건별로 과세가액을 계산하여 증여세를 가산한다. 그러나 해당 증여일 전 10년 이내에 동일인(증여자가 직계존속인인 경우 그 직계존속의 배우자 포함)으로부터 받은 증여재산가액을 합한 금액이 1천만원 이상인 경우 증여재산가액에 합산[1] 하여 과세한다(상증법 47 ②). 다만 합산배제증여재산[2]의 경우에는 그러하지 아니하다(상증

1) 증여재산의 합산시 증여재산의 가액은 각 증여일 현재의 재산가액으로 한다.
2) 합산배제증여는 아래와 같다.
① 재산 취득 후 해당 재산의 가치가 증가한 경우의 그 이익
② 전환사채 등의 주식전환 등에 따른 이익의 증여

법 47 ②). 증여재산의 합산이 있는 경우에는 합산대상 증여재산에 대한 증여당시의 증여세 산출세액은 기납부세액으로 공제한다.

(3) 부담부 증여시 인수채무액

부담부 증여인 경우 인수채무액은 증여자의 유상양도로 보며 이 경우 인수된 채무액은 증여재산에서 차감하여 증여세 과세가액을 계산한다. 배우자 간 또는 직계존비속 간의 부담부증여에 대해서는 수증자가 증여자의 채무를 인수한 경우에도 그 채무액은 수증자에게 인수되지 아니한 것으로 추정한다. 다만, 그 채무액이 국가 및 지방자치단체에 대한 채무 등이 객관적으로 인정되는 것인 경우에는 그러하지 아니하다(상증법 47 ③).

(4) 증여세 비과세

다음 어느 하나에 해당하는 금액에 대해서는 증여세를 부과하지 아니한다(상증법 46).

1) 국가나 지방자치단체로부터 증여받은 재산의 가액

2) 내국법인의 종업원으로서 우리사주조합에 가입한 자가 해당 법인의 주식을 우리사주조합을 통하여 취득한 경우로서 그 조합원이 소액주주[3]의 기준에 해당하는 경우 그 주식의 취득가액과 시가의 차액으로 인하여 받은 이익에 상당하는 가액

3) 정당이 증여받은 재산의 가액

4) 사내근로복지기금, 우리사주조합, 근로자복지진흥기금이 증여받은 재산의 가액

5) 사회통념상 인정되는 이재구호금품, 치료비, 피부양자의 생활비, 교육비, 그 밖에 이와 유사한 것으로서 해당용도에 직접 지출한 아래의 해당하는 것

- 학자금 또는 장학금 기타 이와 유사한 금품
- 기념품·축하금·부의금 기타 이와 유사한 금품으로서 통상 필요하다고 인정되는 금품
- 혼수용품으로서 통상 필요하다고 인정되는 금품
- 타인으로부터 기증을 받아 외국에서 국내에 반입된 물품으로서 당해 물품의 관세의 과세가격이 100만원미만인 물품

---

③ 전환사채등을 특수관계인에게 양도한 경우로서 전환사채등의 양도일에 양도가액이 시가를 초과함으로써 양도인이 얻은 이익
④ 주식등의 상장등에 따른 이익의 증여
⑤ 합병에 따른 이익
⑥ 재산 취득 후 개발사업의 시행 등으로 재산가치 증가에 따른 이익의 증여
⑦ 명의신탁재산의 증여의제
⑧ 특수관계법인과의 거래를 통한 이익의 증여의제
⑨ 특수관계법인으로부터 제공받은 사업기회로 발생한 이익의 증여의제

3) 해당 법인의 발행주식총수 등의 1%와 주식의 액면가액 3억원 중 적은 금액 미만의 주식을 소유한 주주를 말함.

• 무주택근로자가 건물의 총연면적이 85제곱미터이하인 주택(주택에 부수되는 토지로서 건물연면적의 5배 이내의 토지를 포함)을 취득 또는 임차하기 위하여 사내근로복지기금으로부터 증여받은 주택취득보조금중 그 주택취득가액의 100분의 5 이하의 것과 주택임차보조금중 전세가액의 100분의 10 이하의 것
• 불우한 자를 돕기 위하여 언론기관을 통하여 증여한 금품

증여세가 비과세되는 생활비 또는 교육비는 필요시마다 직접 이러한 비용에 충당하기 위하여 증여로 취득한 재산을 말하는 것이며, 생활비 또는 교육비의 명목으로 취득한 재산의 경우에도 그 재산을 정기예금·적금 등에 사용하거나 주식, 토지, 주택 등의 매입자금 등으로 사용하는 경우에는 증여세가 비과세되는 생활비 또는 교육비로 보지 아니한다(상증통칙 46－35…1).

6) 신용보증기금이나 그 밖에 이와 유사한 단체가 증여받은 재산의 가액

7) 국가, 지방자치단체 또는 공공단체가 증여받은 재산의 가액

8) 장애인을 보험금 수령인으로 하는 보험으로서 연간 4,000만원을 한도로 함

9) 국가유공자의 유족이나 의사자(義死者)의 유족이 증여받은 성금 및 물품 등 재산의 가액

10) 비영리법인의 설립근거가 되는 법령의 변경으로 비영리법인이 해산되거나 업무가 변경됨에 따라 해당 비영리법인의 재산과 권리·의무를 다른 비영리법인이 승계받은 경우 승계받은 해당 재산의 가액

(5) 증여세 과세가액 불산입

1) 공익법인 등이 출연받은 재산

사회복지 및 공익을 목적으로 하는 공익법인 등이 출연 받은 재산에 대해서는 증여세를 과세하지 않는다(상증법 48 ①). 다만, 공익법인 등에 출연하는 재산에 대해서는 일정한 요건을 두어 조건부로 과세가액에 불산입한 후, 이에 저촉될 때에는 증여세를 추징한다.

① 요　건

공익법인등이 내국법인의 의결권 있는 주식 등을 출연 받은 경우로서 출연 받은 주식등[4]이 그 내국법인의 의결권 있는 발행주식총수 등의 5%[5] 이내여야 한다.

---

4) 출연받은 주식과 1. 출연자가 출연할 당시 해당 공익법인등이 보유하고 있는 동일한 내국법인의 주식등, 2. 출연자 및 그의 특수관계인이 해당 공익법인등 외의 다른 공익법인등에 출연한 동일한 내국법인의 주식등, 3. 출연자 및 그의 특수관계인으로부터 재산을 출연받은 다른 공익법인등이 보유하고 있는 동일한 내국법인의 주식 등을 합산한다.

5) 외부감사, 전용계좌의 개설 및 사용, 결산서류등의 공시, 장부의 작성·비치, 그 밖에 요건을 모두 갖춘 성실공익법인등으로서 상호출자제한기업집단과 특수관계에 있지 아니한 성실공익법인등에 출연하는

② 추 징

공익법인 등이 내국법인의 의결권 있는 주식 등을 출연받은 경우로서 출연 받은 주식 등이 그 내국법인의 의결권 있는 발행주식총수 등의 5%를 초과하는 경우 증여세 과세가액에 가산한다(상증법 48 ①).

2) 공익신탁재산에 대한 증여세 과세가액 불산입

증여자가 공익신탁을 목적으로 하는 신탁을 통하여 공익법인 등에 출연하는 재산의 가액은 증여세 과세가액에 산입하지 아니한다.

3) 장애인이 증여받은 재산의 과세가액 불산입

장애인이 금전, 부동산, 유가증권을 증여받아 본인을 수익자로 하여 신탁한 경우로서 다음의 요건을 갖춘 경우에는 증여세과세가액에 산입하지 아니한다(상증법 52의2 ①).

① 「자본시장과 금융투자업에 관한 법률」에 따른 신탁업자에게 신탁되었을 것

② 그 장애인이 신탁의 이익 전부를 받는 수익자일 것

③ 신탁기간이 그 장애인이 사망할 때까지로 되어 있을 것. 다만, 장애인이 사망하기 전에 신탁기간이 끝나는 경우에는 신탁기간을 장애인이 사망할 때까지 계속 연장하여야 한다.

또한 타인이 장애인을 수익자로 하여 재산을 신탁한 경우(타익신탁이라 함)로서 해당 신탁이 다음의 요건을 갖춘 경우 장애인이 증여받은 신탁의 이익은 증여세 과세가액에 산입하지 아니한다(상증법 52의2 ②).

① 신탁업자에게 신탁되었을 것

② 그 장애인이 신탁의 이익 전부를 받는 수익자일 것. 다만, 장애인이 사망한 후의 잔여재산에 대해서는 그러하지 아니하다

③ 다음의 내용이 신탁계약에 포함되어 있을 것

가. 장애인이 사망하기 전에 신탁이 해지 또는 만료되는 경우에는 잔여재산이 그 장애인에게 귀속될 것

나. 장애인이 사망하기 전에 수익자를 변경할 수 없을 것

다. 장애인이 사망하기 전에 위탁자가 사망하는 경우에는 신탁의 위탁자 지위가 그

경우에는 다음 각 목의 구분에 따른 비율(상증법 16 ②).

가. 다음의 요건을 모두 갖춘 성실공익법인등에 출연하는 경우: 100분의 20

1) 출연받은 주식등의 의결권을 행사하지 아니할 것

2) 자선·장학 또는 사회복지를 목적으로 할 것

나. 가목 외의 경우: 100분의 10

장애인에게 이전될 것

장애인이 증여받은 재산의 과세가액 불산입 규정을 적용받기 위해서는 증여세 신고기한까지(타익신탁의 경우 최초로 증여받은 신탁의 수익에 대한 신고기한) 납세지 관할세무서장에게 신청하여야 한다. 장애인이 살아 있는 동안 증여받은 재산가액을 합친 금액과 장애인이 살아 있는 동안 그 장애인을 수익자로 하여 설정된 타익신탁의 설정 당시 원본가액을 합산한 금액은 5억원을 한도로 한다(상증법 52의2 ③).

사례연구 2-1 증여세 비과세 생활비[6)]

1. 요 약

2007년부터 2009년까지 수령한 금원은 청구인, 배우자 및 자녀가 생활하기 위한 금액을 청구인의 아버지로부터 수령하였다고 보아 증여재산가액에서 제외함이 타당하다고 판단되고, 배우자의 근로소득이 있는 2010년 이후부터 청구인이 수령한 금액은 비과세 증여재산으로 볼 수 있는 생활비에 해당하지 않는 것으로 판단됨.

2. 사실관계

청구인은 2000년 8월 배우자 ○○○와 함께 ○○○으로 유학을 떠나 2008년 8월부터 ○○○ 소재 ○○○ 법학대학원에 재학하였고, 쟁점금액을 수령한 2007년 당시 청구인은 34세로 성인이었지만 ○○○ 자격증을 취득하기 위해 학업에만 전념하였으며, 자력 또는 근로에 의하여 생활을 유지할 여력이 없어 ○○○가 보내주는 쟁점금액을 청구인의 교육비와 생활비로 사용하였다.

청구인이 2013년 ○○○에서 변호사 사무실에 취업하여 급여를 받기 전까지는 자력으로 생활비를 마련할 수 없었고, 청구인의 배우자 ○○○는 2010년 이후 국내에서 근로소득이 발생하였지만 해당소득을 청구인의 생활비로 사용하기 위해 미국으로 송금한 적이 없었으며, 2011년 ○○○의 어머니 ○○○의 사망으로 비상장 주식과 부동산을 상속받았지만 그 금액이 ○○○(2017년 공시지가 기준)으로 크지 않아 이를 처분하여 청구인의 생활비로 충당할 정도는 아니었다.

청구인은 이미 충분한 금액을 비과세되는 증여재산인 생활비 및 교육비로 인정받았고, 청구인의 연령 및 ○○○의 근로소득을 고려할 때 ○○○를 청구인의 부양의무자로 볼 수 없으므로 쟁점금액을 비과세되는 증여재산인 생활비로 인정하여야 한다는 청구인의 주장은 이유가 없다.

2007년부터 2012년까지 청구인과 ○○○가 ○○○로부터 수령한 금액은 총 ○○○으로, 청구인이 해당기간 수령한 금액 중 교육비 ○○○ 및 거주임대료 ○○○은 이미 비과세되는 증여재산으로 인정받았음. 상증법 제46조 제5호에서는 피부양자의 생활비는 비과세되는 증여재산으로 인정하고 있고, 「상속세 및 증여세법」 기본통칙 46-35…1에서는 증여세가 비과세되는 생활비 또는 교육비는 필요시마다 직접 이러한 비용에 충당하기 위하여 증여로 취득한 재산을 말하는 것이며, 생활비 또는 교육비의 명목으로 취

6) 조심 2019전2163에서 발췌함.

득한 재산의 경우에도 그 재산을 정기예금·적금 등에 사용하거나 주식, 토지, 주택 등의 매입자금 등으로 사용하는 경우에는 증여세가 비과세되는 생활비 또는 교육비로 보지 않는다고 규정한다.

3. 쟁 점

쟁점금액을 증여세가 비과세되는 피부양자의 생활비 등으로 볼 수 있는지 여부

4. 판 단

처분청은 배우자 ○○○의 근로소득, 쟁점금액 수령 당시 청구인의 연령, 이미 인정한 생활비 및 교육비 금액의 규모 등을 고려하여 쟁점금액을 생활비로 인정할 수 없다고 주장하나, 청구인과 배우자는2000년부터 ○○○에서 유학생활을 시작하여 2010년까지 별도의 소득이 없었으므로 자력 또는 근로에 의하여 생활을 유지할 수 없었던 상황이었고, 청구인, 배우자 및 자녀가 생활하기 위한 금액을 청구인의 아버지로부터 수령하였다고 볼 수 있는바, 이를 비과세되는 증여재산인 생활비로 인정하여 쟁점금액 중 2007년부터 2009년까지 청구인이 수령한 ○○○을 증여재산가액에서 제외함이 타당하다고 판단된다. 다만, 청구인의 민법상 제1차 부양의무자인 배우자 ○○○의 근로소득이 있는 2010년 이후부터 청구인은 청구인의 아버지와 별도의 세대를 이루고 ○○○에서 자력으로 생활하는 것으로 보이는바, ○○○가 청구인에 대해 제1차 부양의무를 부담한다고 보기 어려워○○○, 쟁점금액 중 청구인이 2010년 이후 수령한 금액은 비과세되는 증여재산으로 볼 수 있는 생활비에 해당하지 않는 것으로 판단된다.

연습문제

01 다음 중 설명이 가장 옳은 것은?

① 증여 후 6월 경과한 후 반환하는 경우 당초 증여는 과세하나 반환에 대하여 과세하지 않는다.

② 증여 후 3월 이내에 반환하는 경우 당초 증여는 과세하나 반환에 대하여 과세하지 않는다.

③ 증여 후 3월이 경과한 후 반환하는 경우 당초 증여와 반환에 대하여 모두 과세하지 않는다.

④ 증여 후 6월 이내에 반환하는 경우 당초 증여는 과세하나 반환에 대하여 과세하지 않는다.

02 상속세 및 증여세법상 증여세의 과세대상에 대한 설명으로 옳지 않은 것은? 2007 9급 세무직

① 수증자가 거주자인 경우에는 그가 증여받은 모든 재산이 증여세 과세대상이 된다.

② 수증자가 비거주자인 경우에는 그가 증여받은 재산 중 국내에 있는 모든 재산이 증여세 과세대상이 된다.

③ 증여세는 경제적 가치가 있는 유형 및 무형의 재산을 타인에게 무상으로 이전하는 경우에 적용된다.

④ 영리법인이 재산을 증여받은 경우에는 증여세와 법인세가 모두 부과된다.

03 상속세 및 증여세법상 증여세에 관한 설명으로 옳지 않은 것은? 2017 CPA 1차

① 증여세의 과세대상이 되는 증여재산에 대하여 수증자에게 소득세가 부과되는 경우 증여세와 소득세 중 큰 금액을 부과한다.

② 수증자가 증여재산을 당사자 간의 합의에 따라 증여세과세표준 신고기한으로부터 6개월이 지난 후 증여자에게 반환하는 경우 당초의 증여 및 반환 모두에 대하여 증여세가 부과된다.

③ 친구로부터 받은 증여재산에 담보된 채무로서 수증자가 인수한 금액은 증여재산가액에서 차감한다.

④ 토지를 증여받아 증여세 납부의무가 있는 자는 증여받은 날이 속하는 달의 말일부터 3개월 이내에 증여세과세가액 및 과세표준을 납세지 관할세무서장에게 신고

하여야 한다.

⑤ 미성년자가 직계존속으로부터 생애 처음 증여를 받는 경우 증여세 과세가액에서 공제하는 증여재산공제액은 최대 2천만원이다.

정답 01 ④ 02 ④ 03 ①

제 3 장 증여세 과세표준

제 1 절 과세표준의 계산

1. 일반적인 경우

증여세의 과세표준은 증여세 과세가액에서 증여재산공제와 재해손실공제 및 감정평가수수료를 차감하여 계산하다(상증법 55 ①).

	증여세 과세가액	
−	증여재산공제	• 배우자공제: 6억원 • 직계존속: 5,000만원(미성년자 2,000만원) • 직계비속: 5,000만원 • 기타 친족: 1,000만원
−	재해손실공제	
−	감정평가수수료공제	
=	증여세 과세표준	

2. 특수한 경우

명의신탁재산의 증여의제 등 특수한 경우의 증여세 과세표준은 아래와 같다.

구 분		과세표준
명의신탁재산의 증여의제		그 명의신탁재산의 금액－감정평가수수료공제
합산배제 증여재산[1)]	특수관계법인과의 거래를 통한 이익의 증여의제	증여의제이익－감정평가수수료공제
	기타 합산배제증여재산	증여재산가액－3,000만원－감정평가수수료공제

3. 과세최저한

증여세과세표준이 50만원 미만이면 증여세를 부과하지 아니한다(상증법 55 ②).

제 2 절 증여재산공제

1. 증여재산공제

거주자가 다음의 친족으로부터 증여받은 경우에는 증여받은 재산의 가액에서 다음의 금액을 공제한다(상증법 53).

관 계	공제금액	비 고
배우자	6억원	
직계존속 (수증자의 직계존속과 혼인중인 배우자를 포함)	5천만원	미성년자 2,000만원
직계비속 (수증자의 혼인중인 배우자의 직계비속을 포함)	5천만원	
기타친족	1천만원	

다만, 수증자를 기준으로 당해 증여전 10년 이내에 공제받은 금액과 당해 증여에서 공제받을 금액의 합계액은 위의 공제금액을 한도로 한다. 즉 위 금액은 증여 1건당 공제액이 아니라 합산기간 동안의 공제액이다. 또한 수증자를 기준으로 각 친족별로 위 금액을 공제하는 것이다.

1) 합산배제 증여재산은 증여세과세가액에 합산되지 아니한다.

만약 2이상의 증여가 그 증여시기를 달리하는 경우에는 최초의 증여세과세가액에서부터 순차로 공제하고 2이상의 증여가 동시에 있는 경우에는 각각의 증여세과세가액에 대하여 안분하여 공제한다.

예제 3-1 증여재산 공제

① 아버지로부터 여러 번에 걸쳐 재산을 증여받은 경우:
10년 이내의 증여재산가액을 합한 금액에서 5,000만원만 공제함.
② 아들이 아버지와 어머니로부터 각각 재산을 증여받은 경우:
아버지로부터 증여받은 재산가액과 어머니로부터 증여받은 재산가액의 합계액에서 5,000만원을 공제함.
③ 아버지와 삼촌으로부터 재산을 증여받은 경우:
아버지로부터 증여받은 재산가액에서 5,000만원을, 삼촌으로부터 증여받은 재산가액에서 1,000만원을 공제함.

2. 재해손실공제

타인으로부터 재산을 증여받은 경우로서 증여세 따른 신고기한 이내에 재난으로 인하여 증여재산이 멸실되거나 훼손된 경우에는 그 손실가액을 증여세 과세가액에서 공제한다(상증법 54). 다만, 그 손실가액에 대한 보험금 등의 수령 또는 구상권 등의 행사에 의하여 그 손실가액에 상당하는 금액을 보전받을 수 있는 경우에는 그러하지 아니하다(상증법 23 ①).

재해손실공제＝재해손실가액－보험금·구상권 등으로 보전가능한 금액

3. 감정평가수수료

감정평가수수료는 증여세를 신고납부하기 위하여 증여재산을 평가하는 데 드는 수수료로서 이를 증여세 과세가액에서 차감한다(상증령 20의3).

① 감정평가업자 평가수수료: 500만원 한도
② 비상장주식 평가심의위원회 평가수수료: 평가대상 법인 수 및 신용평가 전문 기관 수 별로 각 1천만원 한도
③ 서화, 골동품 등 유형자산에 대한 전문가의 감정평가수수료: 500만원 한도

<절세전략> 증여재산공제를 활용하여 자녀에게 자산을 이전하는 방법

자녀의 혼사를 앞두고 있는 A씨는 1억원에 상당하는 신혼살림집을 마련해 주려 한다. 신혼살림집을 증여받는 A씨의 자녀가 부담해야 할 증여세는 얼마일까?

자녀에게 재산을 증여하는 경우 증여재산공제 5천만원을 받을 수 있다. 1억원의 증여재산 중 증여재산공제를 차감한 5천만원에 대하여 10%의 증여세율을 곱하면 5백만원이며, 기한 내에 신고할 경우 3%의 세액을 공제하므로 485만원의 증여세를 납부하여야 한다. 증여받은 달의 말일부터 3개월 이내가 증여세 신고기한이며 10년 내 동일인(아버지와 어머니는 동일인으로 봄)으로부터 증여받은 금액은 합산하여 신고하여야 한다. 증여세율은 증여받는 재산이 많을수록 높아지며 최저 10%에서 최고 50%이다. 배우자간 증여일 경우 6억, 부모가 자녀에게 증여할 경우에는 5천만원(자녀가 미성년자인 경우 2,000만원)이 10년 동안 합산하여 공제받을 수 있는 금액이다. 할아버지 또는 할머니가 손주에게 증여할 경우에도 증여재산공제 5천만원을 받을 수 있으나 세대가 생략되어 증여된다하여 세율이 30%만큼 가산된다. A씨와 같이 미리 재산을 배분해주기 위해, 또는 상속세를 절감하기 위해 자녀에게 금전 또는 부동산을 생전에 증여하는 경우가 있다. 소득세율에 비해 상대적으로 높은 증여세를 부담하면서 재산을 증여하는 이유는 무엇일까? 그 이유 중 하나는 세월이 지나 증여한 재산이 수십배로 늘어났을 경우 일정 증여세를 부담하고 증여를 한 경우에 비하여 상대적으로 많은 상속세를 내야 하기 때문이다. 예를 들어 자녀에게 1억원의 부동산을 증여하였는데 상당한 시간이 흐른 후 위 부동산이 10억이 되었다고 하자. 이 경우 부모가 돌아가시더라도 위 부동산은 상속세의 문제가 없다. 그러나 증여가 없었으며 돌아가실 시점의 재산이 50억이라면 위 재산에 대하여 약 5억의 상속세를 추가적으로 부담하여야 한다.

또 다른 필요성을 살펴보면 자녀가 추후에 취득하는 재산에 대하여 취득자금의 출처로 인정될 수 있다는 것이다. 예를 들어 5천만원의 금전을 증여하였다고 가정한다. 증여재산공제로 인해 납부할 세액은 없지만 증여세신고를 하였다고 하자. 10년 후 이자 등으로 인해 위 재산이 1억으로 늘어났고 위 금액으로 주택을 구입하였다고 하면 아무런 문제가 없다. 그러나 증여를 하지 않았을 경우 주택취득자금에 대하여 500만원의 증여세를 납부하여야 한다.

현실적으로 현금이나 양도성예금증서를 양도하고 증여세신고를 하지 않았을 경우 과세당국이 증여사실을 파악할 방법이 없다. 그러나 부동산을 증여하는 경우 소유권 이전을 하게 되고, 그 등기내역이 국세청에 바로 연결되어 증여한 사실을 과세당국이 쉽게 알 수 있다.

이처럼 증여세 신고를 하지 않았을 경우 금전과 부동산의 증여에 대해 과세당국이 증여사실을 파악할 가능성은 차이가 있다. 이러한 측면에서 금전으로 증여하여 증여세를 부담하지 않을 수도 있다. 그러나 추후에 자녀가 주택 등 부동산을 사게 되면 취득재산에 대한 자금출처조사를 받아야 한다. 재산을 취득하기 힘든 미성년자나 성년이라 하더라도 마땅한 직업이 없을 경우 자금출처조사 대상자로 선정될 가능성이 매우 높고, 소득이 있다하더라도 30세 이상인 세대주가 2억원 이상인 주택을 취득하는 경우 자금출처조사대상자로 선정될 수 있다. 주택취득자금에 대하여 출처를 소명하지 못하면 증여세가 과세된다.

증여세 신고를 한다고 가정하면 금전보다는 부동산으로 증여하는 편이 세금을 적게 내는 방법이다. 증여세 신고를 할 때 증여재산가액은 기준시가로 할 수 있으며 기준시가는 일반적으로 시세보다 낮은 수준이기 때문이다. 그러나 증여하기 전 6개월 이내에 구입한 부동산을 증여하면 주의하여야 한다. 구입한 가격이 시가로 인정되어 기준시가가 아니라 구입가격을 증여재산가액으로 보기 때문이다. 자녀에게 부동산을 증여하여 과세되는 증여세에 대하여 부모가 납부하면 그 납부금액에 대해서도 증여세가 과세된다. 따라서 부동산을 증여할 경우 증여세에 상당하는 금전을 더 하여 증여하는 것이 추가적인 증여세를 추징당하지 않게 하는 방법이다.

한편 부동산을 담보로 한 대출을 인수하는 조건으로 증여할 경우에는 주의해야 한다. 이러한 것을 부담부증여라 하며 부담부증여의 경우 대출금에 해당하는 금액은 양도로 본다. 즉 대출상당액은 양도가액으로 보아 부모가 양도소득세를 납부하여야 하고, 전체 재산가액 중 대출상당액을 차감한 금액은 증여재산으로 보아 자녀가 증여세를 납부해야 한다. 따라서 대출이 있는 부동산의 경우에는 각각 양도소득세와 증여세를 계산한 후에 유리한 방법으로 대출을 인수하는 증여 또는 대출을 인수하지 않는 증여를 선택해야 한다. 일반적으로 오래전에 취득한 부동산은 취득가액이 낮으므로 양도소득세가 증여세에 비해 많을 가능성이 높으므로 대출을 인수하지 않는 증여를 선택하는 것이 유리할 것이다. 또한 부동산의 경우 금전과는 달리 증여를 받은 날의 말일부터 3개월 이내에 증여를 반환하는 경우에는 처음부터 증여가 없었던 것으로 보아 증여세가 과세되지 않는다.

제 4 장 증여세 산출세액

증여세 산출세액의 계산 구조는 다음과 같다.

	증여세 과세표준
×	세율(10%~ 50% 5단계 초과누진세율)
=	증여세 산출세액
+	세대생략 가산액(할증세액(30%또는 40%)을 가산함)
=	증여세 산출세액 합계

1. 세 율

증여세산출세액은 증여세과세표준에 세율을 적용하여 계산한다(상증법 56).

과세표준	세 율
1억원 이하	과세표준의 100분의 10
1억원 초과~5억원 이하	1천만원+(1억원을 초과하는 금액의 100분의 20)
5억원 초과~10억원 이하	9천만원+(5억원을 초과하는 금액의 100분의 30)
10억원 초과~30억원 이하	2억4천만원+(10억원을 초과하는 금액의 100분의 40)
30억원 초과	10억4천만원+(30억원을 초과하는 금액의 100분의 50)

2. 직계비속에 대한 증여의 할증과세

수증자가 증여자의 자녀가 아닌 직계비속인 경우에는 증여세 산출세액의 30%에 상당하는 금액을 가산한다. 다만, 수증자가 증여자의 자녀가 아닌 직계비속이면서 미성년자인 경우로서 증여재산가액이 20억원을 초과하는 경우에는 100분의 40에 상당하는 금액을 가산한다. 다만, 증여자의 최근친인 직계비속이 사망하여 그 사망자의 최근친인 직계비속이 증여받은 경우에는 그러하지 아니하다(상증법 57 ①).

세대생략증여에 대한 할증세액＝증여세 산출세액×30%(40%)

3. 증여세 납부세액

	증여세 산출세액
−	박물관자료 징수유예세액
−	세액공제(납부세액공제, 외국납부세액공제, 신고세액공제)
=	납부세액

증여세 신고납부세액은 산출세액에서 직계비속에 대한 증여세 할증과세를 합산하고 박물관, 미술관자료에 대한 징수유예 및 외국납부세액공제, 신고세액공제과 연부연납을 신청한 금액을 뺀 금액을 말한다(상증법 70 ①).

(1) 박물관(미술관)자료에 대한 징수유예

증여재산 중 박물관 및 미술관 진흥법에 따라 등록한 박물관 자료(미술관자료 포함)로서 박물관 또는 미술관에 전시 보존 중인 재산에 해당하는 재산이 포함되어 있는 경우 그 재산가액에 상당하는 증여세액은 징수를 유예한다(상증법 75). 납세지 관할세무서장은 박물관자료를 증여받은 수증자가 이를 유상으로 양도하거나 그 밖에 법령에 정하는 사유로 박물관자료를 인출(引出)하는 경우에는 즉시 그 징수유예한 증여세를 징수하여야 한다. 납세지 관할세무서장은 징수유예 기간에 박물관자료를 소유하고 있는 수증자의 사망으로 상속이 개시되는 경우에는 그 징수유예한 증여세액의 부과 결정을 철회하고 그 철회한 증여세액을 다시 부과하지 아니한다. 징수유예를 받으려는 자는 그 유예할 증여세액에 상당하는 담보를 제공하여야 한다.

(2) 납부세액공제

합산과세규정에 따라 가산한 증여재산에 대하여 납부하였거나 납부할 증여세액은 산출세액에서 공제한다. 다만, 증여세 과세가액에 가산하는 증여재산에 대하여 국세부과제척기간의 기간의 만료로 인하여 증여세가 부과되지 아니하는 경우에는 그러하지 아니하다. 공제할 증여세액은 다음의 금액을 한도로 한다(상증법 58 ① ②).

$$공제한도=증여세\ 산출세액 \times \frac{가산한\ 증여재산가액의\ 과세표준}{(해당증여재산가액+가산증여자산가액)에\ 대한\ 과세표준}$$

(3) 외국납부세액

거주자가 타인으로부터 재산을 증여받은 경우에 외국에 있는 증여재산에 대하여 외국의 법령에 의하여 증여세를 부과받은 경우에는 그 금액을 공제한다(상증법 59).

외국납부세액공제 ①, ② 중 작은 금액 ① 한도액: 외국의 법령에 의하여 부과된 증여세액 ② 공제액: 증여세 산출세액×(해당 외국의 법령에 의한 증여세 과세표준÷증여세 과세표준)

(4) 신고세액공제

증여세 신고기한이내에 과세표준 신고를 한 경우에는 증여세 산출세액에서 다음의 금액을 공제한다(상증법 59).

신고세액공제=(증여세산출세액(할증세액포함)−박물관자료징수유예세액
−공제감면세액)×3%

예제 4-1 증여세 산출세액

다음 각 사례별 산출세액을 계산하라.

사례 1) 아버지로부터 1억 5천만원을 증여받은 경우(증여받은 사람은 성년임)

풀이

증여재산가액 150,000,000
증여재산공제 50,000,000
증여세과세표준 100,000,000
산출세액 10,000,000

사례 2) 국내에 주소를 둔 홍길동씨가 조부로 부터 증여받은 재산의 명세는 다음과 같다. 홍길동씨는 미성년자이다.

증여자	증여일자	증여재산가액
부친	2020. 12. 2	50,000,000

풀이

1. 증여재산가액 50,000,000
2. 증여재산공제 20,000,000
3. 증여세과세표준 30,000,000
4. 산출세액 30,000,000×10%+3,000,000×30%(할증세액)=3,900,000

예제 4-2 증여세 산출세액

국내에 주소를 둔 K씨가 2020년 증여받은 재산의 명세는 다음과 같다. 이를 토대로 증여세 산출세액을 계산하라. K씨는 미성년자가 아니다

증여자	증여일자	증여재산가액
배우자	2.15	700,000,000
부친	3.15	50,000,000
모친	3.15	50,000,000

풀이 K씨가 납부할 증여세 산출세액의 합계액은 15,000,000원임

항 목	증여재산가액	증여재산공제	과세표준	산출세액
배우자	700,000,000	600,000,000	100,000,000	10,000,000
부모	100,000,000	50,000,000	50,000,000	5,000,000

연습문제

01 거주자 갑의 2019년 증여 관련 다음 자료를 이용하여 대출금 및 토지의 증여세 과세가액을 계산하면 각각 얼마인가? (거주자 갑은 성년이다.) 2019 CPA 1차

(1) 거주자 갑은 2019년 1월 1일 어머니로부터 450,000,000원을 20개월 후 상환하기로 하고 대출받았다. 1년간 대출이자(이자율 연 1%)를 어머니에게 지급하였으며, 법정이자율은 연 4.6%이다.
(2) 거주자 갑은 2019년 8월 1일 할머니로부터 5필지의 토지(시가 250,000,000원)를 대가없이 증여받았다가 이 중 1필지의 토지(시가 50,000,000원)를 2019년 9월 15일 할머니에게 반환하였고, 1필지의 토지(시가 40,000,000원)를 2019년 10월 28일, 그리고 다른 1필지의 토지(시가 25,000,000원)를 2019년 12월 20일 할머니에게 반환하였다.
(3) 2019년 8월 1일부터 토지의 시가 변동은 없는 것으로 가정한다.

	대출금에 대한 증여세 과세가액	토지에 대한 증여세 과세가액
①	20,700,000원	250,000,000원
②	20,700,000원	200,000,000원
③	20,700,000원	160,000,000원
④	16,200,000원	200,000,000원
⑤	16,200,000원	160,000,000원

02 다음 자료를 이용하여 거주자 갑의 2015년도 귀속 증여재산가액을 계산한 것으로 옳은 것은? 2015 CPA 1차

(1) 갑은 2015년 1월 1일 아버지로부터 500,000,000원을 대출받은 후 1년간 대출이자(연 이자율 3%)를 아버지에게 지급하였다. 대출기간은 2015년 1월 1일부터 2016년 9월 30일까지이며, 법령상 적정이자율은 연 8%로 가정한다.
(2) 갑은 2015년 7월 5일 할머니로부터 시가 200,000,000원인 부동산을 증여받았으나, 2015년 10월 3일 할머니에게 반환하였다. 단, 반환 전에 증여세 과세표준과 세액을 결정받지 않았다.
(3) 갑은 2015년 3월 30일 어머니로부터 시가 800,000,000원인 비상장주식을 200,000,000원에 양수하였다.

① 325,000,000원 ② 375,000,000원 ③ 385,000,000원
④ 400,000,000원 ⑤ 585,000,000원

03 다음 자료를 이용하여 거주자 갑(미성년자 아님)의 2017년도 귀속 증여세 산출세액을 계산한 것으로 옳은 것은? 2017 CPA 1차

(1) 2016.11.9. 친형(을)으로부터 받은 증여재산: 10,000,000원
(2) 2017.2.9. 어머니로부터 받은 증여재산: 60,000,000원
(3) 2017.2.9. 친조부로부터 받은 증여재산: 90,000,000원
(4) 2017.2.9. 친형(을)으로부터 받은 증여재산: 25,000,000원
(5) 증여재산은 모두 현금이며 상기 자료 이외 거주자 갑이 증여받은 사실이 없음
(6) 증여세율

과세표준	기본세율
1억원 이하	과세표준의 100분의 10
1억원 초과 5억원 이하	1천만원+1억원 초과하는 금액의 100분의 20

① 8,700,000원 ② 12,500,000원 ③ 14,300,000원
④ 15,000,000원 ⑤ 16,800,000원

정답 01 ⑤ 02 ③ 03 ⑤

제 5 장 이익의 증여 예시규정

상속세 및 증여세법은 완전포괄주의를 채택하고 있으며 변칙적인 거래에 의해 사실상 경제적 이익이 무상으로 이전되는 경우 증여세를 부과한다. 상속세 및 증여세법에서 예시하는 변칙적 거래에 의한 이익의 증여 유형은 다양하다. 그 중 일반거래에 대한 개별적 예시규정은 제1절에서, 자본적 거래에 대한 예시규정은 제2절에서 살펴본다.

제 1 절 일반 거래에 따른 이익의 증여

1. 신탁이익의 증여

신탁계약에 의하여 위탁자가 타인을 신탁의 이익 전부 또는 일부를 받을 수익자로 지정한 경우로서 다음 어느 하나에 해당하는 경우에는 원본 또는 수익이 수익자에게 실제 지급되는 날 등을 증여일로 하여 해당 신탁의 이익을 받을 권리의 가액을 수익자의 증여재산가액으로 한다(상증법 33).

가. 원본을 받을 권리를 소유하게 한 경우에는 수익자가 그 원본을 받은 경우

나. 수익을 받을 권리를 소유하게 한 경우에는 수익자가 그 수익을 받은 경우

수익자가 특정되지 아니하거나 아직 존재하지 아니하는 경우에는 위탁자 또는 그 상속인을 수익자로 보고, 수익자가 특정되거나 존재하게 된 때에 새로운 신탁이 있는 것으로 본다(상증법 33 ②).

2. 보험금의 증여

생명보험이나 손해보험에서 보험사고가 발생하였고 보험료수령인과 보험료 납부자가

다른 경우, 보험금 상당액을 보험금 수령인의 증여재산가액으로 한다. 보험사고가 발생한 날을 증여일로 하며 보험금 수령인과 보험료 납부자가 다른 경우에는 다음의 금액을 보험금수령인의 증여재산가액으로 한다(상증법 34 ① 1).

$$\text{증여재산가액} = \text{보험금} \times \frac{\text{보험금 수령인이 아닌 자가 납부한 보험료액}}{\text{납부보험료 총액}}$$

보험계약 기간에 보험금 수령인이 타인으로부터 재산을 증여받아 보험료를 납부한 경우에는 그 보험료 납부액에 대한 보험금 상당액에서 그 보험료 납부액을 뺀 가액을 보험금 수령인의 증여재산가액으로 한다(상증법 34① 2).

$$\text{증여재산가액} = \text{보험금} \times \frac{\text{재산을 증여받아 납부한 보험료}}{\text{납부보험료 총액}} - \text{재산을 증여받아 납부한 보험료}$$

다만 보험금을 상속재산으로 보는 경우에는 상속세가 과세되므로 적용하지 않는다.

3. 저가 양수 및 고가 양도에 따른 이익의 증여

시가보다 높은 가액으로 양도하거나 시가보다 낮은 가액으로 양수하는 경우에는 특수관계 여부와 관계없이 시가와의 차액을 증여받은 것으로 보아 증여세를 과세하며 해당재산의 양수일 또는 양도일을 증여일로 한다(상증법 35).

(1) 저가양수에 따른 이익의 증여

① 특수관계자로부터 시가보다 낮은 가액으로 재산을 양수

특수관계자로부터 시가보다 낮은 가액으로 재산을 양수한 경우에는 다음의 금액을 양수자의 증여재산가액으로 한다(상증법 35 ①). 다만 ① 전환사채, 신주인수권부사채 등, ② 거래소에 상장되어 있는 법인의 주식 및 출자지분으로서 증권시장에서 거래된 것은 증여재산가액에서 제외한다. 전환사채와 신주인수권부 사채 등은 별도의 규정을 두어 증여세를 과세하며, 증권시장에서 거래된 경우 증여세과세 여지가 없다. 따라서 시간외시장에서 매매된 상장주식은 저가양수 또는 고가양도에 따른 이익에 대하여 증여세를 과세한다.

시가와 대가의 차이가 시가의 30% 이상이거나 3억원 이상인 경우 적용된다.

수증자의 증여재산가액은 다음과 같다.

$$\text{증여재산가액} = (\text{시가} - \text{양수대가}) - \text{Min}(\text{시가} \times 30\%,\ 3\text{억원})$$

② 특수관계 없는 자로부터 저가 양수

만약 특수관계인이 아닌 자 로부터 정당한 사유 없이 시가보다 현저히 낮은 가액으로 재산을 양수하는 경우에는 다음의 금액을 양수자의 증여재산가액으로 추정한다(상증법 35 ②).

다만 시가와 양수대가의 차이가 시가의 30% 이상인 경우에 적용된다.

수증자의 증여재산가액은 다음과 같다.

증여재산가액 = (시가 − 양수대가) − 3억원

(2) 고가양도에 따른 이익의 증여

① 특수관계자에게 시가보다 고가양도

특수관계자에게 시가보다 높은 가액으로 재산을 양도한 경우에는 다음의 금액을 양도자의 증여재산가액으로 한다(상증법 35 ①). 다만 ① 전환사채, 신주인수권부사채 등, ② 거래소에 상장되어 있는 법인의 주식 및 출자지분으로서 증권시장에서 거래된 것은 증여재산가액에서 제외한다. 이 경우 시가와 대가의 차이가 시가의 30% 이상이거나 3억원 이상인 경우 적용된다.

수증자인 양도자의 증여재산가액은 다음과 같다.

증여재산가액 = (양도대가 − 시가) − Min(시가×30%, 3억원)

② 특수관계 없는 자에게 시가보다 고가양도

특수관계인이 아닌 자에게 시가보다 높은 가액으로 재산을 양도한 경우에는 다음의 금액을 양도자의 증여재산가액으로 한다(상증법 35 ②).

다만 양도대가와 시가의 차이가 시가의 30% 이상인 경우 적용된다. 수증자인 양도자의 증여재산가액은 다음과 같다.

증여재산가액 = (양도대가 − 시가) − 3억원

(3) 개인과 법인간의 양수 및 양도

개인과 법인 간에 재산을 양수하거나 양도하는 경우로서 그 대가가 「법인세법」에 따른 시가에 해당하여 그 법인의 거래에 대하여 부당행위계산부인에 적용되지 아니하는 경우에는 이익의 증여로 보지 아니한다. 다만, 거짓이나 그 밖의 부정한 방법으로 상속세 또는 증여세를 감소시킨 것으로 인정되는 경우에는 이익의 증여로 본다(상증법 35 ③).

4. 채무면제 등에 따른 증여

채권자로부터 채무를 면제받거나 제3자로부터 채무의 인수 또는 변제를 받은 경우에는 그 면제, 인수 또는 변제로 인한 이익에 상당하는 금액(보상액을 지급한 경우에는 그 보상액을 뺀 금액으로 한다)을 그 이익을 얻은 자의 증여재산가액으로 한다(상증법 36).

5. 부동산 무상사용 등에 따른 이익의 증여

(1) 부동산 무상사용에 따른 이익의 증여

① 개 념

특수관계인[1]의 부동산(그 부동산 소유자와 함께 거주하는 주택과 그에 딸린 토지는 제외한다)을 무상으로 사용함에 따라 이익을 얻은 경우에는 그 이익에 상당하는 금액을 부동산 무상 사용자의 증여재산가액으로 한다(상증법 37). 무상사용을 개시한 날을 증여일로 하며 각 연도의 부동산 무상사용이익을 해당 부동산 무상사용기간을 5년으로 하여 현재가치로 평가한 가액을 부동산 무상사용이익으로 한다. 부동산 무상사용이익이 1억원 이상인 경우에 한하여 과세한다(상증법 37 ①, 상증령 27).

② 증여재산가액

수증자의 증여재산가액은 다음과 같다.

$$\text{부동산 무상사용이익(증여재산가액)} = \frac{\Sigma[\text{각 연도의 부동산 무상사용이익}]}{(1+\text{이자율}10\%)n}$$

가. 무상사용이익

각 연도의 부동산 무상사용이익은 부동산가액에서 연간사용요율(2%)을 곱하여 계산한다. 부동산 가액은 상속증여세법의 재산평가규정에 따라 평가한 금액이다.

나. 증여시점

부동산무상사용에 따른 이익의 증여 시기는 사실상 당해 부동산의 무상사용을 개시한 날로 한다. 이 경우 당해 부동산에 대한 무상사용기간이 5년을 초과하는 경우에는 그 무상사용을 개시한 날부터 5년이 되는 날의 다음날에 새로이 당해 부동산의 무상사용을 개시한 것으로 본다(상증령 27 ③).

(2) 부동산 담보이용에 따른 이익의 증여

① 개 념

타인의 부동산을 무상으로 담보로 이용하여 금전 등을 차입함에 따라 이익을 얻은 경

---

1) 특수관계인이 아닌 자 간의 거래인 경우에는 거래의 관행상 정당한 사유가 없는 경우에 한정하여 적용한다.

우에는 그 부동산 담보 이용을 개시한 날을 증여일로 하여 그 이익에 상당하는 금액을 부동산을 담보로 이용한 자의 증여재산가액으로 한다(상증법 37 ②). 다만, 그 이익에 상당하는 금액이 1천만원 이상인 경우에 과세한다.

② 증여재산가액

부동산담보이용이익(증여재산가액)＝차입금×적정이자율－차입할 때 실제로 지급하였거나 지급할 이자

6. 금전무상대출 등에 따른 이익의 증여

타인으로부터 1천만원 이상의 금전을 무상으로 또는 적정 이자율보다 낮은 이자율로 대출받은 경우에는 그 금전을 대출받은 날에 다음의 금액을 그 금전을 대출받은 자의 증여재산가액으로 한다(상증법 41의4). 특수관계인이 아닌 자 간의 거래인 경우에는 거래의 관행상 정당한 사유가 없는 경우에 한정하여 증여재산가액으로 한다.

구분	증여재산가액
무상으로 대출받은 경우	대출금액 × 적정이자율[2]× 대출기간[3]
적정이자율보다 낮은 이자율로 대출받은 경우	대출금액 × 적정이자율× 대출기간 － 실제 지급한 이자상당액

7. 초과배당에 대한 이익의 증여

법인이 이익이나 잉여금을 배당 또는 분배하는 경우로서 그 법인의 최대주주 또는 최대출자자가 본인이 지급받을 배당등의 금액의 전부 또는 일부를 포기하거나 본인이 보유한 주식 등에 비례하여 균등하지 아니한 조건으로 배당등을 받음에 따라 그 최대주주 등의 특수관계인이 본인이 보유한 주식 등에 비하여 높은 금액의 배당 등을 받은 경우에는 제4조의 2 제3항에도 불구하고[4] 법인이 배당 등을 한 날을 증여일로 하여 그 최대주주 등의 특수관계인이 본인이 보유한 주식등에 비례하여 균등하지 아니한 조건으로 배당 등을 받은 금액(이하 초과배당금액이라 함)을 그 최대주주등의 특수관계인의 증여재산가액으로 한다(상

2) 적정이자율은 당좌대출이자율을 고려하여 「법인세법」상 가지급금 인정이자의 계산시 적용되는 가중평균차입이자율을 말함.
3) ① 약정된 대출기간(미약정시는 1년마다 계산함)
② 약정된 대출기간이 1년 이상인 경우에는 1년 단위로 구분 계산함.
4) 증여재산에 대하여 수증자에게 소득세 또는 법인세가 부과되는 경우에는 증여세를 부과하지 아니한다. 소득세 또는 법인세가 비과세되거나 감면되는 경우에도 또한 같다.

증법 41의2 ①). 초과배당금액에 대한 증여세액이 초과배당금액에 대한 소득세 상당액보다 적은 경우에는 증여재산가액으로 보지 아니한다(상증법 41의2 ③).

8. 재산사용 및 용역의 무상제공 등에 따른 이익의 증여

타인에게 시가보다 낮은 대가를 지급하거나 무상으로 재산(부동산과 금전은 제외)을 사용하거나, 타인으로부터 시가보다 높은 대가를 받고 재산을 사용하게 하거나, 타인에게 시가보다 낮은 대가를 지급하거나 무상으로 용역을 제공받게 하거나 타인으로부터 시가보다 높은 대가를 받고 용역을 제공함으로써 얻은 이익은 증여로 본다(상증법 42). 이 경우 그 이익은 시가와 실제 지급하거나 받은 대가의 차액으로 하며 그 금액이 다음의 기준금액이상인 경우 증여로 본다.

(1) 무상으로 재산을 사용하거나 용역을 제공받은 경우 기준금액

- 타인의 재산을 무상으로 담보로 제공한고 금전 등을 차입한 경우 차입금에 적정이자율을 곱하여 계산한 금액에서 금전 등을 실제로 지급하였거나 지급할 이자를 뺀 금액: 1천만원
- 기타 재산을 무상으로 사용하거나 용역을 제공받음에 따라 지급할 시가 상당액: 1천만원

(2) 시가보다 낮은 대가를 지급하고 재산을 사용하거나 용역을 제공받은 경우 기준금액

- 시가와 대가의 차액상당액: 시가의 30%

(3) 시가보다 높은 대가를 받고 재산을 사용하게 하거나 용역을 제공한 경우 기준금액

- 대가와 시가의 차액상당액: 시가의 30%

9. 재산취득 후 재산가치 증가에 의한 이익

(1) 의 의

미성년자 등이 부모로부터 재산을 증여받거나 기업경영에 관한 내부정보의 취득 또는 부모의 재산을 담보로 하여 차입하여 재산을 취득한 후에 개발사업의 시행, 주식상장 등에 의해 단기간 내에 재산가치가 증가하는 경우 재산취득자의 노력보다는 부모의 기여에 의해 가치가 증가한 것이므로 증여세를 과세하고자 하는 규정이다.

직업이나 연령, 소득, 재산상태로 보아 자신의 계산으로 해당 행위를 할 수 없다고 인정되는 자가 다음의 사유로 재산을 취득하고 그 재산을 취득한 날부터 5년 이내에 개발사업의 시행, 형질변경, 공유물 분할, 사업의 인가·허가, 주식·출자지분의 상장 및 합병 등 재산가치증가 사유로 인한 그 재산가치의 증가에 따른 이익을 얻는 경우 그 이익을 얻은 자의 증여재산가액으로 한다(상증법 42의3 ①).

① 특수관계인으로부터 재산을 증여받은 경우

② 특수관계인으로 부터 기업의 경영 등에 관하여 공표되지 아니한 내부 정보를 제공받아 그 정보와 관련된 재산을 유상으로 취득한 경우

③ 특수관계인으로 부터 차입한 자금 또는 특수관계인의 재산을 담보로 차입한 자금으로 재산을 취득한 경우

(2) 증여재산가액

재산가치의 증가에 따른 이익은 다음의 금액으로 한다. 증여재산금액이 나, 다, 라를 합한 금액의 30% 이상인 경우 증여세를 과세한다.

	해당 재산가액(가)	• 재산가치 증가사유가 발생한 날 현재의 가액
−	취득가액(나)	• 실제 취득하기 위하여 지불한 금액(증여받은 재산의 경우에는 증여세과세가액)을 말함
−	통상적인 가치상승분(다)	• 기업가치의 실질적인 증가로 인한 이익과 연평균지가상승률·연평균주택가격상승률 및 전국소비자물가상승률 등을 감안하여 해당 재산의 보유기간 중 정상적인 가치상승분에 상당하다고 인정되는 금액을 말함
−	가치상승기여분(라)	• 해당 재산가치를 증가시키기 위하여 지출한 비용을 말함
=	증여재산가액	

(3) 거짓이나 부정한 방법으로 증여세를 감소시킨 경우

거짓이나 그 밖의 부정한 방법으로 증여세를 감소시킨 것으로 인정되는 경우에는 특수관계인이 아닌 자 간의 증여에 대해서도 재산가치증가에 따른 이익의 증여규정을 적용하며 발생기간에 관계없이 증여세를 부과할 수 있다(상증법 42의3 ③).

10. 일반거래에 대한 개별적 예시규정의 요약

위에서 설명한 증여의제를 요약하면 다음과 같다.

구 분	증여자	수증자	비 고
(1) 신탁이익의 증여	위탁자	수익자	
(2) 보험금의 증여	보험료납부자	보험금 수령인	
(3) 저가양수고가양도	양도자	양수자	기준금액 이상인 경우 해당
(4) 채무면제 등에 따른 이익의 증여	채권자등	채무자	
(5) 부동산무상사용등에 따른 이익의 증여	부동산소유자	부동산사용자	기준금액 이상인 경우 해당
(6) 초과배당에 따른 이익의 증여	최대주주	최대주주 특수관계자	증여세액이 소득세액보다 큰 경우에 해당
(7) 금전무상대출에 따른 이익의 증여	대출자	대출받은 자	기준금액 이상인 경우 해당
(8) 재산사용및용역제공등에 따른 이익의 증여	재산소유자 (용역제공자)	재산사용자	기준금액 이상인 경우 해당
(9) 재산취득 후 재산가치 증가에 의한 이익	증여자 등	재산가치 증가자	기준금액 이상인 경우 해당

제 2 절 자본거래에 대한 개별적 증여예시규정

1. 합병에 따른 이익의 증여

특수관계에 있는 법인 간의 합병으로 소멸하거나 흡수되는 법인 또는 신설되거나 존속하는 법인의 대주주 등이 합병으로 인하여 이익을 얻은 경우에는 그 합병등기일을 증여일로 하여 그 이익에 상당하는 금액을 그 대주주등의 증여재산가액으로 한다. 대주주등이란 해당 주주 등의 지분 및 그의 특수관계인의 지분을 포함하여 해당 법인의 발행주식총수 등의 100분의 1 이상을 소유하고 있거나 소유하고 있는 주식 등의 액면가액이 3억원 이상인 주주 등을 말한다(상증령 28 ②). 다만, 증여재산가액이 합병 후 신설(존속)법인의 주식에 대한 평가가액의 100분의 30에 상당하는 가액과 3억원 중 적은 금액 이상인 경우 증여로 본다.

(1) 합병대가를 주식 등으로 교부받은 경우

① 증여재산가액

증여재산가액＝1주당 평가차액×과대평가된 법인의 대주주가 교부받은 주식수

② 1주당 평가차액

1주당 평가차액＝

$$\left(\text{합병후신설(존속)법인의 1주당 평가액} - \text{과대평가된 합병당사법인의 1주당 평가가액}\right) \times \frac{\text{합병전 주식수}}{\text{합병후 주식수}}$$

③ 합병후 신설(존속)법인의 1주당 평가액

$$\text{합병후신설(존속)법인의 1주당 평가액} = \frac{\text{과대평가된 법인의 합병직전 주식가액} + \text{과소평가된 법인의 합병직전 주식가액}}{\text{합병후신설(존속)법인의 주식수}}$$

(2) 합병대가를 주식외의 재산으로 지급받은 경우

합병당사법인의 1주당 평가가액이 액면가액에 미달하는 경우로서 그 평가가액을 초과하여 지급받은 경우에 한정한다(상증령 28 ③ 2). 증여재산가액이 3억원미만인 경우는 증여세를 부과하지 않는다.

증여재산가액＝(액면가액[5]－평가가액)×합병법인의 대주주등의 주식수

2. 증자에 따른 이익의 증여

법인이 신주를 시가보다 낮은 가액으로 발행하는 증자에 따른 이익이 실권주[6]등을 배정받은 주주 등에게 무상을 이전되는 효과가 발생하므로 그 이익에 대하여 과세하고자 하는 것이다. 법인이 자본금을 증가시키기 위하여 신주를 발행함으로써 다음의 어느 하나에 해당하는 이익을 얻은 경우에는 주식대금 납입일 등을 증여일로 하여 그 이익에 상당하는 금액을 그 이익을 얻은 자의 증여재산가액으로 한다(상증법 39 ①).

① 신주를 시가보다 낮은 가액으로 발행하는 경우: 다음 어느 하나에 해당하는 이익

가. 해당 법인의 주주등이 신주인수권의 전부 또는 일부를 포기한 경우로서 해당 법인이 그 포기한 신주를 배정(주권상장법인이 유가증권의 모집방법으로 배정하는 경우는 제외)하는 경우에는 그 실권주를 배정받은 자가 실권주를 배정받음으로써 얻은

---

5) 합병대가가 액면가액에 미달하는 경우에는 해당 합병대가를 말한다.

6) 신주를 배정받을 수 있는 권리의 전부 또는 일부를 포기한 경우로서 해당 법인이 그 포기한 신주.

이익

나. 해당 법인의 주주등이 신주인수권의 전부 또는 일부를 포기한 경우로서 해당 법인이 실권주를 배정하지 아니한 경우에는 그 신주 인수를 포기한 자의 특수관계인이 신주를 인수함으로써 얻은 이익

다. 해당 법인의 주주등이 아닌 자가 해당 법인으로부터 신주를 직접 배정받음으로써 얻은 이익

라. 해당 법인의 주주등이 소유한 주식등의 수에 비례하여 균등한 조건으로 배정받을 수 있는 수를 초과하여 신주를 직접 배정받음으로써 얻은 이익

② 신주를 시가보다 높은 가액으로 발행하는 경우: 다음 어느 하나에 해당하는 이익

가. 해당 법인의 주주등이 신주인수권의 전부 또는 일부를 포기한 경우로서 해당 법인이 실권주를 배정하는 경우에는 그 실권주를 배정받은 자가 그 실권주를 인수함으로써 그의 특수관계인에 해당하는 신주 인수 포기자가 얻은 이익

나. 해당 법인의 주주등이 신주인수권의 전부 또는 일부를 포기한 경우로서 해당 법인이 실권주를 배정하지 아니한 경우에는 그 신주를 인수함으로써 그의 특수관계인에 해당하는 신주 인수 포기자가 얻은 이익

다. 해당 법인의 주주등이 아닌 자가 해당 법인으로부터 신주를 직접 배정받아 인수함으로써 그의 특수관계인인 주주등이 얻은 이익

라. 해당 법인의 주주등이 소유한 주식등의 수에 비례하여 균등한 조건으로 배정받을 수 있는 수를 초과하여 신주를 직접 배정받아 인수함으로써 그의 특수관계인인 주주등이 얻은 이익

③ 전환주식을 발행한 경우: 발행 이후 다른 종류의 주식으로 전환함에 따라 얻은 다음의 이익

가. 전환주식을 시가보다 낮은 가액으로 발행한 경우: 교부받았거나 교부받을 주식의 가액이 전환주식 발행 당시 전환주식의 가액을 초과함으로써 그 주식을 교부받은 자가 얻은 이익

나. 전환주식을 시가보다 높은 가액으로 발행한 경우: 교부받았거나 교부받을 주식의 가액이 전환주식 발행 당시 전환주식의 가액보다 낮아짐으로써 그 주식을 교부받은 자의 특수관계인이 얻은 이익

3. 감자에 따른 이익의 증여

법인이 자본을 감소시키기 위하여 주식 또는 지분을 소각할 때 모든 주주에 대하여 균등한 비율로 소각하는 경우에는 지분율의 변동이 없으나 일부 주주의 지분만을 소각하는 경우에는 그 이익이 다른 주주에게 이전되는 효과가 있으므로 그 이익에 대하여 과세하는 것이다. 법인이 자본금을 감소시키기 위하여 주식등을 소각(消却)하는 경우로서 일부 주주등의 주식등을 소각함으로써 다음 의 이익을 얻은 경우에는 감자(減資)를 위한 주주총회결의일을 증여일로 하여 그 이익에 상당하는 금액을 그 이익을 얻은 자의 증여재산가액으로 한다. 다만, 그 이익에 상당하는 금액이 감자한 주식등의 평가액의 100분의 30에 상당하는 가액과 3억원 중 적은 금액 미만인 경우는 제외한다(상증법 39의2 ①).

① 주식등을 시가보다 낮은 대가로 소각한 경우: 주식등을 소각한 주주등의 특수관계인에 해당하는 대주주등이 얻은 이익

② 주식등을 시가보다 높은 대가로 소각한 경우: 대주주등의 특수관계인에 해당하는 주식등을 소각한 주주등이 얻은 이익

4. 현물출자에 따른 이익의 증여

현물출자란 회사 설립시 또는 신주발생시 현금이 아닌 부동산 등을 출자하는 것을 말한다. 부동산 등은 현금과 달리 그 자산 가액이 과대평가되거나 과소평가될 수 있기 때문에 현물출자자가 부당하게 많은 주식을 배정받을 수도 있다. 과대평가될 경우 현물출자자자가 이익을 얻을 수 있으며 과소평가될 경우 기존주주가 이익을 얻을 수 있다. 주식 등을 시가보다 낮은 가액으로 인수함으로써 현물출자자가 얻은 이익과 주식 등을 시가보다 높은 가액으로 인수함으로써 현물출자자의 특수관계인에 해당하는 주주 등이 이익을 얻은 경우에는 현물출자 납입일을 증여일로 하여 그 이익에 상당하는 금액을 그 이익을 얻은 자의 증여재산가액으로 한다(상증법 39의 3).

(1) 현물출자자가 신주를 저가로 인수하는 경우

현물출자자가 법인이 발행한 주식 또는 출자지분을 인수할 때 주식 등을 시가보다 낮은 가액으로 인수하여 얻은 이익은 증여로 본다.

(2) 현물출자자가 신주를 고가로 인수하는 경우

현물출자자가 주식 등을 시가보다 높은 가액으로 인수함으로서 현물출자자와 특수관계인인 주주 또는 출자자가 이익을 얻은 경우 증여로 본다. 현물출자자와 특수관계인인 주

주가 얻은 이익이 현물출자후 1주당 평가가액의 30% 이상이거나 그 이익이 3억원 이상인 경우에 적용한다(상증령 29의3 ②).

5. 전환사채 등의 주식전환 등에 따른 이익의 증여

전환사채,[7] 신주인수권부사채,[8] 또는 그 밖의 주식으로 전환·교환하거나 주식을 인수할 수 있는 권리가 부여된 사채(이를 전환사채 등이라 함)를 인수·취득·양도하거나, 전환사채 등에 의하여 주식으로 전환·교환 또는 주식의 인수(이하 주식전환등이라 함)를 함으로써 이익을 얻은 경우에는 그 이익에 상당하는 금액을 그 이익을 얻은 자의 증여재산가액으로 한다(상증법 40 ①).

(1) 전환사채 등을 저가에 인수하거나 취득하는 경우

1) 특수관계인으로부터 전환사채 등을 저가로 취득하는 경우

특수관계인으로부터 전환사채 등을 시가보다 낮은 가액으로 취득함으로써 얻은 이익에 대해서는 그 이익에 상당하는 금액을 이익을 얻은 자의 증여재산가액으로 한다.

① 증여세 과세요건

가. 특수관계인으로부터 전환사채 등을 취득

나. 시가보다 낮은 가액으로 취득함

다. 전환사채 등의 시가에서 취득가액을 차감한 금액이 시가의 30% 이상이거나 1억원 이상인 경우에 한함

② 증여재산가액

전환사채 등의 시가에서 전환사채 등의 인수·취득가액을 차감한 가액을 증여재산가액으로 한다.

증여재산가액＝전환사채 등의 시가－전환사채 등의 인수취득가액

2) 최대주주나 그의 특수관계인인 주주가 그 법인으로부터 전환사채 등을 시가보다 낮은 가액으로 배정받을 수 있는 수를 초과하여 인수·취득[9]

전환사채 등을 발행한 법인의 최대주주나 그의 특수관계인인 주주가 그 법인으로부터

---

7) 주식으로 전환 또는 교환하거나 신주를 인수할 수 있는 권리가 부여된 사채를 말한다.

8) 신주인수권부사채는 사채발행 후 일정기간내에 사채발행회사의 신주발행을 청구할 수 있는 권리를 사채권자에게 부여한 사채이다. 전환사채의 경우 전환권을 행사하면 사채권자의 지위가 주주로 변경되지만, 신주인수권부사채의 경우 기존의 사채는 존속하면서 주금을 납입하여 주주의 지위를 획득하게 된다는 점에서 차이가 있다.

9) 주권상장법인으로서 유가증권의 모집방법으로 전환사채등을 발행한 법인은 제외

전환사채등을 시가보다 낮은 가액으로 그 소유주식 수에 비례하여 균등한 조건으로 배정받을 수 있는 수를 초과하여 인수·취득함으로써 얻은 이익에 대하여는 그 이익에 상당하는 금액을 그 이익을 얻은자의 증여재산가액으로 한다(상증법 40 ① 1호 나목).

① 과세요건

가. 최대주주나 그의 특수관계인인 주주가 전환사채를 인수취득

나. 전환사채 등을 시가보다 낮은 가액으로 발행법인으로부터 인수 취득

다. 주권상장법인이 공개모집에 의하여 전환사채를 발행한 경우가 아닐 것

라. 주주가 소유주식수에 비해 초과하여 인수 취득할 것

마. 전환사채 등의 시가에서 취득가액을 차감한 금액이 시가의 30% 이상이거나 1억원 이상인 경우에 한함

② 증여재산가액

전환사채 등의 시가에서 전환사채등의 인수·취득가액을 차감한 가액을 증여재산가액으로 한다.

증여재산가액 = 전환사채 등의 시가 − 전환사채 등의 인수취득가액

3) 최대주주의 특수관계인이 전환사채 등을 시가보다 낮은 가액으로 인수 취득하는 경우

전환사채 등을 발행한 법인의 최대주주의 특수관계인(그 법인의 주주는 제외)이 그 법인으로부터 전환사채 등을 시가보다 낮은 가액으로 인수등을 함으로써 얻은 이익에 대하여는 그 이익에 상당하는 금액을 그 이익을 얻은 자의 증여재산가액으로 한다(상증법 40 ① 1호 다목).

① 과세요건

가. 최대주주의 특수관계인(그 법인의 주주는 제외)이 전환사채 등을 인수 취득할 것

나. 전환사채등 을 발행법인으로부터 시가보다 저가로 인수 취득할 것

다. 주권상장법인의 공모에 의해 전환사채를 발행한 경우가 아닐 것

라. 전환사채 등의 시가에서 취득가액을 차감한 금액이 시가의 30% 이상이거나 1억원 이상인 경우에 한함

② 증여재산가액

전환사채 등의 시가에서 전환사채 등의 인수·취득가액을 차감한 가액을 증여재산가액으로 한다.

증여재산가액 = 전환사채등의 시가 − 전환사채등의 인수취득가액

(2) 전환사채 등에 의하여 주식전환

전환사채 등에 의하여 주식전환등을 함으로써 주식전환등을 한 날에 얻은 다음 어느 하나에 해당하는 이익에 대하여 증여세를 과세한다(상증법 40 ①).

가. 전환사채 등을 특수관계인으로부터 취득한 자가 전환사채 등에 의하여 교부받았거나 교부받을 주식의 가액이 전환·교환 또는 인수 가액을 초과할 것
나. 전환사채 등을 발행한 법인의 최대주주나 그의 특수관계인인 주주가 그 법인으로부터 전환사채 등을 그 소유주식 수에 비례하여 균등한 조건으로 배정받을 수 있는 수를 초과하여 인수등 을 한 경우로서 전환사채 등에 의하여 교부받았거나 교부받을 주식의 가액이 전환가액 등을 초과함으로써 얻은 이익
다. 전환사채 등을 발행한 법인의 최대주주의 특수관계인(그 법인의 주주는 제외함)이 그 법인으로부터 전환사채 등의 인수 등을 한 경우로서 전환사채 등에 의하여 교부받았거나 교부받을 주식의 가액이 전환가액 등을 초과함으로써 얻은 이익
라. 전환사채 등에 의하여 교부받은 주식의 가액이 전환가액 등보다 낮게 됨으로써 그 주식을 교부받은 자의 특수관계인이 얻은 이익

(3) 전환사채 등을 특수관계인에게 양도

전환사채 등을 특수관계인에게 양도한 경우로서 전환사채 등의 양도일에 양도가액이 시가를 초과함으로써 양도인이 이익을 얻은 경우 그 이익에 상당하는 금액을 그 이익을 얻은 자의 증여재산가액으로 한다(상증법 40 ① 3).

6. 주식 등의 상장 등에 따른 이익의 증여

기업의 내부정보를 이용하여 기업의 실제가치에 따른 주가상승을 예측하여 상장전에 미리 자녀 등 특수관계인에게 비상주식을 증여하고 증여받거나 취득한 후 5년 이내에 상장 후 큰 폭의 시세차익을 얻게 하는 경우 양도하여 차익을 실현하지 않는 다 하더라도 이를 과세하여 변칙적 부의 이전을 방지하는 규정에 해당한다. 증여시점은 해당 주식을 증여받거나 취득한 날이며 상장에 따른 이익이 발생한 날을 정산시점으로 보아 증여세를 과세한다(상증법 41의3).

7. 합병에 따른 상장 등 이익의 증여

최대주주 등의 특수관계인이 증여받은 주식 또는 유상으로 취득한 주식을 그 주식 등을 증여받거나 취득한 날부터 5년 이내에 그 주식 등을 발행한 법인이 특수관계에 있는 주

권상장법인과 합병되어 그 주식 등의 가액이 증가함으로써 그 주식 등을 증여받거나 취득한 자가 당초 증여세 과세가액(증여받은 재산으로 주식 등을 취득한 경우는 제외함) 또는 취득가액을 초과하여 이익을 얻은 경우에는 그 이익에 상당하는 금액을 그 이익을 얻은 자의 증여재산가액으로 한다(상증법 41의5). 다만, 그 이익에 상당하는 금액이 대통령령으로 정하는 기준금액 미만인 경우는 제외한다.

(1) 증여대상

① 최대주주 등으로부터 해당 법인의 주식등을 증여받거나 유상으로 취득한 경우
② 증여받은 재산으로 최대주주 등이 아닌 자로부터 해당 법인의 주식 등을 취득한 경우
③ 증여받은 재산으로 최대주주 등이 주식등을 보유하고 있는 다른 법인의 주식 등을 최대주주 등이 아닌 자로부터 취득함으로써 최대주주등과 그의 특수관계인이 보유한 주식등을 합하여 그 다른 법인의 최대주주 등에 해당하게 되는 경우

(2) 기준금액

Min(①, ②)

① [(증여일(취득일)현재의 1주당 증여세과세가액(취득가액)+1주당 기업가치의 실질적 증가로 인한 이익)× 증여받거나 유상으로 취득한 주식 수]×30%
② 3억원

8. 법인의 조직변경 등에 따른 이익의 증여

(1) 개 념

주식의 포괄적 교환 및 이전, 사업의 양수·양도, 사업 교환 및 법인의 조직 변경 등에 의하여 소유지분이나 그 가액이 변동됨에 따라 이익을 얻은 경우에는 그 이익에 상당하는 금액(소유지분이나 그 가액의 변동 전·후 재산의 평가차액을 말한다)을 그 이익을 얻은 자의 증여재산가액으로 한다(상증법 42의 2 ①). 다만, 그 이익에 상당하는 금액이 대통령령으로 정하는 기준금액 미만인 경우는 제외한다. 특수관계인이 아닌 자 간의 거래인 경우에는 거래의 관행상 정당한 사유가 없는 경우에 한정하여 이익의 증여로 본다.

(2) 기준금액

Min(①, ②)

① 증여이익이 변동 전 해당 재산가액의 100분의 30에 상당하는 가액
② 3억원

9. 자본적 거래에 대한 개별적 예시규정의 요약

구 분	증여자	수증자
(1) 합병에 따른 이익의 증여	주가과소평가법인의 주주	주가과대평가법인의 주주
(2) 증자에 따른 이익의 증여	실권자 또는 고가신주인수자	실권주 배정받은 자 또는 고가신주인수포기자
(3) 감자에 따른 이익의 증여	감자한 주주	대주주
(4) 현물출자에 따른 이익의 증여	현물출자자 또는 기존주주	특수관계 있는 대주주 또는 현물출자자
(5) 전환사채 등 주식전환등에 따른 이익의 증여	전환사채 저가 양도자	전환사채 보유자, 전환자, 양도자
(6) 주식상장등에 따른 이익의 증여	비상장법인의 최대주주	최대주주로부터 주식을 산 자
(7) 합병에 따른 상장 등이익의 증여	합병당사법인의 주식증여자, 유상양도자	피합병비상장법인의 주식소유자
(8) 법인의 조직 변경 등에 따른 이익의 증여	조직변경 등으로 이익을 제공한 자	조직변경 등으로 소유지분이나 가액변동에 따른 이익을 얻은 자

제 6 장 증여추정 및 증여의제

상속증여세법의 규정에 의한 증여추정은 배우자 등에게 양도한 재산과 재산취득자금 등의 증여추정이 있다. 추정의 경우 과세요건에 해당되지 않는다는 것을 납세자가 입증하면 증여로 보지 않는다. 반면에 증여의제의 경우 일정한 요건을 충족하는 경우 반대증거를 허용하지 않고 증여로 본다. 현행 상속증여세법의 규정에 의한 증여의제는 명의신탁재산의 증여의제, 특수관계법인과의 거래를 통한 이익의 증여의제, 특수관계법인으로부터 제공받은 사업기회로 발생한 이익의 증여의제, 특정법인과의 거래를 통한 이익의 증여의제가 있다.

1. 배우자 또는 직계비속에 대한 양도시의 증여추정

(1) 직접양도

배우자 또는 직계존비속에게 양도한 재산은 양도자가 그 재산을 양도한 때에 그 재산의 가액을 배우자등이 증여받은 것으로 추정하여 이를 배우자등의 증여재산가액으로 한다(상증법 44 ①). 그러나 배우자 등에게 대가를 지급하고 양도한 사실이 명백히 인정되는 경우[1]에는 증여로 보지 않는다.

(2) 우회양도

특수관계인에게 양도한 재산을 그 특수관계인(이하 "양수자"라 함)이 양수일부터 3년 이내에 당초 양도자의 배우자등에게 다시 양도한 경우에는 양수자가 그 재산을 양도한 당시의 재산가액을 그 배우자등이 증여받은 것으로 추정하여 이를 배우자등의 증여재산가액으

1) 배우자등에게 대가를 받고 양도한 사실이 명백히 인정되는 경우란 다음 어느 하나를 말한다.
   1. 권리의 이전이나 행사에 등기 또는 등록을 요하는 재산을 서로 교환한 경우
   2. 당해 재산의 취득을 위하여 이미 과세(비과세 또는 감면받은 경우를 포함한다)받았거나 신고한 소득금액 또는 상속 및 수증재산의 가액으로 그 대가를 지급한 사실이 입증되는 경우
   3. 당해 재산의 취득을 위하여 소유재산을 처분한 금액으로 그 대가를 지급한 사실이 입증되는 경우

로 한다. 다만, 당초 양도자 및 양수자가 부담한 「소득세법」에 따른 결정세액을 합친 금액이 양수자가 그 재산을 양도한 당시의 재산가액을 당초 그 배우자등이 증여받은 것으로 추정할 경우의 증여세액보다 큰 경우에는 그러하지 아니하다(상증법 44 ②). 이 규정에 따라 해당 배우자등에게 증여세가 부과된 경우에는 당초 양도자 및 양수자에게 소득세를 부과하지 아니한다.

(3) 증여추정의 배제

배우자등에게 직접 양도하거나 우회양도 되는 자산이 다음 어느 하나에 해당하는 경우 증여추정을 적용하지 않는다(상증법 44 ③).

① 법원의 결정으로 경매절차에 따라 처분된 경우
② 파산선고로 인하여 처분된 경우
③ 국세징수법에 따라 공매된 경우
④ 증권시장을 통하여 유가증권이 처분된 경우. 다만, 불특정 다수인 간의 거래에 의하여 처분된 것으로 볼 수 없는 경우 제외(시간외시장에서 대량매매)
⑤ 배우자등에게 대가를 받고 양도한 사실이 명백히 인정되는 경우

사례연구 6-1 증여추정[2)]

1. 요 약

당해 양도행위가 증여 추정 배제 사유에 해당하는지 여부의 판단에는 그 거래조건이 친족관계 없는 일반적인 거래당사자들 사이에서도 통상적으로 이루어지는 경제적인 합리성을 가지고 있는지가 중요한 판단기준이 될 것인데, 쟁점부동산의 매매계약은 일반적인 거래당사자들 사이에서 통상적으로 이루어지는 거래조건으로 보기 어려운 점, 손자인 청구인에게 쟁점부동산을 증여하기 위해 사전적으로 조세부담을 줄일 수 있는 거래형식을 만들어 거래한 것으로 보이는 점, 쟁점부동산 매매계약상 70개월에 걸쳐 분할 상환하는 조건으로 정한 것은 쟁점부동산에서 발생되는 임대료 등을 감안한 것으로 보여 지는바 이는 증여추정 제외 사유로서 대가를 받고 양도한 사실이 명백히 인정되는 경우에 해당된다고 보기 어려운 점 등으로 보아 처분청이 청구인에게 증여세를 과세한 처분은 잘못이 없는 것으로 판단됨.

2. 사실관계

(1) 청구인과 ○○○간에 2018.2.20. 체결한 쟁점부동산 매매계약서 별지에 대출원금 ○○○백만원, 이자 1.64%, 대출기간 70개월로 하여 1회차부터 3회차까지는 이자 ○○○을, 4회차부터는 원금과 이자를 함께 지불하는 것으로 하여 각 회차당 원금과 이자금액이 총 70회차까지 표시되어 있고, 총 이자지급

---

2) 조심 2019부2374에서 발췌함.

액은 ○○○이며, 청구인 명의 ○○○은행 계좌에서 2018.3.20.부터 위 별지 내용대로 ○○○에게 원금과 이자를 지급한 내역이 나타난다. 또한 위 이자지급 기간 동안 상증법 제41조의4(금전 무상대출 등에 따른 이익의 증여) 규정 적용시 적정이자율은 4.6%이다.

(2) 국세통합전산망에 의하면 쟁점부동산 양도 이후 양도인 ○○○의 양도소득세 신고 및 청구인의 사업자등록 경위 등은 다음과 같다.

(가) ○○○쟁점부동산 양도 이후 2018.3.8. 양도가액을 ○○○억원(상증법상 보충적 평가액)으로 하여 2018년 귀속 양도소득세 ○○○을 예정신고·납부 하였다.

(나) 청구인은 2018.2.20. 쟁점부동산 임대업 영위를 위해 사업자등록을 하여 관련 임대료에 대해 2018년 제1기 및 제2기 부가가치세를 신고·납부하였고, 2018년 3월부터 2019년 1월까지 매월 이자소득에 대한 원천징수의무를 이행하여 현재까지 이자소득 원천징수분 ○○○신고·납부한 사실이 나타난다.

(3) 조사청의 쟁점부동산 양도소득세 세무조사시 조사한 내용은 다음과 같다.

(가) 쟁점부동산 현황에 상가(근린생활시설)로 ○○○위치하고, 도로를 끼고 있으며, 유동인구가 많은 것으로 기재되어 있다.

(나) 양도 당시 ○○○가 전체 상가를 임차하고 있고, 보증금 ○○○억원에 월세 ○○○만원인 사실이 나타난다.

(다) ○○○양도소득세 신고시 상증법 제61조 제5항을 적용하여 평가한 가액 ○○○(보증금)]으로 양도가액을 적용하였고, 실제 매매가액 ○○○백만원은 상증법 제35조의 저가양수에 따른 이익의 증여를 회피할 수 있는 최소한의 금액으로 역산하여 결정된 것으로 조사청은 분석하였다.

(라) 처분청이 제출한 ○○○대한 양도소득세 조사 보충조서와 진술서(문답형)에 의하면 쟁점부동산 거래를 타인과도 할 수 있겠느냐는 조사공무원의 질문에 ○○○타인과도 쟁점부동산의 거래를 동일하게 할 수 있으며, 타인이었으면 근저당 설정을 하였겠지만, 손자의 법정대리인인 ○○○어떠한 부동산 담보보다도 내가 확실히 믿을 수 있는 사람이기 때문에 거래가 가능했다는 취지로 답변한 것으로 되어 있다.

(3) 청구인이 쟁점부동산 거래가 정상적인 매매거래라고 주장하며 제출한 심리자료는 다음과 같다.

(가) ○○○(청구인의 부) 명의 ○○○계좌내역에 따르면 2017.12.26. 청구인(○○○은행) 계좌로 ○○○백만원을 지급하였고, 국세통합전산망에 의하면 청구인이 2018.1.19. 해당 금액에 대해 증여세 신고를 하였으며, 청구인 명의 ○○○은행 계좌에서 2018.2.20. ○○○에게 ○○○백만원을 지급한 사실이 나타난다.

(나) 쟁점부동산 임대와 관련하여 임대인 ○○○와 임차인 ○○○간에 2013.5.22. 작성된 임대차 계약서에는 보증금 ○○○억원, 월세 ○○○백만원으로 하여 2013.8.20.부터 2015.8.19.까지 임대하는 것으로 기재되어 있다.

3. 쟁 점

청구인과 조부 간의 쟁점부동산 매매거래에 대해 상증법 제44조 배우자 등에게 양도한 재산의 증여 추정 규정을 적용하여 증여세를 과세한 처분이 정당한가?

4. 판 단

청구인은 청구인이 쟁점부동산 매매대가를 지급하고 양수한 사실이 명백히 인정되는 경우로서 상증법

제44조 증여 추정 배제요건에 해당되므로 이 건 증여세 부과처분은 부당하다고 주장하나,
상증법 제44조에서 배우자 등에게 양도한 재산의 증여 추정 규정을 둔 취지는 양도를 가장한 근친 사이의 증여 은폐행위를 방지하고자 함에 있고, 긴밀한 친족관계에 있는 당사자 사이에서는 조세부담의 회피라는 공통된 이해관계 하에 외형적인 거래조건을 얼마든지 임의로 만들어 낼 수가 있으므로, 당해 양도행위가 증여 추정 배제 사유에 해당하는지 여부의 판단에는 그 거래조건이 친족관계 없는 일반적인 거래당사자들 사이에서도 통상적으로 이루어지는 경제적인 합리성을 가지고 있는지가 중요한 판단기준이 될 것인데, 조사청의 현지확인 조사 내용을 보면 쟁점부동산의 지리적 특성상 주변 유동인구가 많아 상권이 형성되어 있고, 임대차계약이 체결되어 있어 안정적으로 예측가능한 임대수입이 보장되어 있는 상태에서 ○○○는 청구인에게 양도대금 중 ○○○백만원에 대해서는 70개월 동안 분할하여 변제받기로 하는 내용으로 쟁점부동산을 양도한 결과 청구인은 쟁점부동산 임대차계약에 따른 월임대료로 차입금 원리금을 상환할 수 있게 되어 추가적인 자금부담 없이 쟁점부동산을 취득하게 되었는바, 쟁점부동산 매매계약은 일반적인 거래당사자들 사이에서 통상적으로 이루어지는 거래조건으로 보기 어려운 점, 청구인이 부친으로부터 증여받은 자금과 금전소비대차에 따른 차입금으로 쟁점부동산을 양도하면서 그 매매가액은 청구인이 상증법 제35조 규정에 따라 증여세를 부담하지 않게 되는 거래가액보다 불과 ○○○높은 금액으로 결정하는 등 위와 같은 일련의 거래의 실질은 ○○○손자인 청구인에게 쟁점부동산을 증여하기 위한 것으로 그 거래목적을 이루기 위한 과정에서 ○○○등은 사전적으로 조세부담을 줄일 수 있는 거래형식(매매가액, 금전소비대차계약 등)을 임의로 만들어 거래한 것으로 보이는 점, 쟁점부동산 매매계약상 70개월에 걸쳐 분할상환하는 조건으로 정한 것은 쟁점부동산에서 발생되는 임대료 등을 감안한 것으로 보여지는바, 이는 상증법 제44조 제3항 제5호에서 규정하고 있는 증여추정 제외 사유로서 대가를 받고 양도한 사실이 명백히 인정되는 경우에 해당된다고 보기 어려운 점, 상증법 제44조 적용시 이 건 쟁점부동산 매매대가 중 청구인이 임차보증금 승계 및 현금지급액 상당액은 그 대가지급 사실이 명백하므로 이에 상당하는 금액은 증여추정 적용을 배제하되, 나머지에 대해서만 증여추정 규정에 따라 증여세를 과세하는 것이 합리적인 것으로 보이는 점 등에 비추어 처분청이 청구인에게 증여세를 과세한 처분은 달리 잘못이 없는 것으로 판단된다.

2. 재산취득자금의 증여추정

(1) 내 용

직업, 연령, 소득 및 재산상태 등으로 보아 재산을 자력으로 취득하였다고 인정하기 어려운 경우로서 자금출처로 입증된 금액의 합계액이 취득재산가액에 미달하는 경우에는 당해 재산을 취득한 때에 당해 재산의 취득자금을 그 재산의 취득자가 증여받은 것으로 추정하여 이를 그 재산취득자의 증여재산가액으로 한다(상증법 45 ①). 마찬가지로 채무자의 직업, 연령, 소득, 재산 상태 등으로 볼 때 채무를 자력으로 상환(일부 상환을 포함)하였다고 인정하기 어려운 경우로서 자금출처로 입증된 금액의 합계액이 채무의 상환금액에 미달하는

경우에는 그 채무를 상환한 때에 그 상환자금을 그 채무자가 증여받은 것으로 추정하여 이를 그 채무자의 증여재산가액으로 한다. 「금융실명거래 및 비밀보장에 관한 법률」에 따라 실명이 확인된 계좌 또는 외국의 관계 법령에 따라 이와 유사한 방법으로 실명이 확인된 계좌에 보유하고 있는 재산은 명의자가 그 재산을 취득한 것으로 추정한다(상증법 45④).

자금출처가 소명되지 아니한 금액이 재산취득자금 및 채무상환액의 20%와 2억원 중 적은 금액이 미달하는 경우에는 자금출처에 대한 소명이 있는 것으로 보아 증여로 추정하지 않는다(상증령 34 ①).

(2) 자금출처의 입증

재산취득 또는 채무상환 자금의 출처가 입증된 금액은 다음에 의하여 입증된 금액의 합계액을 말한다(상증령 35 ①).

① 신고하였거나 과세(비과세 또는 감면받은 경우를 포함)받은 소득금액

② 신고하였거나 과세 받은 상속 또는 수증재산의 가액

③ 재산을 처분한 대가로 받은 금전이나 부채를 부담하고 받은 금전으로 해당 재산의 취득 또는 해당 채무의 상환에 직접 사용한 금액

(3) 증여추정액 및 증여추정의 배제

재산취득가액 또는 채무상환가액 중 자금출처가 입증되지 않은 금액을 증여재산가액으로 한다. 다만 다음의 경우 증여추정이 배제된다.

① 취득자금 또는 상환자금의 출처에 관한 충분한 소명이 있는 경우: 출처가 입증되지 아니하는 금액이 취득재산의 가액 또는 채무의 상환금액의 20%에 상당하는 금액과 2억원 중 적은 금액에 미달하는 경우

② 해당 재산취득일 전 또는 채무상환일 전 10년 이내에 해당 재산취득자금 또는 해당 채무상환자금의 합계액이 5,000만원 이상으로서 연령·세대주·직업·재산상태·사회 경제적 지위 등을 참작하여 국세청장이 정하는 금액 이하인 경우

(4) 자금출처조사대상 선정기준

아래는 자금출처 조사대상의 기준[3]이다.

3) 재산제세사무처리규정 및 국세청훈령.

구 분		취득재산		채무상환	총액한도
		주 택	기타재산		
세대주인 경우	30세 이상 자	2억원	5,000만원	5,000만원	2억 5,000만원
	40세 이상 자	4억원	1억원	5,000만원	5억원
세대주가 아닌 경우	30세 이상 자	1억원	5,000만원	5,000만원	1억 5,000만원
	40세 이상 자	2억원	1억원	5,000만원	3억원
30세미만자		5,000만원	3,000만원	3,000만원	8,000만원

사례연구 6-2 증여추정[4)]

1. 요 약

부동산의 보증금 중 ◎◎◎백만원에 대하여 청구인이 보증금 명목으로 지급하였다는 금융흐름 등 객관적인 입증자료를 제시하지 못하고 있는 점 등에 비추어 이를 청구인이 증여받은 것으로 보이고, 취득자금 중 증여재산가액으로 본 ◇◇◇백만원의 대부분인 ◆◆◆백만원을 청구인도 증여받은 것으로 인정하고 있는 점, 나머지 □□백만원은 처분청이 처분청이 청구인의 모 ★★★가 단기전세계약시 계좌출금하여 청구인을 위하여 매도인에게 지급한 것으로 보아 이를 증여재산가액으로 본 반면, 청구인은 이에 대한 출처를 명확히 제시하지 못하고 있는 점 등에 비추어,부동산 취득자금 중 ◇◇◇백만원 역시 청구인이 증여받은 것으로 보는 것이 타당함.

2. 사실관계

(1) 청구인의 쟁점①·②부동산에 대한 임대차계약, 쟁점③부동산에 대한 매매계약 및 전입 경위 등은 아래와 같다.

(가) 청구인 김 00과 청구인의 형 ○○○(임대인)가 2013.10.14. 체결한 쟁점①부동산의 임대차계약서에 의하면, 보증금 ○○○원(보증금은 2013.10.14. 지불), 임대차기간 2013.10.14.부터 24개월, 대리인 청구인의 모 ○○○로 기재되어 있으며, 2013.11.2. ○○○으로부터 확정일자○○○를 받은 것으로 나타난다.

(나) 청구인(임차인)과 ○○○(임대인)가 2014.9.20. 체결한 쟁점②부동산의 임대차계약서에 의하면, 보증금 ○○○원(계약금 ○○○원 계약시, 잔금 ○○○원 2014.11.20. 지불), 계약기간 2014. 11. 20.~2016. 11. 19., 특약사항으로 '계약금 중 ○○○원은 계약시 지불하고, 나머지 ○○○원은 2014. 9. 24.까지 ○○○부동산(○○○) 계좌로 이체한다'는 내용이 기재되어 있다.

(다) 청구인(매수인)과 ○○○(매도인)가 2016. 4. 18. 체결한 쟁점③부동산의 매매계약서에 의하면, 매매대금 ○○○원(계약금 ○○○원은 계약 시, 중도금 ○○○원은 2016. 6. 30., 잔금 ○○○원은 2016. 7. 15. 지불)이 기재되어 있다.

4) 조심 2019서0184(2019.08.02.)에서 발췌함.

(라) 주민등록초본에 의하면 청구인은 2013. 10. 14. 쟁점①부동산에 전입하였다가, 2014. 11. 19. 쟁점②부동산에 전입하였으며, 2016. 12. 14. 쟁점③부동산에 전입하여 심리일 현재 변동이 없는 것으로 확인된다.

(2) 처분청의 청구인에 대한 부동산투기조사 종결보고서 등에서 확인된 쟁점부동산의 자금출처조사내용은 아래와 같다.

(가) 쟁점①부동산과 관련하여, 청구인은 2013. 11. 6. ○○○원의 직장대출을 받았고, 2013. 11. 7. 및 2013. 11. 22. 부 ○○○에게 각 ○○○원 및 ○○○원(총 ○○○원)을 송금(총 ○○○원)한 내역, 청구인의 부 ○○○이 2013. 6. 19.~2013. 8. 5. 세 차례에 걸쳐 ○○○원을 출금한 내역, 그 중 ○○○원이 청구인의 형(兄) ○○○에게 입금한 내역, 쟁점①부동산의 전세입자 ○○○이 2013. 8. 16. 퇴거한 내용 등이 확인된다.

(나) 쟁점②부동산과 관련하여,

1) 청구인이 2014.9.20. 공인중개사 ○○○에게 계약금의 일부인 ○○○원을 송금한 내역만 나타나고, 나머지 잔금 ○○○원의 지급과 관련한 금융거래내역은 확인되지 않는다.

2) 공인중개사 ○○○가 작성한 부동산 거래사실확인서에는 '위 임대차계약의 대금정산방법은 수표처리하였고, 보증금 일부 ○○○원을 청구인의 배우자 ○○○으로부터 입금받았다'는 취지의 내용이 기재되어 있으나, 배우자 ○○○의 금융거래내역에서 해당 시기에 출금된 내역은 없는 것으로 확인된다.

3) 쟁점①부동산의 새로운 전입자 ○○○(공동세입자 배우자 ○○○)은 전세보증금을 청구인의 모 ○○○에게 수표로 전달하였다고 처분청에 유선상 진술한 것으로 확인된다.

4) 조사청은 이에 쟁점②부동산의 보증금○○○ 중 청구인이 직접 중개사에게 송금한 ○○○원과 청구인이 쟁점①부동산 임대차계약 당시 부 ○○○에게 송금(2013. 11. 7. 및 2013. 11. 22.)한 직장대출금 ○○○원만을 쟁점②부동산의 자금원천으로 인정하고 ○○○원은 청구인의 부모로부터 증여받은 것으로 보았다.

(다) 쟁점③부동산과 관련하여,

1) 계약금 ○○○원은 청구인의 모 ○○○ 명의 ○○○은행 계좌에서 인출되어 지급, 중도금 ○○○원은 청구인의 부 ○○○ 명의 ○○○증권 계좌에서 ○○○원이 인출되어 지급된 것으로 확인되고, 잔금○○○원은 청구인이 양도자 ○○○ 외 1인과 보증금 ○○○원에 단기 전세계약(2016. 7. 15.~2016. 11. 3.)을 체결함에 따라 차액 ○○○원만 지급의무가 발생하였으나 지급경위는 확인되지 않으며, 계약일인 2016. 7. 15. 모 ○○○ 명의 ○○○은행 계좌에서 ○○○원이 인출된 것으로 확인된다.

2) 위 단기 전세계약 종료일인 2016. 11. 2. 전세보증금 ○○○원 중 ○○○원은 부 ○○○ 명의 ○○○은행 계좌에서 인출되어 ○○○에게 지급, 청구인이 반환받은(2016.10.14.) 쟁점②부동산의 전세보증금 ○○○원(계약금)과 청구인의 부동산 담보대출금 ○○○원 합계 ○○○원이 2016. 11. 3. 청구인 명의 ○○○은행 계좌에서 수표인출되어 ○○○에게 지급된 것으로 확인되고, 그 후 청구인은 2016. 12. 13. 쟁점③부동산에 입주하면서 쟁점②부동산 전세보증금 중○○○원(잔금)을 회수한 후 2016. 12. 14. 부 ○○○에게 ○○○원을 송금한 것으로 확인된다.

3) 조사청은 쟁점③부동산 취득자금 ○○○원(취득세 포함)에서 청구인이 반환받은 쟁점②부동산의 계

약금 ○○○원, 담보대출금 ○○○원 및 반환받은 쟁점②부동산의 잔금 ○○○원 중 부 ○○○에게 송금한 ○○○원 합계 ○○○원을 제외한 ○○○원을 증여받은 것으로 보았다.

(3) 청구인은 위 조사청의 조사내용 외에 쟁점②부동산○○○과 쟁점③부동산○○○의 쟁점금액○○○에 대한 자금출처와 관련하여 객관적인 증빙을 제시하지 아니한 채, 쟁점①부동산의 보증금 자금 원천에 대한 내역을 제시하였는바, 이에 대한 청구주장과 처분청 의견을 요약한 내역은 아래와 같다.

(4) 한편, 당초 쟁점①부동산에 대한 확정일자를 청구인의 모 ○○○ 명의로 받은 사항에 대하여, ○○○가 확정일자 이의신청을 제기하자, ○○○은 '2014. 11. 4.분 확정일자에 대하여 임차인이 ○○○로 오기된 사항을 ○○○(청구인)로 부동산 거래 관리시스템에 정정처리함'이라고 ○○○에게 회신(2019. 2. 28.)한 것으로 확인된다.

3. 쟁 점

청구인이 쟁점②부동산 및 쟁점③부동산 취득자금 중 자금출처로 제시한 자료가 부모로부터 증여받은 것으로 보아 청구인에게 증여세를 과세할 수 있는지가 쟁점이다.

4. 판 단

(가) 상증법 제45조 및 같은 법 시행령 제34조에서 재산 취득자의 직업, 연령, 소득 및 재산 상태 등으로 볼 때 재산을 자력으로 취득하였다고 인정하기 어려운 경우로서 신고하였거나 과세받은 소득금액, 신고하였거나 과세받은 상속 또는 수증재산의 가액 등 입증된 금액의 합계액이 취득재산의 가액에 미달하는 경우에는 그 재산을 취득한 때에 그 재산의 취득자금을 그 재산 취득자가 증여받은 것으로 추정하여 이를 그 재산 취득자의 증여재산가액으로 하고, 취득자금의 출처에 관한 충분한 소명(疏明)이 있는 경우에는 이를 적용하지 아니하도록 규정하고 있다.

(나) 쟁점②부동산의 경우, 청구인은 쟁점②부동산의 임대차계약에 따른 보증금의 주된 자금원천을 반환받은 쟁점①부동산의 보증금이라 주장하나, 쟁점②부동산의 보증금 ○○○원 중 청구인이 직접 중개사에게 송금한 ○○○원과 쟁점①부동산 취득 당시 대출받은 ○○○원 외의 나머지 금액○○○에 대하여 청구인이 보증금 명목으로 지급하였다는 금융흐름 등 객관적인 입증자료를 제시하지 못하고 있는 점, 청구주장과 같이 쟁점①부동산의 임대차계약자를 청구인으로 본다 하더라도 보증금 반환과 관련하여 쟁점①부동산의 새로운 전입자 ○○○이 보증금을 청구인의 모 ○○○에게 수표로 전달하였다고만 진술할 뿐 청구인이 쟁점①부동산의 보증금을 반환받아 이를 쟁점②부동산의 보증금 지급에 사용하였다고 볼만한 정황이 나타나지 않으므로 쟁점①부동산의 전세보증금을 청구인의 자금으로 인정하기 어려운 점 등에 비추어 쟁점①부동산의 자금원천 입증여부와는 별론으로 쟁점②부동산 보증금 중 ○○○원은 청구인이 증여받은 것으로 보인다.

(다) 쟁점③부동산의 경우, 취득자금 중 증여재산가액으로 본○○○원의 대부분인 ○○○원을 청구인도 증여받은 것으로 인정하고 있는 점, 나머지 ○○○원은 처분청이 청구인의 모 ○○○가 단기전세계약시 계좌출금○○○하여 청구인을 위하여 매도인에게 지급한 것으로 보아 이를 증여재산가액으로 본 반면, 청구인은 이에 대한 출처를 명확히 제시하지 못하고 있는 점 등에 비추어 쟁점③부동산 취득자금 중 ○○○원 역시 청구인이 증여받은 것으로 보는 것이 타당하다 할 것이다.

3. 명의신탁재산의 증여의제

(1) 개 요

실제소유자와 명의자가 다른 경우 그 명의자로 등기를 한날에 그 재산의 가액을 그 명의자가 실제소유자로부터 증여받은 것으로 본다. 권리의 이전이나 그 행사에 등기 등이 필요한 재산(토지와 건물제외)의 실제소유자와 명의자가 다른 경우에는 그 명의자로 등기 등을 한 날(그 재산이 명의개서를 하여야 하는 재산인 경우에는 소유권취득일이 속하는 해의 다음 해 말일의 다음 날을 말한다)에 그 재산의 가액을 명의자가 실제소유자로부터 증여받은 것으로 본다. 다만, 다음 하나에 해당하는 경우에는 그러하지 아니하다(상증법 45의 2 ①).

① 조세 회피의 목적 없이 타인의 명의로 재산의 등기 등을 하거나 소유권을 취득한 실제 소유자 명의로 명의개서를 하지 아니한 경우

② 신탁재산인 사실의 등기 등을 한 경우(2015. 12. 15. 신설)

③ 비거주자가 법정대리인 또는 재산관리인의 명의로 등기등을 한 경우

(2) 조세회피의 목적

타인의 명의로 재산의 등기 등을 한 경우 및 실제소유자 명의로 명의개서를 하지 아니한 경우에는 조세 회피 목적이 있는 것으로 추정한다. 다만, 실제소유자 명의로 명의개서를 하지 아니한 경우로서 다음 각 호의 어느 하나에 해당하는 경우에는 조세 회피 목적이 있는 것으로 추정하지 아니한다(상증법 45의 2 ③).

① 매매로 소유권을 취득한 경우로서 종전 소유자가 「소득세법」에 따른 양도소득 과세표준신고 또는 「증권거래세법」에 따른 신고와 함께 소유권 변경 내용을 신고하는 경우

② 상속으로 소유권을 취득한 경우로서 상속인이 상속세 신고와 함께 해당 재산을 상속세 과세가액에 포함하여 신고한 경우. 다만, 상속세 과세표준과 세액을 결정 또는 경정할 것을 미리 알고 수정신고하거나 기한 후 신고를 하는 경우는 제외한다.

사례연구 6-3 명의신탁 증여의제 규정을 적용하여 증여세를 부과한 처분의 당부[5)]

1. 요 약

명의도용사실에 대한 입증책임이 있는 청구인이 제시한 증빙만으로는 쟁점주식이 청구인의 의사와 관계없이 ◎◎◎의 일방적인 행위로 이루어졌음을 인정할만한 객관적인 사실이 확인되지 않는 점 등에 비추어 처분청이 쟁점주식을 명의신탁재산으로 보아 증여의제하여 이 건 증여세를 부과한 처분은 달리 잘못이 없다고 판단됨.

2. 사실관계

(가) 청구인은 2008. 5. 30. 설립되어 ○○○에서 선박기자재 제조업 등을 영위하는 쟁점법인에 2008. 6. 1. 입사하여 2011. 11. 11. 퇴직하였다.

(나) 청구인은 2008. 11. 10. ○○○으로부터 쟁점법인 발행주식 ○○○주를 취득하였고 2010. 2. 3. 유상증자시 ○○○주의 신주를 취득하였다

(다) 조사청은 2018. 3. 20. 세무조사를 실시하여 ○○○이 조세를 회피할 목적(과점주주 회피, 자녀에게 주식 증여시 증여세 절감)으로 쟁점주식을 청구인에게 명의신탁한 것으로 보아 처분청에 과세자료를 통보하였고, 처분청은 이에 따라 조세회피목적의 주식 명의신탁 의제규정에 따라 청구인에게 이 건 증여세를 부과하였다.

(라) 조사청 세무조사 당시 ○○○이 서명날인한 문답서 등을 보면, ○○○의 쟁점주식 명의신탁 요청에 따라 직원인 청구인은 이를 거절할 수 없어 명의수탁을 하였다고 기재되어 있고, ○○○은 본인이 지급한 유상증자대금 ○○○원을 청구인 자금으로 납입한 것으로 가장하기 위해 2010. 2. 1. ○○○의 ○○○은행계좌에서 청구인의 ○○○은행계좌로 ○○○원을 이체하였다가 2010. 2. 2. 청구인의 다른 ○○○은행계좌로 같은 금액을 이체한 후, 쟁점법인의 ○○○은행계좌로 입금하는 방식으로 금융거래를 한 것으로 확인된다.

(마) 청구인은 쟁점주식은 쟁점법인의 대표이사 ○○○이 청구인 명의를 도용하여 취득한 것이라는 주장과 관련하여 아래와 같은 증빙을 제시하였다.

1) 청구인이 조사공무원과 작성한 문답서(2018. 4. 24.)에 의하면, 청구인은 쟁점주식의 취득·양도에 관하여 몰랐고, 인감 등의 서류를 건네주었으나 이를 주식의 양수도에 사용한 사실을 알지 못하였으며, 유상증자와 관련 ○○○원의 입출금에 대하여 기억나지 않는다고 나타난다.

2) ○○○ 등이 청구인은 쟁점주식취득에 관련이 없다는 확인서를 제출하였다.

3. 쟁 점

주식에 대한 명의신탁이 조세회피의 목적이 있었는지 여부 등

4. 판 단

청구인은 명의도용으로 인하여 쟁점주식을 취득하였으므로 명의신탁 증여의제 규정을 적용하여 증여세

5) 조심 2019부3060 (2019.11.13.)에서 발췌함.

를 부과한 이 건 처분은 부당하다고 주장하나, 확인서가 납세자의 의사에 반하여 강제로 작성되었거나 혹은 그 내용의 미비 등으로 인하여 구체적인 사실에 대한 입증자료로 삼기 어렵다는 사정이 없는 이상 확인서의 내용을 쉽게 부인할 수 없다고 할 것인바(대법원 2010. 10. 14. 선고 2010두13838 판결 등), ○○○이 조사청 세무조사 당시 직접 서명날인한 확인서와 문답서를 보면 쟁점주식을 명의신탁하게 된 이유는 ○○○의 요청으로 과점주주 지위를 회피하고 추후 자녀들과 관련된 증여세를 탈루하기 위한 것으로 나타나는 점, 유상증자대금과 관련하여 청구인은 자신의 자금으로 납입한 것과 같은 외관을 작출하기 위하여 스스로 금융거래를 반복한 것으로 확인되는 점, 명의도용사실에 대한 입증책임이 있는 청구인이 제시한 증빙만으로는 쟁점주식의 취득이 청구인의 의사와 관계없이 ○○○의 일방적인 행위로 이루어졌음을 인정할만한 객관적인 사실이 확인되지 않는 점 등에 비추어 처분청이 쟁점주식을 명의신탁재산으로 보아 증여의제하여 이 건 증여세를 부과한 처분은 달리 잘못이 없다고 판단된다.

4. 특수관계법인과의 거래를 통한 이익의 증여의제

기업회계기준에 의한 매출액 중 특수관계법인에 매출액 비율이 일정비율을 초과하는 등의 요건에 해당하는 경우에는 그 법인의 지배주주와 그 지배주주의 친족이 이익을 증여받은 것으로 본다(상증법 45의3). 특수관계인간의 거래에서 시가범위내의 가액으로 거래하는 경우 부당행위부인규정을 적용하기 어렵다. 현행 법인세법과 소득세법의 규정으로는 특수관계인간 일감을 몰아줌으로써 일감을 받은 수혜법인의 기업가치증가 및 지배주주와 그 친족의 주식가치 상승에 대하여 과세할 수 있는 방법이 없다. 특정 기업에 대하여 기업집단 내 계열사들이 일감몰아주기를 통해 편법으로 재산을 증여하는 것을 방지하기 위해 만들어진 규정이라 할 수 있다.

(1) 증여의제이익

수혜법인의 지배주주와 그 지배주주의 친족인 증여받은 금액은 다음과 같이 계산한다(상증법 45의3 ①).

가. 수혜법인이 중소기업에 해당하는 경우

증여의제이익＝수혜법인의 세후영업이익×정상거래비율을 초과하는 특수관계법인거래비율×(주식보유비율－한계보유비율)

나. 수혜법인이 중견기업에 해당하는 경우

증여의제이익＝수혜법인의 세후영업이익×정상거래비율의 100분의 50을 초과하는 특수관계법인거래비율×한계보유비율의 100분의 50을 초과하는 주식보유비율

다. 수혜법인이 중소기업 및 중견기업에 해당하지 아니하는 경우
증여의제이익=수혜법인의 세후영업이익×100분의 5를 초과하는 특수관계법인거래비율×주식보유비율

(2) 과세요건

특수관계법인과의 거래를 통한 이익의 증여의제 규정을 적용하기 위해서는 다음의 요건을 갖추어야 한다.

① 거래비율

가. 법인이 중소기업 또는 중견기업에 해당하는 경우
법인의 사업연도 매출액 중에서 그 법인의 지배주주와 특수관계에 있는 법인에 대한 매출액이 차지하는 비율(특수관계법인거래비율)이 정상거래비율을 초과하는 경우
정상거래비율은 일반기업 30%, 중견기업 40%, 중소기업 50%이다(상증령 34의2 ⑤).

나. 일반기업에 해당하는 경우[6]
ㄱ) 특수관계법인거래비율이 정상거래비율을 초과하는 경우
ㄴ) 특수관계법인거래비율이 정상거래비율의 3분의 2를 초과하는 경우로서 특수관계법인에 대한 매출액이 1천억을 초과하는 경우

② 한계보유비율을 초과하는 주주

수혜법인의 발행주식총수 또는 출자총액에 대하여 직접 또는 간접으로 보유하는 주식보유비율이 일반기업 3%, 중소·중견기업 10%를 초과할 것

한계보유비율은 일반기업 3%, 중소·중견기업 10%을 말한다(상증령 34의2 ⑦).

5. 특수관계법인으로부터 제공받은 사업기회로 발생한 이익의 증여의제

지배주주 등[7]이 직접 또는 간접으로 보유하는 주식보유비율이 100분의 30 이상인 법인(수혜법인)이 지배주주와 특수관계에 있는 법인(중소기업과 수혜법인의 주식보유비율이 100분의 50 이상인 법인은 제외)으로부터 사업기회를 제공받는 경우에는 그 사업기회를 제공받은 날이 속하는 사업연도(개시사업연도)의 종료일에 그 수혜법인의 지배주주 등이 다음 계산식에 따라 계산한 금액을 증여받은 것으로 본다(상증법 45의4 ①).

---

6) 법인이 중소기업 및 중견기업에 해당하지 아니하는 경우.
7) 지배주주와 그 친족을 말한다.

증여의제이익=

$$\left\{\left(\text{제공받은 사업기회로 인하여 발생한 개시사업연도의 수혜법인의 이익} \times \text{지배주주등의 주식보유비율}\right) - \text{개시사업연도분의 법인세 납부세액 중 상당액}\right\} \times \frac{12}{\text{개시사업연도의 월 수}} \times 3$$

6. 특정법인과의 거래를 통한 이익의 증여의제

지배주주 등이 직접 또는 간접으로 보유하는 주식보유비율이 100분의 30 이상인 법인(특정법인이라 함)이 지배주주의 특수관계인과 다음 각 호에 따른 거래를 하는 경우에는 거래한 날을 증여일로 하여 그 특정법인의 이익에 특정법인의 지배주주 등의 주식보유비율을 곱하여 계산한 금액을 그 특정법인의 지배주주 등이 증여받은 것으로 본다.

① 재산 또는 용역을 무상으로 제공받는 것

② 재산 또는 용역을 통상적인 거래 관행에 비추어 볼 때 현저히 낮은 대가로 양도·제공받는 것

③ 재산 또는 용역을 통상적인 거래 관행에 비추어 볼 때 현저히 높은 대가로 양도·제공하는 것

④ 해당 법인의 채무를 면제·인수 또는 변제하는 것. 다만, 해당 법인이 해산(합병 또는 분할에 의한 해산은 제외한다) 중인 경우로서 주주등에게 분배할 잔여재산이 없는 경우는 제외

⑤ 시가보다 낮은 가액으로 해당 법인에 현물출자하는 것

연습문제

01 상속세 및 증여세법상 수증자가 증여세를 납부할 능력이 없다고 인정되는 때 증여세의 일부 또는 전부를 면제해 주는 경우에 해당하지 않는 것은? 2012 9급 세무직

① 보험금의 증여
② 저가·고가양도에 따른 이익의 증여
③ 채무면제에 따른 증여
④ 부동산 무상사용에 따른 이익의 증여

02 다음 중 증여세 납세의무가 있는 자는?

① 특수관계자에게 시가보다 높은 가액으로 재산을 양수한 경우
② 특수관계자에게 시가보다 낮은 가액으로 재산을 양도한 경우
③ 특수관계자에게 자에게 시가보다 낮은 가액으로 재산을 양수한 경우
④ 특수관계자에게 무상으로 부동산을 제공한 경우

03 상속세 및 증여세법상 증여세 과세에 관한 설명이다. 옳은 것은? 2014 CPA 1차 수정

① 조세회피목적 없이 타인의 명의로 재산의 등기를 하는 경우 조세포탈범으로 처벌되지는 아니하나 명의자가 실제소유자로부터 그 재산의 가액을 증여받은 것으로 본다.
② 법인이 자본을 감소시키기 위하여 주식을 소각할 때 주주 갑의 주식을 소각함으로써 다른 주주 을이 이익을 얻은 경우에는 을이 갑의 특수관계인에 해당하지 않더라도 그 이익에 상당하는 금액을 주주 을의 증여재산가액으로 한다.
③ 특수관계인에게 양도한 재산을 그 특수관계인이 양수일부터 3년 이내에 당초 양도자의 배우자에게 다시 양도한 경우에는 그 특수관계인이 그 재산을 양수한 당시의 재산가액을 배우자가 증여받은 것으로 추정하여 이를 배우자의 증여재산가액으로 한다.
④ 직업, 연령, 소득 및 재산상태 등으로 볼 때 재산을 자력으로 취득하였다고 인정하기 어려운 경우에는 그 재산을 취득한 때에 그 재산의 취득자금을 그 재산의 취득자가 증여받은 것으로 의제한다.
⑤ 명의신탁재산의 증여의제규정에 따라 재산을 증여한 것으로 보는 경우(명의자가

영리법인인 경우 포함) 실제소유자가 해당 재산에 대하여 그 증여세를 납부할 의무가 있다.

정답 01 ① 02 ③ 03 ⑤

<절세전략> 부동산취득과 관련한 자금출처조사의 대비

부동산을 비롯한 재산을 취득하거나 부채를 상환했을 때 그 자금을 어떻게 마련했는지 조사하는 것을 자금출처조사라 한다. 이러한 조사는 자금의 출처가 불확실하여 본인의 힘으로 마련한 것으로 보기 어려운 경우에 증여세를 추징하기 위한 세무당국의 절차이다. 만약 소득이 없는 대학생이 주택을 취득하였거나 전업주부가 상가를 분양받는 다면 세무서에서는 그 자금을 어디에서 마련하였는지 물어볼 것이다. 이때 본인의 소득 또는 재산으로 취득자금을 마련하였다는 것을 입증하지 못한다면 증여세를 추징하게 된다. 취득자금 전체금액이 본인의 소득 또는 재산으로 마련되었는지 입증하기를 요구하지는 않는다. 취득자금이 10억원 미만인 경우 80% 이상 확인되면 된다. 취득자금이 10억 이상인 경우 소명되지 않은 자금이 2억원 미만이면 취득자금 전체를 소명한 것으로 본다. 확인되지 않는 자금이 20% 이상이거나 2억원 이상이면 취득자금에서 소명된 금액을 뺀 나머지를 증여받은 것으로 보아 증여세를 추징하게 된다. 세무서에서는 취득한 사람의 당해 연도 소득과 과거의 소득현황 등을 종합적으로 분석하여 조사 대상자를 선정한다. 모든 부동산의 취득에 대해 자금출처조사를 하는 것은 아니며 10년 이내의 재산취득가액 또는 채무상환금액의 합계액이 일정 기준금액미만이라면 하지 않는다.

자금출처조사 기준은 아래와 같다.

구 분		취득재산		채무상환	총액한도
		주 택	기타자산		
세대주인 경우	30세 이상인 자	2억원	5천만원	5천만원	2억5천만원
	40세 이상인 자	4억원	1억원		5억원
세대주가 아닌 경우	30세 이상인 자	1억원	5천만원	5천만원	1억5천만원
	40세 이상인 자	2억원	1억원		3억원
30세 미만인 자		5천만원	3천만원	3천만원	8천만원

자금출처조사에서 제외하는 기준금액이내라 하더라도 증여사실이 확인되면 증여세가 과세된다. 자금출처조사 대상자에 선정되었다면 본인의 소득금액이나 보유자금임을 확인할 수 있는 증빙서류를 제출해야 한다. 근로소득자 퇴직소득자 이자소득자는 원천징수영수증을, 사업소득자는 소득금액증명원을 제출하면 된다. 근로소득은 총급여액에서 소득세를 차

감한 금액이 자금출처로 인정되는 금액이다. 사업자의 경우 총수입금액에서 필요경비를 차감한 사업소득금액에서 소득세 상당액을 차감한 금액이 인정된다. 취득부동산에 입주한 임대인이 있을 경우 전세계약서도 자금출처를 입증하는 증빙서류가 된다. 임대보증금 또는 전세금 전체가 자금출처로 인정되는 금액이다. 은행에서 대출받은 자금이 있을 경우 부채증명원이 증빙서류가 되며 차입금액이 자금출처로 인정된다. 그러나 은행이 아닌 개인에게 대출받은 경우 차용증이나 계약서등으로 대출사실을 인정받기 어려우므로 예금통장사본, 무통장 입금증 등 객관적인 금융거래자료를 마련하는 것이 좋다. 상속이나 증여받은 재산이 있었다면 그 재산도 자금의 출처가 된다. 본인소유재산의 처분은 매매계약서가 증빙서류가 된다. 이 경우 인정되는 출처의 범위는 그 처분가액에서 양도소득세등 공과금 상당액을 차감한 금액이다.

본인의 소득으로 자금출처를 입증한 후 부족한 출처에 대해서 대출이나 전세금을 사용했다는 것을 입증하면 될 것이다. 대출의 경우 상환과 지급이자에 대한 자금출처를 또 밝혀야 하므로 전세금을 최대한 받아 자금출처에 대비하는 경우가 많다.

제 7 장 증여세의 신고 및 납부

제 1 절 개 요

1. 증여세의 신고

증여를 받은 사람은 증여일이 속하는 달의 말일로부터 3개월 안에 증여 받은 자의 주소지 관할세무서에 증여세를 신고·납부하여야 하며, 이 기간 내에 신고를 하면 내야 할 세금의 3%를 공제한다.

2. 증여세의 자진납부

증여세를 신고하는 자는 신고기한까지 산출세액에서 다음 금액을 뺀 금액을 납세지 관할 세무서, 한국은행 또는 우체국에 납부하여야 한다.

	증여세 산출세액
−	징수유예세액
−	공제 또는 감면되는 세액
−	신고세액공제
−	연부연납
=	자진납부할 세액

증여세의 경우에도 분납 및 연부연납이 가능하다.

(1) 분 납

납부할 세액이 1천만원을 초과하는 경우에는 납부할 세액의 일부를 납부기한 경과 후 2개월 이내에 나누어 낼 수 있다(상증법 70②).

<분납할 수 있는 세액>

- 납부할 세액이 2천만원 이하일 경우: 1천만원을 초과하는 금액
- 납부할 세액이 2천만원을 초과하는 경우: 납부할 세액의 100분의 50 이하의 금액

(2) 연부연납

납부할 세액이 2천만원을 초과하는 경우에는 세무서에 담보를 제공하고 각 회분 분납세액이 1천만원을 초과하도록 연부연납기간을 정하여 매년 세액을 균등하게 나누어 낼 수 있는데 이를 '연부연납'이라고 한다. 연부연납기간은 연부연납허가일로부터 5년 내에서 해당 납세의무자가 신청한 기간만 허용한다. 연부연납을 하려면 증여세 신고시 또는 세금고지서의 납부기한 내에 관할세무서장에게 신청하여 허가를 받아야 한다. 단, 담보가 100% 보증되는 경우 신청만으로 가능하다. 연부연납 허가를 받은 세액에 대하여 일정한 이자(연부연납가산금)를 부담 하여야 한다.

3. 증여세의 결정과 경정

납세지 관할세무서장은 과세표준 신고기한으로부터 6개월 이내에 증여세의 과세표준과 세액을 결정하여야 한다. 다만, 증여재산의 조사, 가액의 평가 등에 장기간이 걸리는 등 부득이한 사유가 있어 그 기간 이내에 결정할 수 없는 경우에는 그 사유를 수증자에게 알려야 한다(상증법 76 ③). 세무서장등은 결정한 과세표준과 세액을 수증자에게 통지하여야 한다.

4. 증여세 신고시 제출해야 할 서류

증여세 과세표준신고를 할 때에는 그 신고서에 증여세 과세표준의 계산에 필요한 증여재산의 종류, 수량, 평가가액 및 각종 공제 등을 증명할 수 있는 서류를 첨부하여야 한다(상증법 68 ②).

증여세 신고시 제출해야 서류는 다음과 같다.

① 증여세과세표준신고 및 자진납부계산서

② 증여재산명세 및 평가명세서

③ 증여자 및 수증자 관계를 알 수 있는 가족관계등록

④ 연부연납 허가신청서 및 납세담보제공서

⑤ 채무를 인수하는 경우에는 채무 등을 입증할 수 있는 서류

⑥ 기타 첨부서류: 주민등록등본, 재산평가 관련서류 등(행정정보 공동이용 가능시 제출생략)

⑦ 증여재산의 평가에 관한 서류

⑧ 토지등기부등본·토지대장

⑨ 건물등기부등본·건축물대장

[별지 제10호의3서식] (2019. 3. 20. 개정)

증여세 과세표준신고 및 자진납부계산서
(특수관계법인과의 거래를 통한 이익의 증여의제 신고용)

[ ] 확정신고 [ ] 수정신고 [ ] 기한후신고

※ 뒤쪽의 작성방법을 읽고 작성하시기 바랍니다. (앞쪽)

① 접수번호	-

수증자	② 성 명		③ 주민등록번호		④ 전자우편주소	
	⑤ 주 소	(전화번호)				
증여자	⑥ 법 인 명		⑦ 사업자등록번호			
	⑧ 소 재 지	(전화번호)				
수혜법인	⑨ 법 인 명		⑩ 사업자등록번호			
	⑪ 법인구분	1.상호[ ], 2.일반[ ], 3.중견[ ], 4.중소[ ]				

증 여 재 산 가 액

⑫증여일	구분	⑬ 세후영업이익	⑭ 특수관계법인거래 비율 -5%(50%, 20%)	⑮ 주식보유비율 (-10%, - 5%)	⑯ 배당소득 공제	⑰ 증여 재산가액
	직접					
	간접					
계						

구 분	금 액	구 분		금 액
⑱ 증여세과세가액		㉔ 납부불성실가산세		
⑲ 과세표준		㉕ 차가감 자진납부할 세액 (㉑-㉒+㉓+㉔)		
⑳ 세 율		납부방법	납부 및 신청일자	
㉑ 산 출 세 액				
㉒ 신고세액공제 (「상속세 및 증여세법」 제69조)		㉖ 연부연납		
		현금 ㉗ 분 납		
㉓ 신고불성실가산세		현금 ㉘ 신고납부		

「상속세 및 증여세법」 제68조 및 같은 법 시행령 제65조제1항에 따라 증여세과세표준신고 및 자진납부계산서를 제출합니다.

년 월 일

신고인 (서명 또는 인)

세무대리인 (서명 또는 인) (전화번호 :)

세무서장 귀하

제출서류	1. 수증자 등 및 과세가액 계산명세서 1부 2. 세후 영업이익 등 그 밖의 입증서류 3. 지배주주와 특수관계법인과의 관계를 확인할 수 있는 서류	수수료 없 음
담당 공무원 확인사항	1. 주민등록표등본 2. 피상속인 및 상속인의 관계를 알 수 있는 가족관계등록부	

행정정보 공동이용 동의서

본인은 이 건 업무처리와 관련하여 담당 공무원이 「전자정부법」 제36조제1항에 따른 행정정보의 공동이용을 통하여 위의 담당 공무원 확인사항을 확인하는 것에 동의합니다. * 동의하지 않는 경우에는 신청인이 직접 관련 서류를 제출해야 합니다.

신청인 (서명 또는 인)

210㎜×297㎜[백상지 80g/㎡(재활용품)]

(뒤쪽)

작성방법

※ 이 서식은 「상속세 및 증여세법」 제45조의3에 따른 특수관계법인과의 거래를 통한 이익의 증여의제에 해당되는 경우에만 사용하는 증여세 신고서식이며, 수증자별, 수혜법인별로 각각 작성합니다.

1. "① 접수번호"란은 신고서 접수번호를 적는 란으로 신고인이 적지 않습니다.

2. 증여자의 인적사항을 적는 ⑥부터 ⑧까지는 "수증자 등 및 과세가액 계산명세서(Ⅰ)(별지 제10호의3서식 부표 1)"의 ㉔란의 해당 법인명을 대표법인으로 하여 "대표법인 외 ○"(으)로 적습니다.

3. 수혜법인의 인적사항을 적는 "⑨ 법인명"란에는 수혜법인의 법인명을 적고, "⑩ 사업자등록번호"란에는 수혜법인의 사업자등록번호를 적고 "⑪ 법인구분"란에는 수혜법인이 「독점규제 및 공정거래에 관한 법률」에 따른 상호출자제한 기업집단인 경우에는 "상호"에 ○(으)로, 「조세특례제한법」 제5조제1항에 따른 중소기업으로서 「독점규제 및 공정거래에 관한 법률」 제14조에 따른 공시대상기업집단에 소속되지 아니하는 기업(이하 "중소기업")인 경우에는 "중소"에 ○(으)로, 수혜법인이「조세특례제한법 시행령」 제9조제4항에 따른 기업으로서 「독점규제 및 공정거래에 관한 법률」 제14조에 따른 공시대상기업집단에 소속되지 아니하는 기업(이하 "중견기업")인 경우에는 "중견"에 ○(으)로, 위에 모두 해당하지 않는 경우에는 "일반"에 ○(으)로 표시합니다.

4. "⑫ 증여일"란은 수혜법인의 사업연도 종료일을 적고, "⑬ 세후 영업이익"란, "⑭ 특수관계법인거래비율-5%(50%, 20%)"란, "⑮ 주식보유비율(-10%, -5%)"란, "⑯ 배당소득공제"란 및 "⑰ 증여세과세가액"란은 신고하는 수증자 1인에 대한 비율과 금액을 "수증자 등 및 과세가액 계산명세서(Ⅱ)(별지 제10호의3서식 부표 5)"의 ⑨란, ⑭란, ⑮란, ㉘란, ㊲란, ㊳란을 참고하여 직접보유분과 간접보유분(평균)으로 구분하여 각각 적습니다. 이 경우 "⑭ 특수관계법인거래비율-5%(50%, 20%)"란은 2012.1.1. 이후 개시하는 사업연도에 발생한 특수관계거래분의 비율에서 30%를 차감하며, 2013.1.1. 이후 개시하는 사업연도부터 발생하는 특수관계거래분의 비율에서는 15%를 차감하되, 수혜법인이 중소·중견기업에 해당하는 경우에는 50%를 차감하며, 2017.1.1 이후 개시하는 사업연도부터 발생하는 특수관계거래분의 비율에서는 15%를 차감하되, 수혜법인이 중소기업에 해당하는 경우에는 50%, 중견기업에 해당하는 경우에는 40%를 차감하며, 2018.1.1. 이후 증여받은 것으로 보는 경우에는 특수관계거래분의 비율에서 5%를 차감하되, 수혜법인이 중소기업에 해당하는 경우에는 50%, 중견기업에 해당하는 경우에는 20%를 차감합니다. 또한, "⑫ 주식보유비율(-10%, -5%)"란은 2012.1.1. 이후 개시하는 사업연도에는 3%를 적용하며, 2014.1.1.이후 증여세 과세표준 신고기한이 도래하는 분부터는 3%를 차감하되, 수혜법인이 중소·중견기업에 해당하는 경우에는 10%를 차감하며, 2018.1.1. 이후 증여받은 것으로 보는 경우는 수혜법인이 중소기업에 해당하는 경우에는 10%, 중견기업에 해당하는 경우에는 5%를 차감합니다.

5. "⑳ 세율"란은 「상속세 및 증여세법」 제26조 및 제56조에 따른 세율을 적습니다.

증여세 세율표

과세표준	세율	누진공제액
1억원 이하	10%	-
1억원 초과 5억원 이하	20%	1,000만원
5억원 초과 10억원 이하	30%	6,000만원
10억원 초과 30억원 이하	40%	16,000만원
30억원 초과	50%	46,000만원

6. "㉑ 산출세액"란에는 다음 계산식에 따라 계산한 금액을 적습니다.

   [(⑲ 과세표준 × ⑳ 세율) - "5. 증여세 세율표"에 따른 누진공제액]

7. 「국세기본법」 제45조의3에 따라 기한 후 신고를 하는 경우에 "㉓ 신고불성실가산세"란에는 「국세기본법」 제47조, 제47조의2, 제47조의3, 제48조 및 제49조에 따라 부담할 가산세를, "㉔ 납부불성실가산세"란에는 「국세기본법」 제47조, 제47조의4, 제47조의5, 제48조 및 제49조에 따라 부담할 가산세를 적습니다.

8. "㉗ 분납"란은 납부할 금액(㉑-㉒)이 1천만원을 초과하는 경우 다음의 구분에 따른 금액을 적되,「상속세 및 증여세법」 제71조에 따라 연부연납을 허가받은 경우에는 분납을 신청할 수 없습니다.

   가. 납부할 세액이 2천만원 이하인 경우에는 1천만원을 초과하는 금액

   나. 납부할 세액이 2천만원을 초과하는 경우에는 그 세액의 100분의 50 이하의 금액

9. "㉘ 신고납부"란의 신고납부세액은 「상속세 및 증여세법」 제68조에 따른 증여세 과세표준신고 시에 납부할 세액을 적습니다.

210㎜×297㎜[백상지 80g/㎡(재활용품)]

제 8 장 상속 및 증여재산의 평가

제 1 절 재산 평가의 원칙

상속 및 증여받은 재산의 가액은 상속개시일 또는 증여일 현재의 시가로 평가한다(상증법 60 ①). 시가는 불특정 다수인 사이에 자유롭게 거래가 이루어지는 경우에 통상적으로 성립된다고 인정되는 가액으로 하고 수용가격·공매가격 및 감정가격 등을 포함한다(상증법 60 ②). 시가를 산정하기 어려운 경우에는 해당 재산의 종류, 규모, 거래 상황 등을 고려하여 보충적평가방법으로 평가한 가액을 시가로 본다.

상속재산의 가액에 가산하는 증여재산의 가액은 증여일 현재의 시가에 따른다.

구 분		내 용
원칙	상속세 또는 증여세가 부과되는 재산의 가액	평가기준일(상속개시일 또는 증여일) 현재의 시가에 의함
	상속재산의 가액에 가산하는 증여재산의 가액	증여일 현재의 시가에 의함
시가를 산정하기 어려운 경우		보충적 평가방법에 의하여 평가한 가액에 의함
담보제공된 재산 등의 평가 특례		시가(또는 보충적 평가방법)와 해당 재산이 담보하는 채권액 등을 기준으로 한 특례 평가액 중 큰 금액

제2절 시 가

1. 시가의 개념

시가란 불특정다수인 사이에 자유로이 거래가 이루어지는 경우에 통상 성립된다고 인정되는 가액으로 한다. 당해재산의 수용가액, 공매가액, 감정가격 등 시가로 인정되는 것도 포함한다.

2. 시가로 인정되는 금액

상속재산의 경우 평가기준일 전후 6개월, 증여재산의 경우 평가기준일 전 6개월부터 평가기준일 후 3개월 이내의 기간 중 매매 감정 수용 경매 또는 공매가 있는 경우 이를 시가로 인정한다. 시가로 보는 가액이 2이상인 경우 평가기준일로부터 가장 가까운 날에 해당하는 가액[1)]을 시가로 본다. 다만, 평가기간에 해당하지 아니하는 기간으로서 평가기준일 전 2년 이내의 기간 중에 매매 등이 있거나 결정경정기한까지의 기간 중에 매매등이 있는 경우에도 평가기준일부터 매매계약일 등에 해당하는 날까지의 기간 중에 주식발행회사의 경영상태, 시간의 경과 및 주위환경의 변화 등을 고려하여 가격변동의 특별한 사정이 없다고 인정되는 때에는 평가심의위원회의 자문을 거쳐 해당 매매등의 가액을 시가에 포함시킬 수 있다.

(1) 매매가액

해당 재산에 대한 매매사실이 있는 경우에는 그 거래가액. 다만, 다음 어느 하나에 해당하는 경우는 제외한다(상증령 49 ①).

① 특수관계인과의 거래 등으로 그 거래가액이 객관적으로 부당하다고 인정되는 경우

② 거래된 비상장주식의 가액(액면가액의 합계액)이 다음의 금액 중 적은 금액 미만인 경우(제56조의2 제1항에 따른 평가심의위원회의 자문을 거쳐 그 거래가액이 거래의 관행상 정당한 사유가 있다고 인정되는 경우는 제외)

가. 액면가액의 합계액으로 계산한 해당 법인의 발행주식총액 또는 출자총액의 100분의 1에 해당하는 금액

나. 3억원

---

1) 가장 가까운 날에 해당하는 가액이 둘 이상인 경우에는 그 평균액을 말한다.

(2) 감정가액

당해 재산(주식 및 출자지분제외)에 대하여 2이상의 공신력 있는 감정기관이 평가한 감정가액이 있는 경우에는 그 감정가액의 평균액[2]으로 한다. 기준시가 10억원 이하의 토지와 건물은 하나 이상의 공신력있는 감정기관이 평가한 감정가액으로 한다. 부동산 중 기준시가 10억원 이하의 부동산의 경우에는 1이상의 감정기관이 평가한 금액으로 한다(상증법 60 ⑤).

(3) 수용가액·보상가액·경매가액 또는 공매가액

해당 재산에 대하여 수용·경매 또는 공매사실이 있는 경우에는 그 보상가액·경매가액 또는 공매가액. 다만, 다음 하나에 해당하는 경우에는 당해 경매가액 또는 공매가액은 이를 제외한다(상증령 49 ① 3).

① 물납한 재산을 상속인 또는 그의 특수관계인이 경매 또는 공매로 취득한 경우

② 경매 또는 공매로 취득한 비상장주식의 가액(액면가액의 합계액)이 다음의 금액 중 적은 금액 미만인 경우

가. 액면가액의 합계액으로 계산한 당해 법인의 발행주식총액 또는 출자총액의 100분의 1에 해당하는 금액

나. 3억원

③ 경매 또는 공매절차의 개시 후 관련 법령이 정한 바에 따라 수의계약에 의하여 취득하는 경우

(4) 유사재산의 매매사례가액

상속 및 증여재산에 해당하는 재산과 면적·위치·용도·종목 및 기준시가가 동일하거나 유사한 다른 재산에 대한 매매가액, 감정가액, 수용가액, 경매가액, 공매가액이 있는 경우에는 시가로 본다. 이 경우 매매가액등은 평가기준일 전 6개월부터 평가기간 이내의 신고일까지의 가액을 말한다(상증령 49 ④).

---

2) 다음에 해당하는 감정가액은 시가에서 제외, 당해 감정가액이 보충적 평가방법에 의한 평가금액과 시가의 100분의 90에 해당하는 가액 중 적은 금액(기준금액)에 미달하는 경우(기준금액 이상인 경우에도 평가심의위원회의 자문을 거쳐 감정평가목적 등을 감안하여 동 가액이 부적정하다고 인정되는 경우를 포함)에는 세무서장이 다른 감정기관에 의뢰하여 감정한 가액에 의하되, 그 가액이 상속세 또는 증여세 납세의무자가 제시한 감정가액보다 낮은 경우에는 그러하지 아니하다.

가. 일정한 조건이 충족될 것을 전제로 당해 재산을 평가하는 등 상속세 및 증여세의 납부목적에 적합하지 아니한 감정가액

나. 평가기준일 현재 당해재산의 원형대로 감정하지 아니한 경우의 당해 감정가액

제 3 절 보충적 평가방법

상속재산 및 증여재산의 평가에 있어서 시가를 산정하기 어려울 때에는 다음의 방법으로 평가한다(상증법 60 ③).

1. 부동산의 평가

부동산의 평가는 다음으로 한다.

구 분	보충적 평가방법
① 토지	• 원칙: 개별공시지가[3](개별공시지가는 평가기준일 현재 고시되어 있는 것을 적용함) • 지정지역안의 토지: 개별공시지가×국세청장이 고시하는 배율
② 건물	• 신축가격, 구조, 용도, 위치, 신축연도 등을 고려하여 매년 1회 이상 국세청장이 산정·고시하는 가액
③ 지정지역 안에 있는 오피스텔 및 상업용 건물	• 건물의 종류, 규모, 거래상황, 위치 등을 고려하여 매년 1회 이상 국세청장이 토지와 건물에 대하여 일괄하여 산정·고시한 가액
④ 주택	• 개별주택가격 및 공동주택가격[4]

2. 지상권, 부동산을 취득할 수 있는 권리, 특정시설물이용권

지상권(地上權) 및 부동산을 취득할 수 있는 권리와 특정시설물을 이용할 수 있는 권리는 그 권리 등이 남은 기간, 성질, 내용, 거래 상황 등을 고려하여 평가한 가액으로 한다(상증법 61 ③).

---

3) 개별공시지가가 없는 토지의 경우 납세지 관할세무서장이 인근 유사토지의 개별공시지가를 고려하여 정하는 방법에 의하여 평가한 금액.

4) 개별주택가격 및 공동주택가격이 없는 주택의 가격은 납세지 관할세무서장이 인근 유사주택의 개별주택가격 및 공동주택가격을 고려하여 정하는 방법에 따라 평가한 금액으로 함.

구 분	보충적 평가방법에 의한 평가액
① 지상권	지상권이 설정되어 있는 토지의 가액에 2%를 곱하여 계산한 금액을 해당 지상권의 잔존연수를 감안하여 환산한 가액[5]
② 부동산을 취득할 수 있는 권리 및 특정 시설물을 이용할 수 있는 권리	• 평가기준일까지 불입한 금액+평가기준일 현재의 프리미엄에 상당하는 금액 • 시설물이용권에 대하여 「소득세법」 규정에 의한 기준시가가 있는 경우에는 그 금액
③ 그밖에 시설물 및 구축물	평가기준일에 다시 건축하거나 다시 취득할 때에 소요되는 가액(재취득가액 등)－해당시설의 설치일부터 평가기준일까지의 감가상각비상당액

3. 그 밖의 유형재산의 평가

선박 등의 그 밖의 유형재산의 평가는 다음과 같다(상증법 62).

구 분	보충적 평가방법에 의한 평가액
① 선박, 항공기, 차량, 기계장비 및 입목	• 처분할 경우 다시 취득할 수 있다고 예상되는 가액 • 예상가액이 확인되지 아니하는 경우에는 장부가액(취득가액에서 감가상각비를 차감한 가액) 및 지방세 시가표준액을 순차로 적용한 가액으로 함
② 상품, 제품, 반제품, 재공품, 원재료 기타 이에 준하는 동산 및 소유권의 대상이 되는 동산	• 처분할 때에 취득할 수 있다고 예상되는 가액 • 예상가액이 확인되지 아니하는 경우에는 장부가액으로 함
③ 판매용이 아닌 서화·골동품	Max(①, ②): ① 2인 이상의 전문가가 감정한 가액의 평균액 ② 감정평가심의회[6]에서 감정한 감정가액
④ 소유권의 대상이 되는 동물 및 따로 평가방법을 규정하지 아니한 그 밖의 유형재산	• 처분할 때에 취득할 수 있다고 예상되는 가액 • 예상가액이 확인되지 아니하는 경우에는 장부가액으로 함

5) (토지가액×2%)/$(1+10/100)^n$ n: 평가기준일로부터의 경과연수.
6) 국세청장이 위촉한 3인 이상의 전문가로 구성함.

4. 사실상 임대차계약이 체결되거나 임차권이 등기된 재산

사실상 임대차계약이 체결되거나 임차권이 등기된 재산의 경우에는 임대료 등을 기준으로 하여 평가한 가액과 위 보충적 평가방법에 따라 평가한 가액 중 큰 금액을 그 재산의 가액으로 한다(상증법 61 ⑤).

Max(①, ②):
① 보충적 평가방법에 의하여 평가한 가액
② (1년간 임대료÷12%)+임대보증금

제4절 저당권 등이 설정된 재산에 대한 평가

저당권 등을 설정한 재산의 평가는 아래와 같다. 이러한 평가를 적용하는 재산은 ① 저당권, 담보권 또는 질권이 설정된 재산, ② 양도담보재산, ③ 전세권이 등기된 재산(임대보증금을 받고 임대한 재산을 포함), ④ 위탁자의 채무이행을 담보할 목적으로 신탁계약을 체결한 재산 이다(상증법 66).

평가액 Max(①, ②)
① 평가기준일 당시의 시가(또는 보충적 평가방법에 따른 평가액)
② 해당 재산이 담보하는 채권액 등을 기준으로 평가한 가액

해당 재산이 담보하는 채권액 등이란 아래와 같다.

7) 가. 해당 재산에 설정된 근저당의 채권최고액이 담보하는 채권액보다 적은 경우에는 채권최고액을 특례 평가액으로 함.
나. 해당 재산에 설정된 물적담보 외에 신용보증기관의 보증이 있는 경우에는 담보하는 채권액에서 해당 신용보증기관이 보증한 금액을 차감한 가액을 특례 평가액으로 함.
다. 동일한 재산이 다수의 채권(전세금채권과 임차보증금채권을 포함)의 담보로 되어 있는 경우에는 그 재산이 담보하는 채권액의 합계액을 특례 평가액으로 함.

구 분	평가액
① 저당권(공동저당권 및 근저당권을 제외)이 설정된 재산	당해 재산이 담보하는 채권액[7)]
② 공동저당권이 설정된 재산	당해 재산이 담보하는 채권액을 공동저당된 재산의 평가기준일 현재의 가액으로 안분하여 계산한 가액
③ 근저당권이 설정된 재산	평가기준일 현재 당해 재산이 담보하는 채권액
④ 질권이 설정된 재산 및 양도담보재산	당해 재산이 담보하는 채권액
⑤ 전세권이 등기된 재산의 가액	등기된 전세금(임대보증금을 받고 임대한 경우에는 임대보증금)
⑥ 신탁계약을 체결한 재산의 가액	신탁계약 또는 수익증권에 따른 우선수익자인 채권자의 수익한도금액

제5절 유가증권의 평가

1. 상장주식의 평가

(1) 원 칙

상장주식의 평가는 다음에서 정하는 방법에 의한다(상속법 63 ① (1) 가, 나).[8)] 상장주식이란 유가증권시장과 코스닥시장에서 거래되는 주권상장법인의 주식을 말한다.

구 분	평가액
주권상장 법인의 주식	평가기준일 이전·이후 각 2개월 동안에 공표된 매일의 한국거래소 최종시세가액의 평균액

8) 다음에 해당하는 주식 또는 출자지분에 대하여는 상장주식의 평가방법을 적용하지 아니하고, 해당 법인의 사업성·거래상황 등을 감안하여 별도로 정하는 방법에 의하여 평가한다(상속법 63 ②).
① 기업공개를 목적으로 금융감독위원회에 일정 기간 내에 유가증권신고를 한 법인의 주식 등
② 비상장주식 중 「증권거래법」에 따른 코스닥시장에서 주식 등을 거래하고자 일정 기간 내에 금융투자협회에 등록신청을 한 법인의 주식 등
③ 한국거래소에 상장되어 있는 법인의 주식 중 해당 법인의 증자로 인하여 취득한 새로운 주식으로서 평가기준일 현재 상장 또는 등록되지 아니한 주식

(2) 평가기준일 전후 증자·합병 등의 사유가 발생한 경우

평가기준일 전후 2개월 동안에 증자·합병 등의 사유가 발생하여 그 평균액으로 하는 것이 부적당한 경우에는 다음의 구분에 따라 계산한 기간의 평균액에 의한다(상속법 63 ① 1 가, 상속령 52의 2 ②).

구 분	내 용
① 평가기준일 이전에 증자·합병 등의 사유가 발생한 경우	사유 발생일의 다음 날부터 평가기준일 이후 2월이 되는 날까지의 기간
② 평가기준일 이후에 증자·합병 등의 사유가 발생한 경우	평가기준일 이전 2월이 되는 날부터 사유가 발생한 날의 전일까지의 기간
③ 평가기준일 이전·이후에 증자·합병 등의 사유가 발생한 경우	평가기준일 이전 동 사유가 발생한 날의 다음 날부터 평가기준일 이후 사유가 발생한 날의 전일까지의 기간

2. 비상장주식의 평가

(1) 평가원칙

비상장주식은 1주당 순손익가치와 1주당 순자산가치를 각각 3과 2의 비율로 가중평균한 가액에 의한다. 다만, 부동산과다보유법인의 경우에는 1주당 순손익가치와 1주당 순자산가치의 비율을 각각 2와 3으로 가중평균한 가액으로 한다(상속법 63 ① 나, 상증령 54 ①). 다만 기업공개를 준비 중인 주식 등은 공모가격과 평가가액 중 큰 금액을 주식가액으로 한다(상증법 63 ②, 상증령 57 ①).

① 일반법인의 1주당 평가액은 다음과 같다.

1주당평가액 MAX(①, ②) ① 가중평균1주당 가액=(1주당 순손익가치×3+1주당 순자산가치×2)÷5 ② 1주당 순자산가치×80%

② 부동산과다법인의 1주당 평가액은 다음과 같다. 부동산과다법인은 해당 법인의 자산총액 중 부동산 및 부동산에 관한 권리의 합계액이 차지하는 비율이 50% 이상인 법인을 말한다.

1주당평가액 MAX(①, ②) ① 가중평균1주당 가액=(1주당 순손익가치×2+1주당 순자산가치×3)÷5 ② 1주당 순자산가치×80%

(2) 1주당 순손익가치의 계산

순손익가치는 다음의 산식에 의하여 계산한다(상증령 54 ①).

1주당 순손익가치=1주당 최근 3년간의 가중평균순손익액÷이자율(10%)

1) 1주당 최근 3년간 가중평균순손익액의 계산

1주당 최근 3년간의 가중평균순손익액은 다음의 가액으로 한다. 이 경우 그 가액이 **음수인** 경우에는 0원으로 한다(상증령 56 ①).

① 원칙적인 계산방법

[평가기준일 1년전 사업연도의 1주당 순손익액×3+평가기준일 2년전 사업연도의 1주당 순손익액×2+평가기준일 3년전 사업연도의 1주당 순손익액×1]×1/6

이때 1주당 순손익액은 다음과 같이 계산한다.

$$1주당\ 순손익액 = \frac{각\ 사업연도의\ 순손익액}{각\ 사업연도\ 종료일\ 현재의\ 발행주식총수}$$

각 사업연도의 순손익액은 다음과 같이 계산한다(상증령 56 ④).

	법인세법의 각 사업연도 소득내용
+	국세와 지방세 과오납금 환급금이자
+	수입배당금의 익금불산입액
+	법정·지정기부금 한도초과 이월액의 손금산입액
+	화폐성외화자산 부채 등에 대하여 해당 사업종료일 현재의 매매기준율 등으로 평가하여 발생한 이익
+	+ 이외 기획재정부령으로 정하는 금액
−	− 법인세, 농어촌특별세액 및 지방소득세
−	벌금, 과료, 가산금 및 체납처분비, 손금불산입 공과금
	업무무관비용
	각 세법에서 규정하는 징수불이행으로 인하여 납부하였거나 납부할 세액

−	기부금, 접대비 한도초과액
−	지급이자 손금불산입액
−	시인부족액에서 상각부인액을 손금으로 추인한 금액을 뺀 금액
−	화폐성외화자산 부채 등에 대하여 해당 사업종료일 현재의 매매기준율 등으로 평가하여 발생한 손실
=	각 사업연도 순손익액

② 예외적인 계산방법

다음의 요건을 갖춘 경우에는 신용평가전문기관, 회계법인 또는 세무법인 중 둘 이상의 신용평가전문기관, 회계법인 또는 세무법인이 산출한 1주당 추정이익의 평균가액으로 할 수 있다(상증령 56 ②).

가. 일시적이고 우발적인 사건으로 해당 법인의 최근 3년간 순손익액이 증가하는 등 기획재정부령으로 정하는 경우에 해당할 것

나. 상속세 과세표준신고 및 증여세 과세표준신고의 기한 내에 신고한 경우일 것

다. 1주당 추정이익의 산정기준일과 평가서작성일이 과세표준신고기한 이내일 것

라. 1주당 추이익의 산정기준일과 상속개시일 또는 증여일이 동일 연도에 속할 것

(3) 1주당 순자산가치의 계산

1주당 순자산가치는 다음의 산식에 의하여 계산한다(상증령 54 ②).

1주당 순자산가치＝해당 법인의 순자산가액÷발행주식총수

① 순자산가액의 계산

순자산가액은 평가기준일 현재 해당 법인의 자산을 보충적 평가방법으로 평가한 가액에서 부채를 차감한 가액으로 하며, 순자산가액이 0원 이하인 경우에는 0원으로 한다. 이 경우 해당 법인의 자산을 보충적 평가방법으로 평가한 가액이 장부가액보다 적은 경우에는 장부가액으로 하되, 장부가액보다 적은 정당한 사유가 있는 경우에는 그러하지 아니하다(상증령 55 ①).

순자산가액＝자산가액－부채가액

② 자산의 범위

비상장주식의 평가에 있어 자산의 구체적인 계산기준은 다음과 같다(상증령 55 ②, 상증칙 17의2).

가. 해당 법인의 자산을 평가기준일 현재 보충적평가방법에 의해 평가한 가액으로 한다.
나. 선급비용과 무형고정자산 중 개발비는 자산에서 차감한다.
다. 영업권평가액은 해당 법인의 자산가액에 합산한다. 다만 평가기준일이 속한 사업연도 전 3년 내의 사업연도부터 계속 결손법인 등에 해당하는 경우에는 제외한다.
라. 평가기준일 현재 지급받을 권리가 확정된 가액은 이를 자산에 가산한다.

③ 부채의 범위

비상장주식의 평가에 있어 부채의 구체적인 계산기준은 다음과 같다(상증령 55 ②, 상증칙 17의2).

가. 평가기준일까지 발생된 소득에 대한 법인세액, 법인세액의 감면액 또는 과세표준에 부과되는 농어촌특별세액 및 지방소득세는 부채에 포함한다.
나. 평가기준일 현재 이익의 처분으로 확정된 배당금·상여금 및 기타 지급의무가 확정된 금액은 부채에 포함한다.
다. 평가기준일 현재 재직하는 임원 또는 사용인 전원이 퇴직할 경우에 퇴직급여로 지급되어야 할 금액의 추계액은 부채에 포함한다.
라. 평가기준일 현재의 충당금과 준비금은 부채에서 차감하여 계산한다. 다만 평가기준일 현재 비용으로 확정된 충당금, 보험업을 영위하는 법인의 책임준비금과 비상위험준비금은 부채에 포함한다.

(4) 순자산가치에 의한 평가

다음에 해당하는 경우에는 순자산가치에 의하여 주식을 평가한다(상증령 54 ④).

① 상속세 및 증여세 과세표준 신고기한 이내에 평가대상법인의 청산절차가 진행 중이거나 사업자의 사망 등으로 인하여 사업의 계속이 곤란하다고 인정되는 법인의 주식 등
② 사업개시 전의 법인, 사업개시 후 3년 미만의 법인과 휴·폐업 중에 있는 법인의 주식 등
③ 법인의 자산총액 중 토지·건물·부동산에 관한 권리 및 해당 법인이 직접 또는 간접으로 보유한 다른 법인의 주식가액에 그 다른 법인의 부동산등 보유비율을 곱하여 산출한 가액이 차지하는 비율이 80% 이상인 법인의 주식 등
④ 법인의 자산총액 중 주식의 가액의 합계액이 차지하는 비율이 80% 이상인 법인인 경우
⑤ 법인의 설립시 정관에 존속기한이 확정된 법인으로서 평가기준일 현재 잔여 존속기

한이 3년 이내인 법인인 경우

3. 최대주주 보유주식에 대한 할증평가 특례

최대주주 등[9]의 주식(또는 출자지분)에 대하여는 일반적인 평가액에 일정율을 가산하여 평가한다(상법 63 ③). 일반적인 평가액이란 상장주식의 경우 평가기준일 전후 각 2개월동안의 최종시세가액을 말하며 비상장주식은 시가로 인정되는 금액을 말한다. 다만 중소기업 및 평가기준일이 속하는 사업연도 전 3년이내의 사업연도부터 계속하여 결손금이 있는 법인의 주식 등은 제외한다.

평가액 = 일반적인 평가액 + 일반적인 평가액 × 20%

예제 8-1 **비상장주식 평가사례**

다음은 거주자 김씨가 상속받은 주식과 관련된 자료이다. 다음 자료를 이용하는 경우에 김씨가 상속받은 (주) 대구의 주식은 김씨의 상속세 과세가액 계산시 얼마로 평가되는가? 2004 CPA 수정

① 상속받은 주식은 비상장법인인 (주)대구의 주식 5,000주(주당 액면가액 ₩5,000)이며, 상속개시일은 2020년 3월 2일이다. 김씨는 (주)대구의 최대주주가 아니다.

② 상속 개시일 당시 (주)대구의 세무상 자산(영업권 평가액을 포함함)은 30억원이고, 세무상 부채는 20억원이다. (주)대구의 총발행주식수는 설립 이후 계속 100,000주로 유지되고 있고, (주)대구 부동산과다보유법인이 아니다.

③ 상속개시전 (주)대구의 최근 3년간의 주당순이익은 다음과 같다.

평가기준일 3년 전	평가기준일 2년 전	평가기준일 1년 전
₩900	₩1,200	₩1,500

④ 1주당 순손익가치 계산시 적용되는 국세청장 고시이자율은 10%이다.

풀이

1. 1주당 최근 3년간 순손익액의 가중평균액: (1,500×3+1,200×2+900×1)×1/6=₩1,300
2. 1주당 순손익가치: ₩1,300÷10%=₩13,000
3. 1주당 순자산가치: (30억원−20억원)÷100,000주=₩10,000
4. 1주당 비상장주식 평가액: (₩13,000×3+10,000×2)×1/5= ₩11,800
5. 상속재산가액: ₩11,800×5,000주=₩59,000,000

9) 최대주주등 중 보유주식등의 수가 가장 많은 1인을 말한다.

제 6 절 무체재산권의 가액

무체재산권은 영업권, 어업권, 특허권, 실용신안권 등 산업재산권을 말한다. 무체재산권의 가액은 아래와 같다(상증법 64).

평가액 Max(①,②)
① 재산의 취득 가액에서 취득한 날부터 평가기준일까지의 감가상각비를 뺀 금액
② 장래의 경제적 이익 등을 고려하여 각 재산권별로 평가한 금액

1. 영업권의 평가

영업권의 평가는 초과이익금액을 평가기준일 이후의 영업권지속연수(원칙적으로 5년으로 한다)를 감안하여 환산한 가액에 의한다. 다만, 매입한 무체재산권으로서 그 성질상 영업권에 포함시켜 평가되는 무체재산권의 경우에는 이를 별도로 평가하지 아니하되, 당해 무체재산권의 평가액이 환산한 가액보다 큰 경우에는 당해 가액을 영업권의 평가액으로 한다(상증령 59 ②).

① 초과이익금액

[최근 3년간(3년에 미달하는 경우에는 당해 연수로 한다)의 순손익액의 가중평균액[10]의 100분의 50에 상당하는 가액－(평가기준일 현재의 자기자본×10%)]

② 환산가액

초과이익금액을 평가기준일 이후의 영업권 지속연수를 감안하여 현재가치로 환산한 가액을 말한다.

$$환산가액 = \Sigma \frac{초과이익금액}{(1+10/100)^n}$$

n: 영업권 지속연수(원칙적으로 5년으로 한다)

2. 특허권, 일용신안권, 상표권, 디자인권 및 저작권 등

특허권 등 그 권리에 의하여 장래에 받을 각 연도의 수입금액을 기준으로 환산한 금액

10) [평가기준일 1년전 사업연도의 순손익액×3＋평가기준일 2년전 사업연도의 순손익액×2＋평가기준일 3년전 사업연도의 순손익액×1]×1/6

의 합계액에 의한다. 이 경우 각 연도의 수입금액이 확정되지 아니한 것은 평가기준일전 3년간의 각 연도 수입금액의 합계액을 평균한 금액을 각 연도의 수입금액으로 할 수 있다(상증령 59 ⑤).

$$\text{환산가액} = \Sigma \frac{\text{각 연도의 수입금액}}{(1+10/100)^n}$$

n: 평가기준일부터의 경과연수, 평가기준일부터의 최종 경과연수는 당해 권리의 존속기간에서 평가기준일 전일까지 경과된 연수를 차감하여 계산한다. 이 경우 평가기준일부터의 최종 경과연수가 20년을 초과하는 때에는 20년으로 한다

3. 광업권 및 채석권

광업권 및 채석권 등은 평가기준일 이후의 채굴가능연수에 대하여 평가기준일전 3년간 평균소득(실적이 없는 경우에는 예상순소득으로 한다)을 각 연도마다 환산한 금액의 합계액을 그 가액으로 한다. 다만, 조업할 가치가 없는 경우에는 설비 등에 의하여만 평가한 가액으로 한다(상증령 59).

$$\text{환산가액} = \Sigma \frac{\text{평가기준일전 3년간 평균소득}}{(1+10/100)^n}$$

n: 평가기준일부터의 채굴가능연수

4. 그 밖의 조건부 권리 등의 평가

조건부 권리, 존속기간이 확정되지 아니한 권리, 신탁의 이익을 받을 권리 또는 소송중인 권리 및 유기정기금(定期金) 등을 받을 권리에 대해서는 해당 권리의 성질, 내용, 남은 기간 등을 기준으로 그 가액을 평가한다(상증법 65 ①).

(1) 조건부권리 등의 평가

① 조건부권리는 본래의 권리의 가액을 기초로 하여 평가기준일 현재의 조건내용을 구성하는 사실, 조건성취의 확실성, 기타 제반사정을 감안한 적정가액

② 존속기간이 불확정한 권리의 가액은 평가기준일 현재의 권리의 성질, 목적물의 내용연수 기타 제반사항을 감안한 적정가액

③ 소송중인 권리의 가액은 평가기준일 현재의 분쟁관계의 진상을 조사하고 소송진행의 상황을 감안한 적정가액

(2) 신탁의 이익을 받을 권리의 평가

신탁의 이익을 받을 권리의 가액은 아래의 어느 하나에 따라 평가한 가액에 의한다. 다만, 평가기준일 현재 신탁계약의 철회, 해지, 취소 등을 통해 받을 수 있는 일시금이 다음의 평가금액보다 큰 경우에는 그 일시금의 가액에 의한다(상증령 61).

① 원본과 수익의 이익의 수익자가 동일한 경우

$$환산가액 = \Sigma \frac{신탁재산가액 + 각\ 연도에\ 받을\ 수익의\ 이익 - 원천징수세액상당액}{(1+30/1000)^n}$$

n: 평가기준일부터의 수익시기까지의 연수

② 원본과 수익의 이익의 수익자가 다른 경우

가. 원본의 이익을 수익하는 경우에는 평가기준일 현재 원본의 가액에 수익시기까지의 기간에 대하여 다음의 계산식에 따라 계산한 금액의 합계액

$$환산가액 = \Sigma \frac{평가기준일\ 현재\ 원본의\ 가액}{(1+30/1000)^n}$$

n: 평가기준일부터 수익시기까지의 연수

나. 수익의 이익을 수익하는 경우에는 평가기준일 현재 추산한 장래에 받을 각 연도의 수익금에 대하여 수익의 이익에 대한 원천징수세액상당액 등을 고려하여 다음의 계산식에 따라 계산한 금액의 합계액

$$환산가액 = \Sigma \frac{각\ 연도에\ 받을\ 수익의\ 이익 - 원천징수세액상당액}{(1+30/1000)^n}$$

n: 평가기준일부터 수익시기까지의 연수

(3) 정기금을 받을 권리의 평가

정기금을 받을 권리의 가액은 다음 어느 하나에 따라 평가한 가액에 의한다. 다만, 평가기준일 현재 계약의 철회, 해지, 취소 등을 통해 받을 수 있는 일시금이 다음 각 호에 따라 평가한 가액보다 큰 경우에는 그 일시금의 가액에 의한다.

① 유기정기금: 잔존기간에 각 연도에 받을 정기금액을 기준으로 다음 계산식에 따라 계산한 금액의 합계액. 다만, 1년분 정기금액의 20배를 초과할 수 없다.

$$환산가액 = \sum \frac{각\ 연도에\ 받을\ 정기금액}{(1+30/1000)^n}$$

n: 평가기준일부터의 경과연수

② 무기정기금: 1년분 정기금액의 20배에 상당하는 금액

③ 종신정기금: 정기금을 받을 권리가 있는 자의 「성별·연령별 기대여명의 연수까지의 기간중 각 연도에 받을 정기금액을 기준으로 ①의 계산식에 따라 계산한 금액의 합계액

사례연구 8-1 매매사례가액[11)]

1. 요 약

비교아파트는 쟁점아파트와 같은 동에 위치하는 아파트로 층수는 다르나 기준시가가 유사하고, 거래시기가 증여일로부터 3개월 이내에 있으며, ○○○가 대표 조합원으로 있는 쟁점아파트와 유사하게 재건축 후 신축아파트를 배정받을 권리를 보유하고 있는 아파트로 비교가능성이 높다고 보이는 점, 청구인들이 증여세 신고시 적용한 쟁점아파트의 종전자산 감정가액은 추정 개별 권리가액이 포함되지 아니한 가액으로 평가목적도 달라 이를 쟁점아파트의 시가로 보기 어려운 점 등으로 보아 매매사례가액을 쟁점아파트의 시가로 보아 증여세를 과세한 처분은 잘못이 없다고 판단됨.

2. 사실관계

(1) 쟁점아파트의 등기사항전부증명서와 증여세 과세표준 신고서 등에 의하면, 청구인 ○○○의 배우자 ○○○가 2018.8.30. 자신이 10년 이상 보유한 쟁점아파트에 대하여 자신의 지분 15%를 남겨두고 청구인들○○○에게 각 65%·10%·10% 지분비율로 증여를 하였고, 청구인들은 2018.11.19. ○○○에 공시된 쟁점아파트의 평가액인 ○○○원을 쟁점아파트의 시가로 하여 각 증여지분에 해당하는 가액○○○을 증여재산가액으로 하여 2018.8.30. 증여분 증여세○○○를 각 신고·납부한 것으로 나타난다.

(2) 처분청의 증여세 결정·결의서에 의하면, 청구인들이 신고한 쟁점아파트 평가액에 따른 청구인 지분별 각 증여재산가액을 부인하고, 비교아파트 매매가액인 ○○○원을 유사매매사례가액으로 하여 쟁점아파트의 시가로 적용한 후, 청구인들의 지분별 증여재산가액을 각각 재산정○○○한 것으로 나타난다.

(3) 청구인들은 쟁점아파트와 비교아파트가 조합원 승계가능 여부에 차이가 있어 호가나 매매가액에 차이가 있으므로 비교아파트의 매매사례가액을 쟁점아파트의 시가로 채택할 수 없다고 주장하며 그 증빙으로 포털사이트○○○ 부동산 확인매물 조회화면을 제시하고 있는바, 쟁점아파트와 비교아파트가 소재하는 ○○○의 매물등록 현황을 보면 조합원 지위승계가 가능한 아파트의 호가가 ○○○원인데 비해 조합원 지위승계가 불가능한 아파트의 경우 ○○○원으로 등록되어 있는 것으로 나타난다.

11) 조심 2019부3612에서 발췌함.

(4) 또한, 청구인들은 쟁점아파트의 시가가 당초 양도소득세 예정신고시 적용한 ○○○원이라고 주장하며 그 증빙으로 ○○○ 공시 조회자료 화면을 제시하였는바, 여기에는 쟁점아파트에 대하여 종전자산가액이 ○○○원으로 기재되어 있고, 추정 개별 권리가액이 ○○○원, 조합원 분양가가 ○○○원으로 기재된 것으로 나타난다.

(5) ○○○와 청구인들이 연월미상일에 쟁점아파트 재건축사업의 시행사인 ○○○에 제출한 대표조합원 선임동의서에 의하면, 청구인들이 위임자로 되어 있고, ○○○가 대표자(선임수락자)로 되어 있으며, 쟁점아파트의 공동소유자로서 ○○○를 대표조합원으로 선임하고, ○○○ 재건축정비사업조합과 관련한 조합원으로서의 법률행위를 대표조합원이 행하는데 동의한다고 되어 있다.

3. 쟁 점

비교아파트의 매매가액을 쟁점아파트의 시가로 볼 수 있는지 여부

4. 판 단

청구인들은 쟁점아파트가 증여자 ○○○가 5년 이상 거주하지 않아 제3자에게 양도될 경우 관련 법령에 따라 조합원 자격이 승계되지 않는 아파트이므로 조합원 자격이 승계되는 비교아파트와 비교하는 것은 부당하다고 주장하나, 비교아파트는 쟁점아파트와 같은 동에 위치하는 아파트로, 층수는 다르나 증여일인 2018. 8. 30. 기준시가가 ○○○원으로 쟁점아파트 기준시가 ○○○원과 유사하고, 거래시기가 증여일로부터 3개월 이내에 있으며, ○○○가 대표조합원으로 있는 쟁점아파트와 유사하게 재건축 후 신축아파트를 배정받을 권리를 보유하고 있는 아파트로 비교가능성이 높다고 보이는 점, 청구인들이 증여세 신고시 적용한 쟁점아파트의 종전자산 감정가액은 추정 개별 권리가액이 포함되지 아니한 가액으로 평가목적도 달라 이를 쟁점아파트의 시가로 보기 어려운 점, 조합원 자격의 승계여부는 쟁점아파트의 양도시점에서 시가 평가시 고려되어야 할 사항으로 이 건 증여재산에 대한 시가 평가요소로는 보이지 아니하는 점 등에 비추어 처분청이 비교아파트의 매매사례가액을 쟁점아파트의 시가로 보아 이 건 증여세를 부과한 처분은 잘못이 없다고 판단된다.

사례연구 8-2 비상장주식의 평가[12)]

1. 요 약

쟁점법인은 평가기준일 현재에는 계속사업 중인 사업자였던 점, 비상장주식인 쟁점주식은 상증세법 제63조 제1항 제1호 다목에 따른 보충적 평가방법으로 증여재산가액을 산정하는 것이 타당한 점, 평가기준일이 속하는 사업연도의 순손익액은 1주당 순손익가치 계산시 고려되지 아니한다 할 것인 점, 평가기준일 현재 쟁점주식을 순자산가치로 평가할 수 있는 요건이 충족되지 아니한 점 등에 비추어 청구주장을 받아들이기 어려움.

12) 조심 2019전0022에서 발췌함.

2. 사실관계

(가) 쟁점법인에 대한 주식변동조사 종결보고서의 주요내용은 아래와 같다.

1) 청구인의 아들에서 청구인에게 양도○○○된 쟁점주식의 거래는 자금이 청구인과 ○○○(청구인의 배우자)에게서 아들 ○○○를 거쳐 ○○○에게 계좌이체된 사실이 확인되고, ○○○에게로 간 자금은 주식매매계약서상 계약금 등 매매대금 지급일과 일치하여 매매를 가장한 증여로 보인다.

2) 쟁점법인의 2016년 손익○○○을 반영(가결산 추정)한 순자산가치를 재검토한바 ○○○으로 판단되고, 평가기준일(2016년 12월) 현재 1주당 평가액은 ○○○원이다.

(나) 조사청이 작성한 비상장주식 평가조서에 따르면, 조사청은 1주당 순손익가치는 ○○○원, 1주당 순자산가치는 ○○○으로 산정하였고, 순손익가치와 순자산가치를 3:2의 비율로 가중평균한 ○○○원을 쟁점주식의 1주당 가액으로 평가한 것으로 나타난다.

(다) 청구인이 제출한 비상장주식 평가조서에 따르면, 순손익가치계산시 2016사업연도의 순손익액○○○을 최근 1년의 순손익액으로 하면 쟁점주식의 1주당 순손익가치는 ○○○으로 나타난다.

(마) 부가가치세 신고 및 결정내역에 따르면, 청구법인은 2017년 제1기 예정 및 확정신고시 각각 ○○○의 매출신고를 하였고, 2017년 제2기에는 부가가치세 무신고하자 처분청이 매출세액 0원, 매입세액 ○○○원을 결정·고지한 것으로 나타난다.

(바) ○○○의 2017. 7. 5.자 2017하합100119 파산선고 결정서에 따르면, 법원은 건설경기의 불황으로 저가수주가 계속되고, 인건비 상승, 레미콘 8·5제 등의 요인으로 쟁점법인의 적자가 누적되었으며, 쟁점법인이 2017. 4. 21. ○○○에 법인회생절차 개시신청을 하였으나 결국 2017. 5. 2. 위 신청을 취하하는 등 2017. 5.경에는 변제기에 도래한 채무를 일반적, 계속적으로 변제할 수 없는 상황에 이르렀을 뿐만 아니라 2016. 12. 31. 현재 부채초과 상태인 사정 등을 들어 쟁점법인의 파산을 선고한 것으로 나타난다.

3. 쟁 점

평가기준일 현재의 순자산가치와 평가기준일 전 3개 사업연도의 순손익가치를 가중평균한 가액으로 쟁점주식을 평가하여 증여세를 과세한 처분의 당부

4. 판 단

청구인은 평가기준일 현재 쟁점주식의 실질 가치는 ○○○이므로 쟁점주식을 평가기준일 현재의 순자산가치와 평가기준일 전 3개 사업연도의 순손익가치를 가중평균하여 평가하는 것은 부당하다고 주장하나, 쟁점법인은 평가기준일로부터 약 7개월과 1년이 지나 파산선고를 받고 직권폐업되었으므로 평가기준일(2016. 12. 1.) 현재에는 계속사업 중인 사업자였던 점, 「상속세 및 증여세법」 제60조에서 재산의 가액은 평가기준일 현재의 시가로 하고(제1항), 시가는 불특정 다수인 사이에 자유롭게 거래가 이루어지는 경우에 통상적으로 성립된다고 인정되는 가액으로 하며 수용가격·공매가격 및 감정가격 등 대통령령으로 인정되는 것을 포함(제2항)하는 한편, 시가를 산정하기 어려운 경우에는 같은 법 제61조부터 제65조까지에 규정된 방법으로 평가한 가액을 시가로 간주(제3항)하도록 규정하고 있는데, 쟁점주식이 불특정 다수인 사이에 자유롭게 거래가 이루어지는 경우에 통상적으로 성립된다고 인정되는 가액이나 수용가격·공매가격 및 감정가격 등은 제시되지 아니하였고, 달리 시가로 볼만한 가격도 확인되지 아니하는바, 비상장주식인 쟁점주식은 「상속세 및 증여세법」 제63조 제1항 제1호 다목에 따른 보충적 평가방법으로 증여재산

가액을 산정하는 것이 타당한 점, 상증법 시행령 제55조에서 평가대상법인의 순자산가액은 평가기준일 현재의 자산가액에서 부채를 차감한 금액으로 하고, 제56조에서 1주당 순손익가치는 평가기준일 이전 3년간의 1주당 순손익액을 가중평균하여 산정하도록 규정하고 있는바, 평가기준일이 속하는 사업연도의 순손익액은 1주당 순손익가치 계산시 고려되지 아니한다 할 것(조심 2009서65, 2009. 2. 27. 같은 뜻임)인 점, 평가기준일 현재 쟁점주식을 순자산가치로 평가할 수 있는 요건이 충족되지 아니한 점 등에 비추어 볼 때, 청구주장을 받아들이기 어렵다고 판단된다. 따라서 평가기준일 현재의 순자산가치와 평가기준일 전 3개 사업연도의 순손익가치를 가중평균한 가액으로 쟁점주식을 평가하여 증여세를 과세한 이 건 처분은 달리 잘못이 없다고 판단된다.

연습문제

01 다음 중 상속세와 증여세에 모두 적용되는 규정이다. 이에 해당하지 않는 것은?

① 금융재산에 대한 공제
② 세율
③ 재산평가시 시가평가 원칙
④ 연부연납

02 다음 중 상속세 또는 증여세가 부과되는 재산의 평가원칙에 대한 설명으로 옳은 것은?

① 상속세가 부과되는 재산의 가액은 상속세 과세표준신고일 현재의 시가에 의한다.
② 상속재산에 가액에 가산하는 증여재산의 가액은 상속개시일 현재의 시가에 의한다.
③ 근저당권이 설정된 재산은 해당 재산의 시가 또는 보충적 평가방법에 의한 평가액과 해당 재산이 담보하는 채권액 중 큰 금액으로 한다.
④ 증여재산 평가기준일 전후 6개월 이내의 감정평가액은 시가로 본다.

03 상속세 및 증여세법상 주식의 평가에 관한 설명이다. 옳은 것은?

① 유가증권시장에서 거래되는 주식은 평가기준일 현재의 최종시세가액에 의한다.
② 사업개시 후 3년 미만인 비상장법인 주식의 시가를 산정하기 어려워「상속세 및 증여세법」에서 규정하고 있는 보충적 평가방법을 적용하는 경우 그 주식의 가액은 순자산가치만으로 평가한다.
③ 비상장주식의 1주당 순자산가치를 산정함에 있어서 해당 법인의 자산가액은 시가와 장부가액 중 적은 금액으로 한다.
④ 비상장주식의 1주당 순손익가치를 산정함에 있어서 최근 3년간의 순손익액의 가중평균액은 과거 순손익액과 장래의 추정이익 중 적은 금액을 기준으로 계산한다.
⑤ 최대주주의 주식에 대하여 할증평가를 하는 경우 할증비율은 최대주주의 지분율에 관계없이 30%가 적용된다.

정답 01 ① 02 ③ 03 ②

찾아보기

[저자 약력]

김 영 화

계명대학교 세무학과 교수
공인회계사, 세무사, 경영학 박사
삼일회계법인, 선진회계법인 근무

재산과 세금

초판인쇄 2020년 3월 25일
초판발행 2020년 3월 31일

지은이 김영화
펴낸이 박노일

총괄기획 김중용·최준규
편 집 심성보·김인숙

펴낸곳 pnc publishing and culture 피앤씨미디어
경기도 고양시 일산동구 강송로 153 310-1501
등록 제396-2012-000203호
전 화 070)7550-3758 팩 스 02)718-8554
홈페이지 www.pncmedia.co.kr 이메일 pnc@pncmedia.co.kr
ISBN 979-11-5730-693-0 93320

※ 무단복사 및 전재를 금합니다. 파본 및 낙장본은 교환하여 드립니다.

정 가 15,000원